儒家经典与现代阅读
——深圳学人·南书房夜话第二季

张骁儒 主编

中国社会科学出版社

图书在版编目（CIP）数据

儒家经典与现代阅读：深圳学人·南书房夜话. 第二季 / 张骁儒主编. —北京：中国社会科学出版社，2016. 10
ISBN 978-7-5161-9130-9

Ⅰ.①儒… Ⅱ.①张… Ⅲ.①儒家—文集 Ⅳ.①B222.05-53

中国版本图书馆CIP数据核字（2016）第245597号

出 版 人	赵剑英
责任编辑	王　茵
特约编辑	马　明
责任校对	英岁香
责任印制	王　超

出　　版	中国社会科学出版社
社　　址	北京鼓楼西大街甲158号
邮　　编	100720
网　　址	http://www.csspw.cn
发 行 部	010-84083685
门 市 部	010-84029450
经　　销	新华书店及其他书店
印　　刷	北京君升印刷有限公司
装　　订	廊坊市广阳区广增装订厂
版　　次	2016年10月第1版
印　　次	2016年10月第1次印刷
开　　本	710×1000　1/16
印　　张	19.25
插　　页	2
字　　数	278千字
定　　价	69.00元

凡购买中国社会科学出版社图书，如有质量问题请与本社营销中心联系调换
电话：010-84083683
版权所有　侵权必究

编委会

总 策 划：王京生
学术指导：景海峰　韩望喜

主　　编：张骁儒
副 主 编：张　岩
编　　委：王　冰　刘婉华　何文琦
　　　　　张　森　张晓峰　魏沛娜

编　　务：唐金棣　肖更浩　章　良　钟文汇

序

景海峰

  深圳图书馆坐落在市中心,背靠莲花山,面向振翅欲飞的大鹏双翼楼,人流如织,书香漫溢,早已是深圳读书人心中的清幽胜地和这座年轻城市的重要坐标。为了更好地发挥这块文化地标的作用,从2013年开始,图书馆将临街的餐厅改造成了一间宽敞明亮、陈设雅致的大阅览室,起名"南书房",取阳光和煦、心灵熨帖之意。除了一般的书籍陈列和读者阅览功能以外,在南书房里还举办了一系列的读书拓展活动,包括讲座、对话、展览等,内容丰富多彩,形式活泼多样,成为图书馆服务于社会大众的一个新亮点。在林林总总的活动当中,创办于2014年11月"深圳读书月"期间的"深圳学人·南书房夜话"文化沙龙,可以说是深圳图书馆与深圳市社会科学院同仁颇具匠心、倾力打造的一个思想园地。"夜话"的第一季以儒家之人文精神为总议题,从多个方面对儒学的思想内涵和当代发展做了深入的探讨,10期会讲的记录稿已经编为《儒学的返本开新》一书,由中国社会科学出版社于2016年2月出版。接续着第一季的话题,"南书房夜话"第二季从2015年5月开始,9月收官,春去秋来,围绕儒家经典的阅读问题,又进行了10期讲座,这些讲读活动的速记稿在经过整理之后,便成为了眼下的这本书。

  这一季的话题是围绕着儒家经典展开的,一方面在讲过了儒家思想的许多内容之后,需要深入其根源性的典籍当中,另一方面作为图书馆的沙龙活动,读书可以说是再恰当不过的方式了。什么是经典?儒家的经典有哪些?这些经典应该如何去阅读?这10期的对话基本上都是在探讨这些问题,10余位学者轮番上阵,放言阔论,各抒心得，异彩纷呈。

就目前的语境而言，经典是个多义词，什么才叫"经典"，可能人言人殊，有严格意义上的，也有宽泛使用的。就儒家之经典来说，按照《墨经》里面所讲的"分名之法"，也应该有"私、类、达"的不同。所谓"私名"，是就严格意义上来说的，当然是特指儒家的"十三经"，在汉唐时期为六经之学、六艺之教，而宋代以后则是"四书五经"。"类名"之儒典，包括历代先贤大哲围绕着儒家思想所展开的义理发挥之著，也包括了对儒家经典文本进行各式阐解的注疏之作。而"达名"之儒籍，所可能涉及的范围就更加宽泛了，不分古今，无论中外，凡是对儒家思想有所发挥、对儒学内容有所拓展的重要著作，能够称得上是名著的，均属于此列。

但就儒家的根本义理而言，我们说的经典，显然不是世俗的所谓"名著"可以归纳的，它是从文化典范的意义和长时段的历史影响来定位，往往具有最高的权威性和普遍的指导意义，其对于文化人格之塑造、社会制度之构建、世界意义之阐明等，均能起到其他任何典籍都无法替代的作用。在历史上，最早具有这种经典身份的显然只有《诗》、《书》、《礼》、《乐》、《易》、《春秋》几部，即所谓"六经"。这些著作定型于东周时期，大多为三代文明的遗典，特别是经过孔子之手删削整理之后，才得以流布于世。到了汉朝以后，儒学获得了独尊地位，儒家的经典系统也渐次明朗，以"五经"（《乐》此时已亡佚）立于学官，确立起绝对的思想权威，成为众人研习和注释的对象，以至于解人蜂起、学者麇至，从而大开了所谓"经学"之局。随着经学的发展，经典的具体问题越来越复杂，系统亦屡有更迁，或是经、传分置，或是以传入经，文本的数量也逐渐发生了"扩容"的现象，而最终是定格在宋以后的"十三经"。

从"五经"到"十三经"，经历了一个漫长的历史过程，这中间屡有变更与调整，总体上是"经"之阵容的扩编或扩大化，即除了原来的经之外，又将后出之传、记纳入其中。传、记之作并非三代遗典，而是大多创作于春秋战国之时，属于"轴心文明"时期的作品。一般说来，传、记要晚出，是"六经"系统化、经典化之后才产生的，很多都是依经而起，也就是在整理、编纂或者理解、解释"六经"的过程中才出现。譬如说,《论语》、《孟子》之于《诗》、《书》、《礼》、《乐》,"十翼"之于《易》,"三传"之于《春秋》,《礼记》诸篇、七十子后学之作之于"六经"等。而"十三经"的阵容,既包括了经的部分,也有传和记,是经与传的混合体。其中,除了《易》、《书》、《诗》之外,《礼》分成三部(《周礼》、《仪礼》、《礼记》),《春秋》别为三传(《左传》、《公羊传》、《谷梁传》),此外加上了《论语》、《孝经》、《尔雅》、《孟子》。这个阵容的最后定格当是在南宋时期,而与此同时,当时又有将《礼记》中的《大学》、《中庸》两篇单独抽出,与《论语》、《孟子》合为"四书"的做法。特别是经过朱熹的大力表彰,"四书"成为一体,他本人花了近40年的心力来为"四书"做注解,其《四书章句集注》一书,体大思精,影响深远,构筑了一个宏大的哲学系统。自此而后,"四书"就渐渐地与"五经"对举,成为宋明时代新儒学系统的基本经典架构。

与古老的"五经"相比,"四书"系统所汇聚的文化符码更为直接地表达了"轴心时代"的创造精神和古典文明的意蕴,也更能体现出人的主体意识的自觉和理性主义的张扬,特别是道德意识和审美情趣的发煌。所以这些文本的基质为儒家诠释学的新开展提供了可能的空间,诱导出了别样的生机勃勃的思想创造活动。通过对"四书"的解释,宋明新儒家不但重新获得了自身价值体系的根源性意义,而且找到了抵御和批判佛教出世主义的强有力武器,在经典诠解中重新树立起了儒学的权威。所以在南宋以后,"四书"的地位和实际意义可能比"五经"来得更为重要,"四书五经"之说也渐渐地成为定局。

"南书房夜话"第二季的讲题,即是以"四书"(《论语》、《孟子》、《大学》、《中庸》)和"五经"(《诗》、《书》、《礼》、《易》、《春秋》)为中心。围绕着这些经典的基本义理来阐发儒家的思想,结合现代人的阅读体会和理解,从当代社会与生活的实际感受出发,就儒学所涉及的广泛问题,紧扣住文本的内容来展开讨论。每一本书即作为一讲的话题,只是在题目上稍稍作了些变化,以增强其现实感和指向性。比如:"我们今天如何读《论语》?""孟子精神的时代意义","儒学中的'大学'与'小学'","《中庸》与中庸之道","诗教之美——《诗经》漫谈","儒家文明与中国的历史观"（《书》），"礼乐文化在现代社会生活中的价值"（《礼》），"我们今天如何读《周易》？""从《春秋》看儒家文明"。在讨论这九本书的前面，我们又加了一讲为引子，也作为这一季的一个总论，题目为"经典阅读与现代社会"，这样便显得比较完整了。

这一季讲座的形式，仍然是由一人主持、两三人对谈，话题虽说是在一个大致的框架内进行，但现场却是应机而发，具体谈什么、怎么谈，大家并无约定。所以，往往是讲者兴之所至，如珠走盘，奇思妙想，喷涌而出，听者也意兴酣畅，台上台下的思绪交织成一片，有很强的现场感，整个气氛也非常热烈。从这一季开始，深圳大学"国学精英班"的同学也加入了听众的行列中，每一次深图都安排专车迎来送往，这些在读学子的加入和参与，极大地调节了现场的学术气氛，相当于把课堂搬到了公共场所，将教学实践和市民文化活动结合在一起，收到了意想不到的效果。其他的听众，有很多是铁杆粉丝，几乎每场必到，也有偶尔光顾者，人来人往，风生水起。那场景，于群书环抱之中，台上二三士侃侃而谈，台下众多听众，或稳坐凝思，或驻足张望，固定的板块和流动的边缘构成了一幅生动美妙的图景，使得"南书房夜话"更显绚烂多彩。

目 录

南书房夜话第十一期：经典阅读与现代社会
  2015 年 5 月 16 日　19：00—21：00
    景海峰　问永宁　王绍培（兼主持）……………………（1）

南书房夜话第十二期：今天我们如何读《论语》
  2015 年 5 月 30 日　19：00—21：00
    王立新　王绍培（兼主持）…………………………（30）

南书房夜话第十三期：孟子精神的时代意义
  2015 年 6 月 6 日　19：00—21：00
    景海峰　韩望喜　王绍培（兼主持）……………………（64）

南书房夜话第十四期：儒家的"大学"与"小学"
  2015 年 6 月 27 日　19：00—21：00
    王兴国　黎业明　王绍培（兼主持）……………………（92）

南书房夜话第十五期：《中庸》与中庸之道
  2015 年 7 月 11 日　19：00—21：00
    景海峰　王立新　王绍培（兼主持）……………………（133）

南书房夜话第十六期：诗教之美，《诗经》漫谈
  2015 年 7 月 25 日　19：00—21：00
    张丰乾　子　张　王绍培（兼主持）……………………（165）

南书房夜话第十七期：儒家文明与中国的历史观
　　2015年8月8日　19：00—21：00
　　　吕文郁　牛鹏涛　王绍培（兼主持）……………（194）

南书房夜话第十八期：礼乐文化在现代社会生活中的价值
　　2015年8月22日　19：00—21：00
　　　牛鹏涛　蒋　波　王绍培（兼主持）……………（218）

南书房夜话第十九期：今天我们如何读《周易》
　　2015年9月5日　19：00—21：00
　　　问永宁　王兴国　王绍培（兼主持）……………（242）

南书房夜话第二十期：以《春秋》论儒家文明
　　2015年9月19日　19：00—21：00
　　　张晓峰　梁立勇　刘　勇（兼主持）……………（276）

南书房夜话第十一期：经典阅读与现代社会

景海峰　问永宁　王绍培（兼主持）
（2015年5月16日　19：00—21：00）

王绍培：

各位现场的听众朋友们，晚上好，我是本期的主持人王绍培，今天是我们南书房夜话的总第十一期，是第二季的第一期。第一季是从去年11月18日开始的，到今年4月25日结束，总共10期，涉及儒家、儒学、儒家文化等方面，每一期的题目都涵盖广阔，而且表述方式基本为宏大叙事。从今天开始，我们也准备用10期的时间来谈谈"四书五经"，重新回到国学的重要的文本上来。

我想，首先问问现场的听众，"四书五经"分别指哪些书？有没有人举手回答？前面这位同学请你回答一下，四书是指哪四本书？

听众： 四书是《论语》、《孟子》、《大学》、《中庸》。

王绍培：

"五经"我们换一个女士来回答，后面的那位请回答。

听众： 五经是《诗经》、《尚书》、《礼记》、《周易》、《春秋》。

王绍培：
看来今天听众的知识视野很不错，一般的问题是难不倒你们的。

今天的话题是"经典阅读与现代社会"，这里再找两个人回答一下，什么叫经典？

听众： 什么叫经典？我想应该有两个方面的意思，一个指的是古代的经书典籍，以《诗》、《书》、《礼》、《易》、《春秋》和《四书》为主，文人阅读的那种比较重要的称之为经典，现在所言的经典可能范围要广泛一点，也包括国外的一些经典，还有其他的中西方经典也应该包括在里面。

王绍培：
她用的是一个举例的方式说这个就是经典，这个也是经典，这样讲也是对的，前面对定义也做了解释，再找个男士来回答一下。好，就你来回答一下，你是经常来我们南书房夜话的听众。

听众： 我理解的经典应该是流传下来的，经是经，典是典。

王绍培：
你这个回答相当经典。其实有很多概念我们平时都会运用得滚瓜烂熟，但一旦要反问：它是什么意思？大多数人会张口结舌反应不过来。不过这位听众关于经典的解释蛮有意思的：经是经，典是典。首先把这两字分开来看，什么叫经？经是古时织布的竖方向的线，这是确定坐标的线。地理学中讲到地球时涉及经线和纬线的概念也有这个含义。那么织布的时候有经线，以经线穿纬线就成一块布了。由此可说明经线很重要，有了经才有织布的基础，有了这么几根经就可以把纬线穿进去，成就了一块布。那么什么叫典？"典"原来是指典范，是一些规章制度，同时再引申下去，就是特指比较重要的著作和典籍，就是专门用来阐释重要的思想、重要的规章制度的著述叫作典，"经典"就是可以作为我们思想的坐标系统的典籍。这是比较简单的一个解释和定义。意大利有一个叫卡尔维诺小说家，他讲过什么叫经典。他对经典有14种定义，有14种解释，比如第一个就是经典，经典是重读的书，过去的人读，你自己也读，不断地读，这种阅读的对象是经典。它有14种定义。不知道有没有人看过卡尔维诺讲经典的那本书？尽管它讲的是文学的经典，但其实与今天讲的经典意思基本上是相近的，在座的有没有人知道？

听众：不知道。

王绍培：

不知道的话，可以回去找这本书：《为什么要读经典》，开篇就是卡尔维诺的解释。我们今天的主题"经典阅读与现代社会"，请到的是南书房的老朋友，一个是深圳大学文学院院长景海峰教授，还有一位是景院长的同事问永宁，两位学者是有备而来的。因为这个题目跟他们研究领域密切相关。我们首先有请景院长。

景海峰：谢谢，我先说说这个话题的由来，因为前面的10期是关于儒家的，围绕着儒学的主题，我们从四面八方"旋风打"，讨论了10次。大家手里拿的那张报纸就是最后一期，讲的是儒学在海外的传播，在讲完之后，我们就想下面的10期这一单元怎么安排？后来商量了一下，如果从系统性及图书馆南书房的定位，尤其当时是在4月23日"世界读书日"时商量的这个话题，我们就想到了应该跟"经典阅读"这个主题有关，所以就定下了这个系列，以"经典"作为主题。

当然"经典"问题很复杂，刚才已经做了一轮回答，有各种理解，我们这个主题是从宽泛的经典里面，选取儒家的"四书五经"，以这9部书作为一个系列，所以我想在讲"四书五经"之前，我们今天就先戴一个总括性的帽子，对后面单部的9种书做个概论式的说明，对一些普遍性的问题做一些讨论。刚才讲到什么是"经典"，这实际上是很难有一个定义的，不管是 14 种，还是别的什么，可能每个作家或每个现代学者的理解都是有差异的。另外，学科之间的差别，譬如文学家和哲学家，或者某一个宗教，他们对经典的理解差异都是非常大的。

  总的来讲，大概有这么几个层面，一个就是经典是"流传物"，经典绝对是活的东西，如果只是在历史上存在过，后来失传或者被发掘出来的东西，它没有对文化的脉流发生实际影响，在历史上没有产生相应的效能，这可能就不能叫作经典，尽管它是古老的。经典必须是一个传承性的，绵绵不绝的，我们在每个时段或长或短都能见到它的身影，它总会闪光发亮，总对时代产生一定的影响，所以流行或"流传物"这个意思很重要。今天这个时代，各种思想都很活跃，图书的种类非常多，有些可能是很流行的，但几年或者一段时间之后，就没有人再去关注它了，这就没有可继承性，没有流传性，这些东西是不可能成为经典的。第二个意思，经典必须是在一个文化脉络或者一个文化系统里面具有核心的价值和意义，包括一些基本的观念、基本的思想，体现一些基本的价值。它相当于是一个活的思想源头，人们可以从这些文本里面，在不同的时代、从不同的角度都可以解读出一些新的意义来，所以这样一层意思，我想对经典来讲也是一个基本的要求。第三个意思，在经典认定上可能有不同的尺度，在过去比较封闭的文化系统里面，要想成为经典，成为一种具有某种神圣性的文本，它的条件是非常严苛的，不是说随便一个什么人写的东西都能具有经典的地位。我们知道最早的文本形式，它实际上是和某种神启、天启那样一种与非人类的经验联系在一起的，与超越性意义或价值相关联的东西，才有可能把它放在经典的序列里面。但在现代的文化形态之下，人们的意识开放度大为改变，在此状况下，可能对经典的理解就慢慢有点"去神圣化"了，不会把经典看得那么典范、那么严苛，可能稍微有一些凝聚性力量或者有价值意味的东西，人们都乐于将之视为一种经典。所以我们现在所讲的经典，可能是一个更宽泛的理解，古今中外的一些名著都会被冠以经典之名，所以在对经典的理解上，不同时代的尺度要有所区分。

我们今天要讲的儒家经典"四书五经",实际上是在一个非常严格的尺度上确立起来的文本,不是随便就可以被列入这个序列之中,所以这是一个古典意义上的"经典"含义。在不同的文明形态中,比如中国人讲的经典可能跟某些文明形态,像以宗教为基础的一些文明形态里面所讲的经典,内涵可能是很不一样的。另外,经典随着不同时代的变迁,在不同的文明形态之下,可能它的解释都会有一些差别。这就是我对"经典"大致的理解。

王绍培:

听听问教授有什么解释。

问永宁: 关于经典的概念,王老师刚才讲了卡尔维诺对经典的14种讲法。人文性的东西,不好下定义,美国文化人类学家克罗伯和科拉克洪在1952年发表的《文化:一个概念定义的考评》中,分析考察了100多种文化定义。宗教的情况也类似,我记得以前有一个故事:美国一个大学建了一个宗教系,招生不错,训练不错,毕业生的情况也不错,这个系的发展就比较好。后来有学生来问他们的院长,说:"我们学宗教,到底什么是宗教?"院长愣了一下,他最后的回答很经典:"宗教嘛,就是我们系里老师们教的那个东西。"套一下这个回答:"什么是经典?我们国学院的老师教的东西就是经典。"

如果不要求下定义,而是概括描述一下的话,我觉得经典应该有几个标志性因素:一个著作要成为经典,它必须在某一个文化或某一种宗教,或者宽泛一点,在一个话题里面具有源头性。比如"五经"在儒学的系统里,"四书"在宋明理学的系统里面,都承载着根本价值或核心理念,在时间上是最早的,它不一定是后来讲得最完善或者是论证最好的,但主要的问题意识和价值范围是由它提起来的。二是它具有象征性,和某个文化或宗教里面标志性的人一样,比如我们讲到了汉族人,我们马上想到炎黄,不管是不是真的历史，提到佛教，马上就想到释迦牟尼。我们一讲到中国文化，立刻就想到老、庄、孔、孟。经典和象征性的人物一起，成为文化、宗教的标志物，不过它是用文字表现出来，所以有很大的象征意义，有划界的功能。另外，经是不断改变的。一方面，哪些是经典？哪些不是经典？当一批人的生活方式改变，或他的宗教认同改变之后，他对经典的选择常常就不一样了。同一个宗教里面，比如说佛教，华严宗和禅宗，对经典的编排顺序就很不一样。另一方面，经典不断被解释，经典本身作为象征物，讨论的根本问题，可能变化不大，但对经典的解释，变化是很大的。同样讲"五经"，汉代人的解释和宋代以后的差别很大，经没有变，但是讲出来的、想的东西其实已经变化了。总的说来，从时间来讲，经典是早的，从价值来讲，经典提出了一些核心的问题，但对于核心问题，历代解释是有变化的。

讲到中国古代，不光是儒学有经典，子学比如老、庄，也是很经典的东西。古人有四部分类，列在经部应该都可以算作经典，当然有些是后代对它的注释。子部的早一点的书籍，也应该算是经典，一些集部的和史部的著作，换个论域，如果我们讲历史，也应该算是经典。但是如果我们讲儒学经典的话，那《史记》肯定就不算了。像刚才有同学讲国外的一些著作，从人类的角度来讲，它也是经典的东西。但是我们的话题，是顺着前几次讲，谈儒学，其他的问题先放着。就儒学而言，五经应该是最重要的经典，等到宋明时代，话题转变了，"四书"与"五经"配套，也成为经典。

王绍培：

经是一个很重要的概念。譬如什么叫佛经？就是跟佛有关的，佛说的话，佛的语录才叫经，其他的都不叫经，可以叫别的，但是有一个例外，就是六祖慧能的《坛经》就能叫经，因为它是禅宗的最重要的一部奠基之作，它是一个例外，虽然它不是来源于佛祖，但也称它为经。在说到经典的时候，尤其是我们要讲的"四书五经"，里面有一个很重要的背景就是它们都大致产生在"轴心时代"，"轴心时代"是德国哲学家雅斯贝尔斯提出的，大约指公元前

800年到公元前200年这一时期。我觉得还可以上下再稍微延伸一下，在那个时段，人类文明突然涌现了非常非常多的重要的思想家，产生了很多很重要的原典，他把这个时期称为"轴心时代"。那么什么是轴心呢？轴心就是一个轮子最中间的那个点、辐条指向的圆点。而轴心时代在各文明中的作用是什么呢？通俗地讲就是后来的时代都围绕着这个时代旋转，你离不开这个时代，你都围绕着它，你可以转的圈子很大，但你的中心点就在那里，这就是"轴心时代"。这个时代产生的著作也是这样的，你可以说很多很多的话，但是你说的很多很多的话都是以"轴心时代"那个时候的思想家，以他们的著述为你讲话的一个出发点、一个基础，你可以根据他们，你也可以是阐发他们，也可以重新理解他们，但是你都跟他们有关系。大致上说来，为什么会突然有这个"轴心时代"？为什么突然在那个时候人类的智慧来了一个大爆发，有学者解释为可能是因为各种条件刚好在那个时候汇集到了一起，各种物质的条件、各种文化的条件，各种人物、人才的条件集中到一起了，然后在这个时候，他们对很多问题有了一个开天辟地式的回答，有了这些非常透彻的想法和说法，然后他们说出来之后，我们就高山仰止，觉得很难再超越。比如说老子写了一部《道德经》，谁还能比老子写得好呢？后面的人想我们都写不过老子了，老子是最厉害的，《庄子》是庄子最厉害，儒学是孔子最厉害，就是这样，这实际上说明了经典的一种压迫感、经典的焦虑，有了经典在那里，个人觉得后世无法超越了，这是一个问题。当代西方做过一个调查，在哲学家当中调查谁是哲学家心目中的哲学家，得票最高的你们猜是谁？有没有人知道得票最高的是谁？得票最高的是哲学家维特根斯坦，这是西方人比较厉害的地方，他没有说得票最高的、心目中的哲学家是苏格拉底或柏拉图或者亚里士多德，或者是什么笛卡尔，或者是谁谁，不是，而是一个现代的维特根斯坦，这个人他不属于前面的"轴心时代"，但是他很厉害，因为他有开创性，他的书有原典的性质，也是经典。当然我们现在有一种说法，我们现在进入了一个新的"轴心时代"。有人说2000年之后，人类进入了一个新的"轴心时代"，我很欣赏也很喜欢这种表述，因为这种表述表明我们对后面的这些人类的智慧有一种很大的信心，我们认为我们在思想的原创性方面不一定比古代的那些人要差，很有可能比他们要强。南怀瑾先生讲过一句话：后面的人比前面的人厉害完全是正常的。他把人的年龄分为两个年龄，一个年龄是你自己的年龄，比如你可能就20岁，这是你的年龄，但是还有一个年龄是你人类的年龄，比如说你比孔子老了很多，老了几千年了，那你比孔子老这么多，你比他厉害一点是完全应该的，完全正常的。而我有这样一个想法，就是我的思想的实际延伸比孔子要老，也就是说我们其实应该比他更有智慧才对，这是我们来阅读古代经典的一个应具备的心态。我们要有文化自信，这种文化自信其实蛮重要的，因为你要有这种心态，你再去读前面"轴心时代"的那些人的经典的时候，你就不会是一种完全的高山仰止，你可以爬上他肩头，在他的身体上去看，你可以从一个很高的地方去看。因为事实上，他们那个时代的人没有我们后面这些人的宽广的视野，可能也不如我们拥有这么多的智慧，我们应该有这样一种自信，我们才能够很好地汲纳那个时候的经典。景院长怎样看？

景海峰：刚才问教授也讲了"经史子集"四部，"经"当然是没有问题的，四部划分到了西晋大致就是这样一个理解，就有一个部类叫经。然后是史部，刚才他讲了《史记》可能都不算经，那么问题就来了。子部里面的书都不称经，如果按照儒家的立场，在编这些书的时候，子部这些书就跟经是不一样的，这样的话"经"就成了儒家的独占品，也就是说只有儒家的这些典籍才可以称为经。这就有很大的问题了，这跟我们今天对经典的解释和理解可能就有出入。刚才王老师也讲到维特根斯坦的例子，这又是对我们的观念具有颠覆性的，因为原来如果只是从历史的时段、从"轴心时代"、从源头这样一些意义来理解"经"所确立的依据，实际上重视的是一个可持续的问题，是一个比较古老的、久远的、有相当年头的存在，就像陈年老酒，那个曲是在发酵的，是一坛酒的源头。当然这个理解在"经"的认定上，往往是一个依据或一个很重要的标准，就是历史古老。但显然在现代文化的视野之下，这是一个已经被打破了的看法。因为今天我们在讲经典的时候，往往不是按照这样一个唯一性去认定何为经典的,这就带来了另外一个问题,即"经"除了历史的持续性之外,还有一个内涵,这个内涵就是它实际上是一个文化形态或者是一种文明形式的典范。

如果从这个角度来理解,经典就有一个所谓"典范转移"的问题,在不同的文明里面,可能典范的意义是不一样的,比如在一个长时段的文明形态里面,在不同的历史时期,它的思想体系可能会发生变化,而发生变化之后,经典的价值和身份也就会随之发生改变。有些可能在某一个时段位置比较显赫,因为在那样一个历史时期,在那样一个文明形态的视野里面,这些普遍价值的凝聚物就是那本书,所以它的意义和价值就最高,被视为是一个当然的经典。但随着历史进程的改变,随着文化走向的挪位和移动,所谓的"典范性"不复存在了,或者这个"典范性"被后来的一些新增长的因素所颠覆,这就有一个所谓重塑经典的问题,就可能和所谓的历史源头和文明起源的轴心问题在意义上有一个剥离。所谓重塑经典,我们从人类文化发展的历程来讲,它实际上是一个不断在重塑的过程。但重塑的形式是很不一样的,有些是就着"经"来解释文本,给它来个旧瓶装新酒,赋予了很多新的时代意义和内容,好像名称或框架还是原来的文本,但实际上解释的空间和跳跃性是非常大的,甚至有时候可能是一种"曲解",背离了原有的东西,这在文本转换过程当中是时常可见的,也可能是一个再创造的过程。有时候,它可能觉得已经解无可解,说到了极致、尽处,说完了,说到头了,就有可能另起炉灶。

在西方文化里面,往往喜欢采取所谓另起炉灶的方式,表现出明显的断裂性。尤其是在近代,西方文化发展的历史,实际上就是不断地把前人视为经典的作品批判和颠覆掉,每个哲学家可能都会提出自己一套新的解释系统。相比而言,中国文化传统可能在所谓"解经"或"诠释"的方式上比较有一种连续感,所以在几千年之后,今天我们还是要围绕着"四书五经"来讨论。所以,不同的文明形态对经典转移的方式或处理经典所特有的手段,可能差别是非常大的。另外,在具有神圣性的宗教文化形态里面,和一般世俗性的、与日常生活紧密联系在一起的文化形态里面,它们处理所谓典范的方式也是不一样的。宗教一般来讲具有某种封闭性，它的经典权威不是在短时间内就可以建立起来的，要有相当厚实的积淀，一旦权威建立以后，它就有一个长久的稳固形态，不会轻易改变。而世俗的文化形态是随着生活的样式而不断发生变化的，它对所谓权威或典范的理解与认知，变动性可能就要来得大一些，所以在宗教形态和世俗化生活的知识形态里面，典范转移的情形是很不一样的。托马斯·库恩（Thomas Kuhn）在《科学革命的结构》一书中，对"范式"问题有精辟的论述，里面讲了很多典范建构和转移的问题。那是在近代科学的背景下，对知识结构和形态的分析，我们明白了那个典范是怎么建构、怎么确立的，然后它怎样获得了一种更大的普遍性，为更多的人所接受，这实际上也就是类似于经典建立的过程。所以我们有时候不能把经典看成只是外在形式上或年代意义上的，它实际上包含了历史进程的内容，包含了思想的变迁，包含了每一个时代鲜活的观念和价值的改变，它是一个不断在重新理解的过程。这可能就牵扯到解释的问题，就是所谓诠释学的问题，这是我们今天在讲所谓经典的时候，必须要用诠释的意义来理解的一个必然的路径。

问永宁：王老师开始讲的话题，不是讲经，而是讲经典，"经典"是一回事，"经"又是一回事。我们的话题是儒家经典，其实是讨论经。历史上常常讲圣经贤传，传是贤人做的，经是圣人做的，圣人就只有尧、舜、禹、汤、文、武这些人，一般所谓的经，史部、集部、子部肯定都不在里头，我们刚开始讲的是经典，经典是一个现代的说法，这个要区分。讲到经典，冯天瑜老师讲的原典概念，值得参考一下。

讲到"经"的问题，哈佛大学考古系的张光直先生，有一个说法，他认为中国文化在"轴心时代"，就和欧洲的情况不一样，古希腊的思想家，他们的思想，和古希腊神话是断裂的，而中国的思想，和上古历史是连续的。五经最早的是《尚书》，《尚书》第一篇《尧典》就是从"尧"讲起的，但我们现在讲到经的时候，马上想到的人是孔子，孔子和"尧"离得很远了，他和"尧"有什么关系呢？

只有不断解释、不断解读，才能把关于尧的"经"和孔子联系起来，在"轴心时代"之前，那些成为后代儒家的主要价值的观念就已经萌芽，孔子作为一个读者，同时又是一个编者，阐释者和经是互动的，在中国的思想史上，经典得到不断解释，解释当中又产生新的问题，汉代讲《中庸》，唐代也讲《中庸》，宋代也讲《中庸》，看起来都在说经，脉络不断，其实变化是很大的。

王绍培：
我们大概把什么叫经典梳理了一下，我们再梳理另外一个概念，就是现代社会。什么叫"现代社会"，我们经常说我们就生活在现代社会，那么什么叫现代社会？我们还是从提问开始。请前面这位同学。

听众： 我觉得现代就是以自己为标准衡量的，你自己活得比较近的近几十年或我死之前我活着的时候就是现代，是以当下自己的标准来衡量的。

王绍培：
他的解释就是我活着的时候就是现代社会，我没有出生之前就是古代，我死了之后就是未来，基本上是这样。从后面找一位来回答一下。

听众： 所谓现代社会，就是可以根据工业化、农业化的社会形态来划分，我们理解的现代社会可以有不同的理解，因为社会形态就是工业化社会到现在，我们认为这是现代社会的内涵。

王绍培：
先请问教授回答一下什么叫"现代社会"。我们先从定义开始。

问永宁：我很能接受刚才那位同学说的，我们现在坐在这里，肯定是在现代社会。"现代"实际是学术史的研究里面的一个时段，比如我们讲"现当代文学"，一段是现代，一段是当代，现代大概就是从1919年至1949年，"现代"应该有一个时间的维度，跟这个"现当代文学"的时间差不多，这才是我们讲的现代。同时我也接受刚才这位听众讲的，第一次工业革命以后，传统的农业社会逐渐瓦解，一个新的"轴心时代"开始，新的生活方式、价值观念这些东西出现，并成"现代"的标志。我们现在讲的一些价值，古代人可能是不重视的，在古代文化里面，即便有，也往往不是核心价值。所以从时间讲，宽一点的话，是工业革命后；再窄一点，就是现在这个时候，就是"现代社会"。另外讲"现代社会"，也应该从生活方式和价值观念这样一些方面来综合考虑。

王绍培：

经典阅读，1911年之前的中国人，是一直在读的，我们现在如果来读的话，跟他们那时候读有什么不一样？所以从这个角度讲，我们要大致上反省一下，我们所谓的现代社会与前现代社会有什么不同？因为你首先要知道不同，你才能知道我们现在经典阅读跟过去的人们的经典阅读有什么相同的地方？有什么不一样的地方？所以说定义什么叫现代社会其实是蛮重要的，我们有时候把它当成一个不言自明的概念，假设我们自己知道了，其实是不清楚的。所以我们特别需要把它给阐释得比较清楚一些。我们再请景院长。

景海峰：王老师净给我们出难题，突如其来，不知从何说起。刚才这两位听众的回答实际上就是三个向度，恰好可以比较完整地帮助我们迂回、包抄到这个概念的核心意思。第一位听众是从一种在场感，就是一个即在的，我的生命存在可以把握、可以理解的时段来讲，这在时间上便形成了一个切割。就是跟我的生命存在的段落是有关联的，因为你太早了，我没有办法去体会，我没有这种经验，而我之后的世界，我又无法知道，所以只有我在场的这个时段，我是大致可以理解的，这大概就叫现代。这实际上是一个很哲学的、意义非常深刻的回答。第二种是找所谓现代的标志，比如说科技，或者找一些可以来定义这个时代的一些根本特征的东西。比如我们经常讲西方历史的演进，文艺复兴、宗教改革、启蒙运动，这几个大的事项决定了一个新的时代的开始，拉开了西方历史新的时代的序幕，所以我们就把这些作为一个标志性的决定某个段落的开端。包括我们刚才讲的中国现代学术研究，一般是从1919年开始，因为1919年的五四运动和新文化运动，它是中国文化转折的一个标志性事件，所以我们就把这个年份作为一个转折性的起点。第三种是从生产方式或文明形态着眼的，因为从人类生存发展的时段来讲，是从渔猎、采集到农耕文明，再到工业文明，然后到后现代，这几个大的时段也可以作为对历史段落进行切割的依据。所以这三个回答，我想基本上可能把所谓"现代"的意思都解释出来了。综合一下，我们理解的这个现代，实际上应该是内涵分析的，要跟你对整个历史的理解和解释结合起来。它实际上不是那么死，不是说就像中国历史上的朝代，那一年是始皇帝登基了，那么这个朝代也就开始了，它不是那个意思。实际上，"现代"这个观念是一个现代哲学观念里面非常重要的被建构起来的观念，这个话有点拗口，意思就是"现代"一词的内涵，有着非常丰富的历史意识和观念的注入，里面附加了很多从工业革命以来或者古典文化形态结束之后，面对这样一个新的时代，人们的很多思考和历史解释都注入了这个概念里面。所以围绕着现代，又有后现代、后后现代的说法，实际上都是在给这个概念的内涵不断做文章。它不是一个简单的历史时序或某一个时间点切割的概念，而是一个带有深刻哲学性的理解和解释的概念。

王绍培：

我们的历史概念跟西方人的关系比较大，比如现代的定义，什么叫现代，什么叫后现代，乃至于什么叫后后现代，主要是以他们的文明作为一个标准来衡量的。我们现在也是一样，我们现在讲古代社会和现代社会，很大程度上不是按照我们中国人的观念看，实际是纳入了西方的历史价值观，在他们的视野中来划分的。但也有西方人不是用这样的概念来表述。比如一个美国历史学家麦克高希有一本书叫《世界文明史》，讲了很多文明的形态，他就不用这个古代、中世纪、近代、现代、当代，他不用这样一些概念，他是把文明的不同形态列出来，文明不同形态是在转化的，是在替代升级的。比如说，最近的一个文明形态是什么形态，大家知道吗？是计算机文明，像我们现代每个人都有手机，在坐车的时候，看见在车上阅读的人都是用手机在阅读，计算机成为我们这个时代一个主流的文明。在计算机文明之前是什么文明形态？是娱乐文明形态，这是高希的划分。有本书《娱乐至死》，我们日常生活中经常有"娱乐至死"这个说法，我们认为这是一个批评的说法，是一个贬义词，但按照麦克高希在他书里面的阐述，这是人类一个很正常的，一个自然而然的文明阶段。就是大家有各种各样的娱乐，各种各样的游戏，比如看电视、看电影、参与各种各样的娱乐活动，这就是娱乐文明。西方娱乐文明转化到计算机文明，时间上跟我们中国不太一样，中国的娱乐文明来得晚一些，中国的计算机文明来得更晚一些，所以在中国有时候不同的文明形态是夹杂在一起出现的，它这个里面还有一个很重要的观念，就是我们后来的这些文明形态出来后，不是说有了这种文明形态，前面的文明形态就不见了，就不存在了，不是这样的，只不过是前面的文明形态不再是舞台上最重要的角色，它可能成了一个配角，它可能成了一个相对次要的角色，重要的角色出场了，其他的角色也还在，只是说它们角色的重要程度下降了。比如早期的宗教文明时期，宗教人物的作用是非常大的，到后面政治文明作用又很大，再到后面科学家的作用很大，所以不同的文明不停地转化，所以舞台上重要的角色的位置也发生了变化，这是他对文明的理解。我觉得这种理解也非常好，他不是按照这种时序来排列的，他是按从文明的内涵和形态来排列的。但是我们回到什么叫现代社会，中国人要谈到现代社会其实也蛮容易的。我们讲的现代社会就比如说过去是农耕社会，农业形态是我们的主要形态，而现代社会是工业成了当下的一个主要的形态，在过去我们生活在农村，我们现在跑到城市来了，这个是它的内涵上很重要的一个特征，但是我们今天要讲的更多的是一种跟文化有关的，怎么从文化的角度来看现代社会跟古代社会的不同和不一样。因为只有把握了这种不一样，我们才能够知道，才能够清楚我们在今天为什么又要回过头去读那些古代的经典。这个我想先请景院长说一下。

景海峰：首先，我们还是回到经典，因为后面要读这些经典，所以我们还是把话题转移到经典上。刚才讲的经典，实际是一个活的形态，我们几个人都强调了这层意思。就儒家的经典来讲，或者就"四书五经"来讲，它实际上是一个源远流长、不断积累的过程，尤其是上古时代的文献与典册的累积，和我们今天的写作或一个作家的作品有很大的差别，它是各种对生活的经验归纳总结的积聚，是对自然、人生很多理解的一种归纳，所以这种文本往往有一个很漫长的形成过程，不是说在一时或一人之手就可以确定下来。所以我们看儒家的"五经"，按照今天的理解，它甚至不是"轴心时代"的问题，它可能是三代文明的问题，或者我们今天讲的中华文明几千年源远流长的历史，它就是最早的以文字形式凝固化、记载下来的一种文本形式，经历过一个漫长积累的过程。"五经"的每一种文本差不多都包含了这样一段漫长的历史，它可能不是简单地在某个时段形成的，这里面的线索非常复杂。一旦这些文本在经过一种思想系统，比如"轴心时代"的儒家学派或孔孟，他们经过一种体系化的理解和阐释之后，可能就具有了某种确定性，这个确定性当然是随着文字记载的形式或传演的路径慢慢稳固下来的。稳固下来之后，它也不是僵死的形态，它实际上是要靠每个不同的时代，人们对它不同的理解和反复解释，再不断生成一些新的意义，在原有的基础上逐层累加，最后才形成我们今天所谓"经"的意义。经的意义从原初文本来看，它是简略的和有限的，实际上可能没有我们今天想象的那么高大、那么权威，这种高大形象和权威地位是历史上不断叙述、不断塑造的结果。经过几千年之后，我们就觉得这些文本都成了取之不尽、用之不竭的思想宝库，好像任何东西都可以跟这些文本联系起来，这种连接性本身就是历史叙述不断累加的结果。

从儒家的经来讲，到了汉代，可能对经的身份性就比较确定了。因为当时汉儒在解释经的时候，是用那种普遍主义的原则来理解的，强调它是常道，是天地之经纬，是人伦之规则，是我们日常行为的斛尺，是道德的法则和依据，这种不变性，在当时经典确立的典范意义下是特别强调的东西，这跟我们的日常经验和生活流变性是不一样的，它具有某种不可动摇的特征，是一个恒常的东西，这大概就是所谓"经"的最重要的一个意义。通过"经"的形式，我们的存在获得了最大的意义普遍性，是理解的普遍性，也是言说的普遍性，成为经验具体性的依据和原则，这是非常重要的。但"经"确立之后，它就要面对一个新的时代问题，因为先秦时代"经"的文本意义，到了两汉就有了变化，与春秋战国的纷争时代不同，两汉"大一统"的政治格局，对王朝政治有新的要求，对个人的行为举止也有新的要求，这跟战国时代是很不一样的，许多价值都在发生变化，"经"的新意义怎么去把它逼显出来、揭示出来，就成了汉人所面临的很大的问题。这包括对经典的选择、段落的编排，对结构之间的调整，对某一些问题的特别凸显，等等，就成了一个非常重要的问题。所以它不是机械的平铺直叙的状态，而是对文本的处理有很多的技巧在里面，这种技巧性就形成了所谓"解经"的一些原则。又比如到了佛教传入后，随着外来文明的强大冲击，可能在原有的典籍里没有很深入地思考某些问题，而异域文明所带来的新的东西，需要去应对它，因为它对原有的文明典范构成了很大的挑战，你怎么去解释，怎么去迎接挑战，这就需要把外来的一些思想元素吸纳到原有的经典系统当中。当然这个吸纳不是简单的拼接，它需要经过一种融化，把外来的东西进行消化，然后融汇形成一些新的思想、做出新的解释、产生新的意义，这大概就是宋代理学形态出现的契机。我们经常说儒学第二期发展或者叫新儒学，就是在这个意义上来讲的，因为它的文本形式还是那些，或者说所依据的经典还是那些，但它的处理方式已经有了很大的差别。另外，我们所讲的"四书五经"在这个时候实际上也有了一个格局上的调整，就是到了宋代，所谓"四书"的系统，地位上升，因为"四书"这几个文本，实际上跟"经"的身份是很不一样的。这个"四书"，不管是

《语》、《孟》，还是《礼记》里面的《学》、《庸》，它都是战国时代的文本，恰恰是那个轴心时代的创作品，这跟"五经"作为三代文明之结晶的身份是很不一样的。从时代来讲，它是后出的，后出的这些文本的思想和内涵，可能从时代的一些问题上来讲，更接近于后面的人所理解的一些东西。远古时代，比如西周以前的情况，跟战国时代的情形已经有了好几百年的变化，后面的人们可能比较容易理解战国的东西，所面对的问题也有比较强的关联性。所以我们看宋代的理学，实际上更多依赖的是"四书"，如果按儒家经典的层次来讲，就是"传"的部分。比如《易》，宋儒不太讲"经"，而是重点讲"传"，像张载的体系，就是对《中庸》和《易传》做新的解释，小程子的《易传》主要也是发挥"传"这个部分的思想。所以理学的体系建构，就把"四书"的地位自然给抬起来了，在整个理学形态里面，"四书"扮演了更为重要的角色。尽管在口头上，理学家也认为"经"比"传"重要，但实际上我们分析它的思想脉络，还有具体的内容，"四书"的义理显然更为重要。

到了今天，我们又面临一个新的时代，现实的社会生活，跟宋明时代又不一样，我们怎样从经典里面去吸收我们今天所需要的思想养分，对这个时代的人而言，又是一个挑战。所以今天我们尽管也是在讲儒家的经典，但是具体的讲法，我们的理解或我们的期待，可能跟宋明时代的情况是很不一样的，这就是经典与社会生活或现代重新结合的要求，这无疑是对我们的一个很大挑战。

问永宁：我们现在讲四书五经，全部是儒学的系统，但是"四书五经"，特别是五经的形成有一个过程。先秦开始称"经"的，不光是儒学的东西，像黄老的著作也叫经，最早提到六经的是《庄子·天运》，这是比较早的。汉代以后，五经的系统就建立了。我刚才讲到"经"一定要有核心的价值，能提出要后代思考的问题意识，给后代提供价值观念，有很强的象征意味，象征意味是和神圣的人联系在一起的。我们现在一讲儒学，我们马上就想到孔孟，道家则是老庄，但汉代人很少讲"老庄"，也很少讲"孔孟"，汉代讲儒学，多数都是讲"周孔"。直到魏晋玄学的时候，嵇康写《与山巨源绝交书》，还是说他"非汤武而薄周孔"。这是由于汉代学术界主要关注的问题是政治哲学问题，相关的圣人就是周公、孔子，周公制礼作乐，标志的经典就是五经。到唐代以后，佛教中国化，儒学受到刺激，儒家学者慢慢找一些可以回应佛教挑战的义理性的东西，比较早的是李翱讲《中庸》，韩愈大概讲《大学》多一点，这个系统就慢慢发芽，后来等到朱熹的时候，四书系统完成了，儒学标志的人就变成了"孔孟"，要回答的问题变成了"寻孔颜乐处"，儒学的问题意识就转为道德哲学和宗教哲学的问题，不再是政治哲学的问题。

历史在变化，不同时代要回答不同的问题，因之标志性的人物也在变化，经典也在变化。讲到现在，我们读经也会面对一些问题，到底哪些才是重要的东西，是五经还是四书？或者像净空法师他们推重的《弟子规》。经典生存的土壤，是一种价值和一种生活方式，要回答现代社会的问题，可能还要重新解释经典，甚至寻找新经典。至于怎么换、怎么解释，现在还不好说，目前我们看见宗教界的人有一套做法，比如基督教内，现在就有一些人解《论语》，伊斯兰教里面的一些学者，也在五经里面找"上帝"的语言。儒教里面一些人，也是在五经里面找人格性的神，这种读经，显然是在回答现代社会的问题。还有一些从佛教或道教经典中找资源解释环保的、论证女性主义的，这都是拿经典做新解释，其实是在回答当代人面对的问题。

儒学的经典，作为中国标志性的东西，影响最大，我们要回答现代中国的问题，也得回去找新解释，还有一些民间知识分子，他们读经不是为了知识，他们读经典为了解决自己的问题，在走出去面对其他宗教，面对其他教徒的时候，有一个身份，他从经典里面找身份。所以我想经典将来一定会成长，它是有生命的。

王绍培：

因为今天是我们未来9期的一个帽子，所以这个题目改成"经典阅读"与现代社会，因此要谈得更加具体一点，因为我们后面要讲到四书五经，我想我们现在读"四书五经"跟古人读"四书五经"有一个很大的不同，就是古代人读"四书五经"很重要的一个目的就是为了考试，参加科举考试，考试考好了就可以做官，但是现在我们不会为了考试来读"四书五经"，我们现在考试都是考别的，语文、数学、化学等，与"四书五经"没有关系，古代的中国人一般都是为了考试的目的去读，很明确，今天的人没有这样一个目的性，那么我们应该怎么样去读？请景院长回答一下。

景海峰：我还是从刚才的话题再往下延伸一下。因为最初的经典可能意义是有限的，我们不要把它看得好像把所有的真理、所有的问题或者所有未来人类社会遇到的问题都已经解决了，好像是一剂灵丹妙药，百试不爽，这可能就有点把经典神秘化了。实际上经典文本里的内容有时候也是非常具体的，当然有些可能是普遍的抽象的原则，是放之四海而皆准的真理，或者对人类文明的任何时代都会有价值、有意义；但有很多内容是跟历史情景、跟具体性关联在一起的，既然是跟历史情景关联在一起，就有它的局限性，在这种情况下，经典的意义和价值就有一个需要扩大的现实要求。为了借重经典的权威，历史上的"经"就有一个不断"扩容"的现象，从"五经"到"七经"，再到"九经"、"十一经"，最后是定型于"十三经"，这就是把"传"和"记"等比较晚出的文本，也都搜罗在"经"里面。后来甚至有仿造之举，也就是"拟经"，汉人就开始这样做了，再后来到了宋明时代，仍有很多人仿照，当然我们说这种形式往往有很大的问题，基本上是不成功的。

但和现实生活结合起来做新的理解，不断地解释，我觉得这个可能就是我们今天要去充分吸收的一种方式。比如刚才讲的"四书五经"，在历史上作为科举考试的文本，这是一种制度安排，要硬着头皮去应对，在今天已经没有这个情况了。今天我们对经典文本，一方面，要尊重历史的成果，对圣人、先贤有一个尊敬之情，有一个充分同情理解的前提；另一方面，我们又不能像古人一样，带有盲从或"不理解也要执行"的态度去面对这些文本。因为我们毕竟是在现代社会，都是经过现代文明洗礼的现代人，跟古典的文化氛围中的价值要求是不一样的。所以在这种情况下，经典固然重要，但我们读这些经典也需要有一种批判性的眼光，我们要把经典的一些原理和经典里面的具体性跟我们生命的感受、跟我们这个社会、这个时代所遇到的具体问题联系起来，要有一种切己感，而不是将经典只看作是一个文字上的问题，它实际上是需要放在我们现实生活的真实体味和场景里面，来言说和理解那些道理。今天我们学习经典是非常重要的，但如果是不加区别，或者缺乏一种现代的意识和眼光，只是去死记硬背文句，那是没有意义的。我们一定要把经典变成我们现实生活的可受用的源泉，这样去读那些书，才是有价值的、有意义的。

问永宁：王老师刚才讲，古人读经都是为了科举，其实不完全是这样。科举制度产生以前，那些人读经干什么？就是后世读经的人，虽有不少是为了考试，但是更核心的东西还是文化传承，就是古人讲的诗礼传家，另外还有精神的受用，生命的提升。这个和宗教类似。穆斯林读《古兰经》，他想考什么科举呢？他不是想科举，而是读了后生命有安顿。古人读经，最重要的原因，也同样是在这里。

另外一个问题，就是经典，谈读经就关系到经和经典的关系了，我们是读经还是读经典，这两者是不一样的。读经典看重的是学术的维度，要求理解准确、注释准确，不能随便乱讲，字怎么读都需要关注，这样其实是把经典当成一个外在的、客观的东西来研究，这样读经典，像刚才说的科举考试一样，都是注重它外在的客观价值。读经强调生命有安顿，就是要安身立命，它是另外的一种读法，这种读法不一定强调准确性，强调的是内在价值，强调它宗教性的意义，宋明理学，按我的理解，基本上是一个宗教性的东西。经的另一个价值，是现代人讲的身份认同、自我角色的整合等。

如果一定要说读经有什么用，中文系或国学班的学生可能会做一个职业的研究者、当老师，他可能要扮演两个角色，一个是经典的诠释者，一个是读经者，他读经典的能力要加强，在知识方面要有权威性；但一般人读经是要用，王老师刚才讲到南怀瑾，很多人读南先生的书，你告诉他说南先生讲错了，他说好，这里错了，但是还是读下去；如果你告诉他谁讲对了，他会去翻看，翻完了之后他可能说算了，对不对我都不看了。我们可以提升他们的思考，但是不能说他们这样看书不对，研究国学的人，读经要关注时代所遇到的具体问题，要有现实关怀，所以我想读"经"和读"经典"，读法其实是有点不一样的。

王绍培：

"四书五经"在过去是官方的意识形态的文本，这个跟我们今天是很不一样的，我们今天有今天的意识形态，但是在古代的意识形态大致上是"四书五经"，还有一个制度安排是你要实现你的阶层流动，要从这样一个阶层进入到另外一个阶层，要通过科举考试，学而优则仕，你读什么书，读"四书五经"，读完之后你去考试，考试考得好，你就有机会做官，那么你的社会阶层就向上跃迁了，这是一般的来说，就普遍的形态来讲是这样一个制度安排，也有这样一个目的性。但这即使在古代也有例外的，比如像贾宝玉读一些比较闲杂的书，就被批评为不务正业，其实我们今天看很多人只要是读书的人就是好的，但是在那个时候看来，你读某一些书是正经地在读书，读另外的一些书不是正经地在读书，是浪费生命，浪费时间，你读了书就应该去考试，考了试就应该去做官，所以古代中国人的读书价值观，我觉得这里面有一个很重要的内涵，我们讲"书香门第、耕读传家"其实都有这样一个意思在里面，我觉得要是把这个意思拿掉的话，我们可能真的不清楚所谓的中国人的读书价值观是什么，中国人真正在推崇什么，中国古代的人主流的意见推崇的是读官方认定的与意识形态相关的那些书，"四书五经"，读完了之后，你就可以去做官，因为官在中国的地位是最高的，哪怕你是经商发财了，你只是富，但是你不贵，这样一个东西对我们今天其实起了很大的影响，像今天虽然你发财了，或做学问做得很好，但是主席台一出来，坐在中间或坐在重要的位置的还是当官的人，哪怕你是获得诺贝尔奖，你也只能坐在下面聆听，这个是跟中国古代文化价值观有关系的。就像我们今天一样，假设我们不是参加考试上大学，而只是在家里读一些乱七八糟的书，可能知识也会很渊博很丰富，但他们仍然觉得没有用，因为你没有进到体制内来。在这样的教育体制的安排之下，我们今天来读"四书五经"，如何可能，这个问题是我们应该思考的。古代的中国人，他们的文化视野或他们的文明视野大致就那么点东西，比如儒、释、道，释和道尽管跟儒有点不一样，但是很多地方还是蛮接近的。我们今天的文明视野跟文化视野就非常不一样了，比如我们还有基督教，还有伊斯兰教，宗教形态下比他们那时候的差异性更大。比如像基督教这种文明，这种差异性比起佛教跟我们儒学文化的差异性非常大。还有科学，比如科学这种文明出来了，理性主义出来了，这种差异性就更大了。在这样一种丰富多元的文明背景之下，我们再来读传统的经典，我们应该怎么读？这个问题值得反复思考。

听众：谢谢三位老师的分享。今天这个题目是经典阅读与现代社会，但是听了老师们的讲座，解释更多的可能是一种阅读经典，我觉得刚才这位老师结合经典，把词语单独从词面来理解，就是经典阅读，我们把这个题目换成"阅读经典"又是怎样一个概念？我们把后面的"现代社会"与"社会现代化"两个词倒一下，这样题目一改的话，"阅读经典与社会现代化"是不是会有新的意思出来？我想问问三位老师，如果是这个题目的话，我们该怎么样去理解？

景海峰：阅读经典可能更强调的是如何读法，经典阅读有一个前置，就是我们如何去面对那个书，面对那个文本，可能主体稍微有点转换。阅读经典等于是我怎么去看待或处理经典里面所提到的这些问题，我怎么去体会，主体的意味强一点，是不是可以这样理解。现代社会和社会现代化，刚才我们讨论现代这个概念，如果是社会现代化，可能是要追求一个目标，就是可能要牵扯到何为现代化，怎样来理解现代化，达到一个怎么样的状态才符合我们想象中的现代化，我想是否有这样一个差别？

听众：这样的话，我们就是阅读经典，阅读经典就是像刚才老师讲的，有很多个形态，这样的话和现代社会和社会的现代化结合起来，也许社会的现代化后，可能我们阅读的方式会变化，不是像我们现在看到的只是限于这样的阅读方式，而可能有多种形式。

王绍培：
你的提问把答案指向了一个相对封闭的方向，就像我们现在阅读经典是为了现代化，但是我们现在这样一个题目是相对开放的题目，就是我阅读经典，跟现代社会之间这种关系是有很多方向的，我们现在这个题目的发散性更强，而你就将目的性搞得很清楚，按你的目的来讲，很有可能得出一个另外的结果。

听众：不是这个概念，我是从另外一个角度去理解社会现代化以后，我们的思维的模式，读书也好，学习也好，可能我们只局限于现有的纸质书本或者只限于我们传教听老师讲，但未来社会现代化后，我们可能不知道我们未来的阅读方式是哪种形式，就是灌输到我们脑子里面或者在我们脑子里面形成这种观念、这种方式会发生什么样的变化，以此来把我们今天的东西传承到现代社会。想请三位老师回答一下。

王绍培：
你的意思就是现代化之后，我们读经典的方式发生了变化，在变化的方式中，又怎样才能够保持住经典，是这个意思吗？

听众：是的。

听众：现在中国的国情，最终什么样的文化可以代表未来中国？

问永宁：你刚才那个问题，其实儒、释、道就可以代表"中国人"的，讲到儒、释、道的时候，你问日本人、韩国人儒、释、道，他们首先想到的，也是中国的，儒是孔孟，道是老庄，讲到佛教也主要是中国的一些情况，所以说儒、释、道代表中国是没有问题的，中国其实完全可以把这个担子扛起来，不单我们是中国文化，韩国、日本根本上也是"文化中国"。从文化上讲，中国人是可以代表中国文化的，我们这样讲没有问题，我们要不这样讲才不对。

景海峰：这里面实际上有一个错位，这是个概念问题，比如说我们今天讲的中国、中国人，或者中国文化，这个中国更多的是含有现代的民族国家观念的背景，它跟我们历史上所存在的儒、释、道这种价值形态的文化环境是很不一样的，与我们现在讲民族文化意识，比如疆域、比如一些比较具体的状态是没有太大关联性的。你刚才讲的儒、释、道，实际上更多的是指文明的价值形态，那个价值形态有时候是跨越今天所谓现代国家疆域的，它可能是一个多民族的，也可能是一个单一民族的，如果是在今天这种现代国家的格局里面，它可能是跨界的，可能是很多国家，甚至是更大区域的一种共有价值。这实际上就是一种文明观，和国家、民族国家的概念是不完全一样的，所以这个里面可能有一个错位，需要把这两个内容先理清楚，就好解释了。

王绍培：

我们讲东亚文明圈，就是儒教文明，当然你说儒、释、道是更全面的。为什么东亚文明是儒家文明呢？是因为比较长的时间里官方认可儒教，比较多的人认可儒教，很多人可能是认可了佛教，有些人认可道教，有些人认可儒教，还有一些人三教全认，但是比较多的情况下，是多数人认儒教，这个就像一堆颜色一样，各种各样的颜色，但是比较多的、比较集中的颜色就是主要的颜色。比如你讲中国人的身份是什么身份，儒家文明就是这样一个身份，细分的话，里面颜色很多，宗教的色块也很多，如果一较真就变得复杂了，概而言之你的身份就是这样的。比方说基督教文明，我们讲西方是基督教文明，但西方不信基督教的人非常多，可能信别的什么，或者信一些无神的宗教或者就信了科学。其实要真正较真来讲，中国人的文化身份可能是一个待定的、是一个灰色的地块，是一个未明的、很多人不清楚自己信什么，没有信仰，很多人感觉就是一种日常意识支配自己，这些人的文化身份是待定的、是不明确的，将来有各种各样的可能性。比如现在中国人有些信基督教，但中国人信的基督教有可能是儒家的基督教，可能是中国文化的基督教，有很多这种混杂的颜色，色谱不是那么纯粹。大概是这样。

问永宁：身份这种东西，从有的角度看是清晰的，你拿着中国的身份证、拿着中国的护照，你肯定是中国人，如果拿文化或宗教作标志，那个就像王老师说的，只能是一个笼统的、大概的说法。另外一个问题是，身份在于别人认为你是什么，你是谁不完全是你自己说了算。你自己说是基督徒，别人可能看你是一个中国人，说你是儒家，角色经常是别人在确定，不一定是你自己愿意认同的。中国人的认同，也不一定只是某一种文化的认同。比如我有不少回族朋友，有一些认同儒学，有一些并不认同儒学，说儒学不怎么有价值，但是他的中国人的身份的认同是很清晰的，他不会说我不是中国人。所以好多社会角色之间是有重合的，对于很多中国人来说，我们是儒教文化，或者放宽一点三教文化就没有问题了，但是有些人不一定这样认为，这并不妨碍他是中国人。

听众：三位老师好，今天这个题目很有现实性，经典阅读与现代社会，经典有东方的经典和西方的经典，西方的经典有科学民主，我们东方经典在数量上还可能多于西方的经典的态度，我们现在看到的比较显学的留下来的有儒、释、道及伊斯兰教都在我们东方土地上，并且在先秦的时候，诸子百家及很多家，我就想问，为什么西方人在他们的经典的基础上，能够顺应时代发展到现在的科学和民主等人权里面的价值，落实到现实社会中去，而我们的经典却没有发展出这些现代价值？这个历史过程中，到底发生了什么样的变故或有什么样的因素阻碍了我们的经典的发展？

景海峰：这位朋友所提这个问题我在场就已经至少有三次了，

这个问题其他场合很多老师都回答过，实际上这个话题有点像"李约瑟难题"的一种变异，"李约瑟难题"是说为什么中国文明这种形态没有产生近代的自然科学？你说为什么儒家这些经典或中国的经典没有产生出现代的科学民主价值，实际上是一个类似的问题。这种追问有一个基点，就是在中西比较的架构下，用西方的原点作为一个坐标，把它的价值先做一个设定，就比如科学、民主、人权、自由等，先有一个设定，把这些东西作为一个坐标，然后再来反观中国传统的体系，然后再来找，你没有，你找不出，那你的文化就是没有意义的。我想这样的思维方式实际是"五四"情结的一种延续，因为当时的新文化运动，很多批判中国文化的学者，是放眼看世界的，是在世界潮流的变动状态中来思考中国的未来、思考中国文化的一些问题，所以才有很严厉的对中国传统的一些批评。所以这个问题不是我们今天的新问题，实际上这100多年，整个中国文化的发展过程中，这是不断地被人质疑、不断地被人追问的问题。我想这个话题在整个现代文化的各种建构中都是在不断面对和处理的，比如我们经常要在传统里面寻找类似的东西，用现代方式来回应西方，这种工作有好多人在做，包括从文献上、从义理上，寻找相似的东西，包括在学术界、在民间都有很多人在做这些。这可能是一种解释方式，但如果从现实的变动或中西文化的理解来看，一些认识、一些结构、一些特征，在今天已经有所变化，这就是价值的转移。过去把西方的很多东西，甚至是有限的、具体的东西，也视为是具有人类普遍性的存在，这在今天遭到了很大的质疑。有些价值可能在100年前，或者近代这种文化形态下，具有非常重要的普遍意义，是共有价值，所以我们中国人这100多年来一直在不断地追求，把它作为一个老师去模仿和学习。但在今天，我想这个问题开始有一些变化了，我们现在可能理解和认识的人类文明复杂度要比近代这种简单的坐标眼花缭乱许多，我们需要重新理解和认识，需要重新思考。当然不是说中国崛起之后可以任意变换坐标，甚至要以自己为中心，对西方的东西可以有一种挑剔或弃之不顾，不是这个意思，至少我觉得这种坐标的眼界和理解的方式要有变化，看问题和提问题的角度应该有一些改变，不能还是五四时代的心态和水平。

王绍培：

简单回应一下你的问题。中国古代有数学，古希腊有数学，阿拉伯世界和印度都有数学，但是后来数学比较厉害的是古希腊的一支数学，它统治了全世界，我们现在不会讲中国特色的数学了，数学只有一种语言那就是数学，没有什么民族性的，可以说西方的数学确实比中国的数学要优秀，你要的应该就是这样一个结论了，我们比不过他，我们就是比他差，我们要承认这一点，所以我们把他们的数学拿过来了，然后我们在普适性的数学上来发展中国的新的数学。然后你这个问题还可以进一步问，为什么西方文化可以发展出科学，而中国没有，是因为在古希腊的时候他们发明了一个东西叫理性，他们有一个概念是普遍性，这是其他文明都没有的。只有西方文明才有理性，才有普遍性这一整套的体系，所以他们才能够发展出一整套的科学，科学的整个的奠基是西方文明奠基的，其他文明里面有理性的萌芽、有普遍性的萌芽、有科学的萌芽，但是没有一个完备的东西，没有一个完备的科学。

听众： 谁扼杀了我们东方人的理性？

王绍培：

这位听众，你想要的答案就是中国文明比西方文明差，中国的专制主义很反动，所以导致我们很落后。

问永宁： 他这个问题是一个假问题。首先它假设科学的产生是必然的，他认为科学的产生和某一文化的连接是必然的。科学起源的相关因素太多，哲学决定论这个东西没有办法来证明。二是西方这个说法太抽象。古希腊的时候，有希腊哲学，没有科学，西方其他的地方，像德国，也没有原发的科学。我们也可以问，古罗马的时候，为什么没有科学。其实哲学思想和科学，是两个事情，科学或许和某一种思想有关联的因素，但是经济文化水平、运输、战争等各种东西，都是科学产生的共因，有了这些因素，理性萌芽才可以成长起来，科学产生之后，是靠传播的，在西方也主要是依靠传播，传播之后再学习创新，我们现在学了科学，中国背景的科学家慢慢也多了起来，谁敢说中国以后不会是科学的重镇。说哪一种文化一定会产生科学，这是把文化和科学绑在一起谈，这个思路本身是有问题的。

王绍培：

今天来了很多深大的学生，我们请深大的学生提一个问题。

听众：我不是想提什么问题，而是回应刚才那位听众的问题，我觉得景院长及问老师都讲得很充分，其实这个问题，因为我们现在是处于现代社会，是西方建构起来的这套话语体系，我们现在尊崇的都是那样一套东西，我们觉得那一套是先进了，所以你是从这个角度来觉得我们可能没有产生像他们那样的东西，但是实际上我们是不同的文化，是不一样的东西，所以你不能完全这样说，现在社会就是因为他们优秀，就以他们的眼光看我们怎么怎么样是不好的，所以我想景老师的回答应该是很有说服力的。

王绍培：

还有没有问题？

听众：我觉得整个晚上的讨论都没有切入主题，今天的主题是"经典阅读与现代社会"，为什么"经典阅读"？它和"现代社会"之间有什么关系？

王绍培：

　　这位同学还是认为我们今天说了半天，经典阅读和现代社会有什么关系没有说到，其实我在此过程中，还是比较多的人问到了这个问题，我们今天怎么样来读，我们今天为什么要读，只是因为这个问题比较宏大，不能说没有关系，其实有很多时候的回答是有关系的，而且是回答到了，比如问永宁说为了宗教的目的、为了安身立命要读，为了我们的文化身份我们要去读，还有景院长所说很多是从学术上、从学问上读它，其实都是有关系的，只不过这种关系听起来不像是应试考试那么直接，他们稍微有一点省略了中间的环节，但是还是回答了，你想一想之后也是很有关系的，回答到了的。

　　听众： 我看了这个题目，听了老师和大家的讲座，有一些联想，我想把这个题目倒一下叫"现代社会与经典阅读"，我就是想到我们作为人，生活在现代社会上，需要面对一些问题，比如生命的意义是什么？人应该怎么活？怎么与人相处？有问题，就论语里面的"不愤不启，不悱不发"，我们思考这些问题的时候，会想不通经典的某些话会给我们一些启发，让我们想通了，我们的"愤"就得到了一些启发，我们有些感觉了，但是不知道怎么回答，经典里面的话题好像有说出我们的心声的感觉了，所以就是"不悱不发"，就是我们在阅读经典、体会生活、思考人生的时候，自己的生命和经典就在不断进行交互，这就是我看到这个题目想到了这些。

王绍培：

　　好，今天的南书房夜话到此结束，谢谢大家。

南书房夜话第十二期：今天我们如何读《论语》

王立新　王绍培（兼主持）
（2015年5月30日　19:00—21:00）

王绍培：

各位现场的朋友晚上好，今天是我们南书房夜话的第二季的第二讲，第二季我们主要是讲传统的经典，讲四书五经，今天是讲《论语》，《论语》应该说是对中国人影响非常大的一部经典，所以呢，首先我想请几个的听众用简单的话语讲一讲你对《论语》的印象。我知道在座的有很多是国学精英班的学生，你们应该很清楚。谁自告奋勇？有吗？没有的话，我就随便点了。

听众：老师好，我觉得论语，其实我们从小到大都有在接触，但它其实并不像我们想得那么简单，尤其是我上了王老师的课后，我会对每一则查很多资料，做很多了解，我发现每一则里面其实都可以涉及包括美学、哲学很多方面问题，而且它每句话都可以多方讨论，其实论语蕴含的东西很多，我觉得值得我们一生去探究。谢谢老师。

王绍培：

好，谢谢，后面那位绿格子衣服的同学。

听众：就我个人而言，《论语》是我第一部接触的有关于国学的东西，所以我觉得它是中国儒学那么久以来最原始的经典，它具有延散性，后世也对它有各种不同的解释，这就是我大体的印象。

王绍培：

过去南书房夜话都是三个人，比如上一期是景海峰院长和问永宁，今天是我们二王，王教授真的是研究《论语》的大家，有书为证。其实我觉得有书还不是一个很重要的标志，还有一个很重要的标志就是因材施教，因材施教也是孔子的思想嘛。他说你讲话声音那么小，平常羞羞答答的，说你要去找一个高年级的男生去打一架，被揍得鼻青脸肿回来，我就给你满分，这叫因材施教，真的，我觉得这样学习特别好。刚才吃饭的时候，我在问王老师，我说你上课肯定是最受欢迎的吧？他说已经不行了，现在的学生上课都在玩手机基本不听讲，这样的话，你们会错过很多，因为手机会永远伴随着你们，但是王老师只能在你们读书的时候，可以聆听他的教诲，一旦毕业了就不一定有机会了。所以说像今天这个晚上也很珍贵，在王老师讲的时候，希望大家不要玩手机，当然你可以用手机发微信，发一下，说一下今天晚上南书房的活动，这个可以，发完之后就赶紧回来听讲，我们今天主要是王老师讲，因为今天没有领导，所以我们可以比较随心所欲，我们争取可以跟过去每一期讲得不一样一点。好吧，王教授开始吧。

王立新： 谢谢大家前来听讲，感谢主持人王绍培先生，我看这里面有一些深大的学生，所以我把王绍培先生给大家介绍一下，王绍培是深圳的文化名人，我俩已有10来年的接触了，他搞一个后院读书会，经常组织读书活动，不怀任何功利目的，我去讲过《论语》和《资治通鉴》之类的东西。绍培先生对中国文化有很深的情感，刚才在吃饭的时候，我们也说到《论语》。我讲了很多年的《论语》，《论语》也是我正式完整阅读的第一部经典。中国儒学的经典、中国思想的经典，第一部就是《论语》了。我上大学的时候，买的第一部书就是《论语》，杨伯峻注的，花了一块二毛五。起初读的时候，跟现在的学生们读的感觉差不多，觉得某句话有道理，就把它记下来了。现在我头发都白了，都是读论语读的（笑），都是让论语"害"的，《论语》的力量真大。

《论语》是一本好书，绍培先生刚才说今天主要由我来讲说，其实他在这方面也相当有研究，他原本就是武汉大学科班毕业，这么多年来，一直没有停止这方面的阅读跟思考。所以，今天是我们两个一起来谈，必要的时候，他随时可以打断我。现在我先说一下《论语》大致是一部什么样的书。绍培刚才说我有《论语》的书，指的就是我的那本《圣者凡心——王立新教授讲论语》。今天我带来两本，奖励在场的听众，谁表现出对《论语》的热情高，我就签名赠送给他。

我先说一下《论语》这部书。

《论语》这部书在中国家喻户晓，尤其是近些年来，从国学热以来、儒学热以来，大家都在读《论语》。现在的街道上，包括建筑工地的墙壁上，都贴着《论语》的话语，说明大家重视《论语》，也表明大家对《论语》相对熟悉了，都知道《论语》是一部好书，不像我们小时候。我们小时候，赶上"文化大革命"，知道《论语》，不是因为它好，反倒是因为它坏。当时都认为它是一部坏书。究竟怎么坏，我们也不知道。现在大家都回过味来了，觉得《论语》是一部很好的书。我大学读的是哲学系，因为英文水平比较差，对中国的历史比较感兴趣，于是就选择中国哲学的方向。选择中国哲学，首先遇到的经典就是《论语》。几十年下来，闲着没事就翻《论语》，不管是研究宋代儒学，还是研究明代儒学，最后都会返回到《论语》上来，都得去查证《论语》里到底是怎么讲的。因为《论语》是源头，作为儒学研究者，这是我跟《论语》的缘分。我就因为这种职业研究的目标，跟《论语》结下了终生不解的缘分。《圣者凡心》这部书，其实是我给学生讲通识课，就是素质课的讲稿。我讲通识课的时候，把那些讲课的记录，略加整理后交给了出版社。因为是在讲稿的基础上写成，里面有一些很口语化的话语，针对性也比较强。

我先说了我跟《论语》的缘分，现在再来说我跟孔子的缘分。

我小的时候，正赶上"批林批孔"，老师教我们唱一首歌，叫

"叛徒林彪，孔老二，都是坏东西，满嘴讲仁义"。这首歌现在上网都查不到，很多人都忘记了。绍培先生或许记得。当时我们小，既不会想，也不懂为什么要去想，就是跟着唱，还热情洋溢地跟着唱。后来长大了，慢慢开始想些问题，这个问题也就不小心被想起来。林彪是谁，大家都知道。说林彪和孔子都是坏东西。林彪咱们不说，跟咱们今天的话题没关系。但是孔子为啥坏呢？后面有一个限定语，就是"满嘴讲仁义"。怎么讲仁义就坏，难道不讲仁义好吗？想来想去就糊涂了。当时都说孔子和中国历史上的传统儒家的坏话，说他们"满嘴仁义道德，一肚子男盗女娼"。是这么说的吧？（转头问王绍培）虽然大家都这么讲，我们也不知道他们哪男盗，哪女娼。虽然当时我不懂，但这种对孔子的感觉，却建立了我跟孔子最早的缘分，这是社会提供给我和孔子之间的缘分。还有家庭提供的缘分，我父亲年纪很大，比我大55岁，没念过几年书。我小的时候，他经常跟些老朋友坐在院子里聊天，在"文革"期间坐在房前屋后聊天，我喜欢听老人们讲故事，他们说话的时候，我就装作在边上玩的样子听他们说话。当时他们说到了孔子，父亲讲了一句"天不生仲尼，万古如长夜"。我完全不懂，什么叫天不生？谁是仲尼？何为长夜？我一点都不懂，可是因为好奇和兴趣，这个话却被我彻彻底底地记在了心里。大约直到我失忆的那天（还有多少年，那要看我的命力了）为止，我都忘不了这句话。可这句话从哪来的？我不知道。上大学的时候读《论语》，然后读《孟子》，我发现《孟子》里有些话比较像这个话，《孟子》里面引孔子的学生对孔子的评价，说孔子"出乎其类，拔乎其萃，自生民以来，未有盛于孔子者也"。说是从打有人类开始，就没有人像孔子那么"盛"。就是繁荣昌盛，盛大的"盛"。在中国文化里面，"盛"和"大"两个字，都是特别伟大的，比伟大还伟大很多。我当时感觉父亲讲的那句话语，好像是从《孟子》这个话里转出来的。像，但不是；真像，但真不是。后来我沉浸在宋明儒学里面，用心研究湖湘学派。为了考证湖湘学派的很多事情，去看朱熹的文字，因为朱熹跟湖湘学派关系很密切，里面一定有很多关于湖湘学派的线索，于是就去查找。在《朱子语类》里面，我看到了这句话的真正出处。这句话是朱熹的弟子蔡元定说的。

蔡元定当时对很多学儒学的人说："天不生仲尼，万古如长夜。"有人指责这句话，说蔡元定胡说八道，"难道不生孔子，这个地球上就不会出现太阳和月亮吗？"其实这是浅薄的误解。人家指的是人类精神，说孔子是人类精神的光明之灯，有此一盏明灯，就能扫除人类历史千年的黑暗，不是讲我们行走在天地间，看不见自然界的太阳和月亮。

以上讲的是我跟孔子的缘分。因为这个缘分，再加上我的职业，我的职业就是从事中国传统儒学研究的，海内外学界给我的标签就是儒学研究者，可是不管研究王船山，还是研究湖湘学派，或者其他任何儒学家、儒学派别，最后都会回到原点，原点就是孔孟，他们才是中国后世儒家的基本动力之源。

现在我再说一下我对《论语》的看法，《论语》是一部怎么样的书？仁者见仁，智者见智。但是各种说法的来由在哪里，这点很重要，不是随便就能瞎说的。我经常看见有很多人随便瞎说，有一次有人对我说：朱熹这人很坏，好好的孔孟之道都让朱熹给搞坏了。我问他："你念过朱熹的书吗？"他说："没念过。"你没念过人家的书，怎么就知道人家把孔子的东西搞坏了呢？这就是咱们中国人。2003年，我在瑞典开会的时候，我讲儒家的好处，讲孔子的好处。有一个在国外当教授的中国人，当时就站起来，说你怎么可以这样说，孔子就不是个好东西，五四运动的时候我们都把他批得很臭了，你们今天怎么还在说他的好处？我听了以后觉得非常奇怪。这两位的话语，可以当成一对来看待，是同一种不正常心态的两种不同表达。为什么没看过人家的东西，却说人家坏？他的理由似乎也很充分："坏东西我干吗要看他！"各位听听，很多人就是这样，把原因和结果都弄反了，自己还在那里很自信。

我先举了两个相反的例子，现在再来正面谈《论语》是一部怎么样的书。根据我现在的理解，第一，它是中国文化的第一宝典，相当于中国文化的圣经。但我这里讲的"圣经"，不是西方意义上的《圣经》，它不是天条铁律，让你一定要照着执行。中国人的社会生活，跟中国文化是密切关联着的。中国文化的人味十足，神味不够。我们儒家的伟大之处，就是在于首先从孔孟时代开始，就把绝对外在于我们的天神,拉回到人间来,给它赋予人味。中国的神圣都有人味,道教佛教也不例外。你看,我们的大仙,铁拐李,那就是喝酒的,要喝出人味的,是不是?我们的菩萨,你生不出男孩,你找她,她就送给你一个。他们都有人味,儒家更有人味。

在《论语》里,学生们问孔子的问题,还有孔子的回答,都有深厚的人情味、烟火味。他们不满意所处的人间,但却深陷在所处的人间里,他们敬仰鬼神,但却远离鬼神。"敬鬼神而远之",就是这样的意思。像基督教之类,是不兴这么问的,学生问孔子:"老师,庄稼怎么种啊?"孔子说:"你一边去,我不懂!"其实他能不懂吗?!还有很多学生问的是我性格不好怎么克服?我要当官应该怎么治理?音乐是怎么回事?这句诗是什么意思?这些完全是生活化的东西。所以《论语》这部中国的圣经,是充满人情味的圣经,是充满人味的圣经。我喜欢中国人的这种味道,我不喜欢纯粹地把人作为上帝面前的那种一点力量没有,一点自由没有,一点申说的可能性都没有的卑躬屈膝者。那样的神圣,我们怎么跟他交往呀?我喜欢中国的这种有人味的圣贤。孔子的这种人味精神,其实在我们现在的家长身上,在我们的老师身上,在我们的上级身上都有。你看我们的家长,你要跟家长问一个问题,家长能上去"呱"就给你一巴掌吗?不能吧?不会说"你怎么可以这样问?!"基督教和伊斯兰教就不是这样,就是要你执行,没有发问的权利。这是我要说的第一点,就是《论语》是中国的圣经,但它具有人味。

第二,它是后来所有典籍的一个源头,六经除外,因为六经原则上都在《论语》之前。向后的,不管是道家、儒家和佛家书籍,都在不同程度地引用、翻译、解释和转译,借用我们今天的话语,都在创造性地诠释和借用着《论语》,为己所用,为自己所处的时代所用。所以说,《论语》是中国文化最早的源头性典籍。

第三,《论语》是一部教人成德的书,通俗地讲,就是让人学好的书。你要想当好人,你就去看《论语》,你要不想当好人当然也可以,不是说你不想当好人就该死,咱们现在是民主社会,你不想当好人是可以的。但是我告诉你,如果你要是不想当好人,你就不要去看《论语》了,因为你会感到别扭,处处跟你过不去。要是想当好人，你看得就顺畅，要是不想当好人，就会看着别扭。所以《论语》是一部教人在道德上有长进，在人格上不断完善，在做事上更加妥帖、更加公道、更加少点自私心的这样一部书，这是从道德伦理上讲。

第四，从政治上讲，《论语》也是一部政治智慧的宝典。我们今天很多人不太了解这一点，尤其是受了西方一点教育，喝了一点洋墨水的人，就觉得《论语》讲的东西怎么可以用来治理国家呢？其实这种想法是有问题的，可是他没有意识到他自己的问题。他这是站在当下看政治，他忘记了历史时期的政治，不是现在这个样子。在历史上，《论语》绝对是一部治理国家的政治宝典，要不然宋代的开国宰相赵普怎么会说"半部《论语》治天下"呢？赵普这话是对宋太宗讲的，宋太宗问赵普：我听人家说，你这当宰相的一辈子就读一本书？弄得赵普很尴尬。赵普说我就读一本书，就读一本《论语》，但是这就足够了。说"臣以半部《论语》佐助太祖定天下，臣再以另外半部《论语》，辅佐陛下建立太平盛世"。只有一部《论语》，就足够治天下了。这是赵普的话语，也是"半部论语治天下"的来历。这话传到南宋，学生们问朱熹，说赵韩王（赵普死后被封为韩王）说半部《论语》治天下，您觉得这个说法怎么样？朱熹说治国家还用半部《论语》吗？一句话就够了，哪句话啊？"道千乘之国，敬事而信，节用而爱人，使民以时"那一句。这是朱熹的说法。其实我们现在治理国家治理什么东西？不就是让大家和谐相处，过上太平安定的好日子嘛。大家都努力工作，爱岗敬业，人与人之间讲信修睦，统治者节省土地资源，节省自然资源，节省社会资源，节省人力资源，别瞎造害，也别瞎折腾，别只为当下的统治考虑，顾及子孙后代，关爱苍生百姓，不就是这些东西嘛。

当然，如果我们现在来反击朱熹的话语，可以从两个方面进行：一个是说因为孔子这句话语，没有考虑对外的战争问题；另一个，是孔子没有讲民主社会的建制问题。

但是你要知道，孔子讲的是"道千乘之国"，就是治理国家，不是称霸国家，他讲的是政治，不是军事。再一个是在他的那个时代，不存在民主社会这样一个看法，也没有这样一种社会要求。

第五，《论语》还是一部充满生活智慧的宝典。里面的师生对话，都是围绕着怎样过一种仁德而智慧的生活而展开的。怎样对待上级，怎样对待同事，怎样对待父母，怎样对待兄弟，怎样对待朋友，还有怎样处置坏人，怎样对待女同志，"唯女子与小人为难养也"，就是这方面的智慧。"近之则不逊，远之则怨。"那怎么办呢？保持不即不离，别太亲近，太亲近了他们会不逊，亵渎你。太远了又会怨恨你，会仇视你，说你六亲不认，说你薄情寡义。进而或许会污蔑你、报复你、陷害你。这都是孔子的人生智慧。

第六，《论语》是一部充满幽默味道的典籍，类似于今天的小品。我要这样说，你们可能不信。其实真是这样，《论语》好看，看起来好玩。孔子这个人绝对不像我们"文革"期间画得那样张牙舞爪，狰狞可怖，也不像五四时期批评的那样，一本正经，不苟言笑，整天挥舞道德的大棒打人。其实孔子是一个很生活化的人，有关这一点，《论语》中写得明明白白，清清楚楚。孔子非常幽默，《论语》有《笑林广记》或者《当代相声选》般的幽默。不信你回去认真看看，就会觉得我说的是实在话。

第七，《论语》是作文范本。你要是用心的话，就会发现《论语》的文字很优美，篇章怎么样布局，逻辑性也很强，使用文字很节省，表情达意也很到位。每一段都是你写文章的楷模和示范。

有关《论语》这部书，我先说到这里。绍培先生得说话了，他没舍得打断我。

王绍培：

因为您讲得太精彩了，所以我觉得就这样听下去其实蛮好的。刚才说到《论语》的文字，真的，你看我们现在微信上很多人也写，它很适合在微信上发对吧？不长，有的不超过10个字，但我们现在在微信上写的都是啥呢，可以想一想，有没有把《论语》的味道写出来。刚才王立新老师讲到了他和《论语》的缘分，我觉得特别好，刚好我们的经历差不多，对吧？你是60后，我是50后，所以我们的经历还蛮像的，最初知道孔子是知道孔老二，孔丘，是在一个对他很不尊重的氛围中知道这个人的，所以一开始孔子这个人包括他的《论语》对我们来讲就没有一种神圣感，我觉得有这个和没有这个是很不一样的，而且我们当年听他的感觉就是这个人曾经被我们批判过。我记得在学校里面有的时候还演一些批判孔子的小品，找个人来扮演孔老二，怎么来批判他，所以这样的话，在很早的时候，就奠定了你对孔子这个人的情感，就是觉得这个人反正曾经被我们批判过，所以到了后来上大学，我是武汉大学哲学系的，我们学中国哲学史也要学到这些东西，比如说《论语》也要翻到，也要读，但那个时候读对它是没有什么感觉的，杨伯峻的书我也有翻过几遍吧。台湾有一个学者史作柽，1995年的时候来过深大，参加一个国际美学的研讨会，我跟他聊天，他说《论语》他读了100多遍，不叫读，叫点校，就是很认真、很详细地读，读了100多遍，而且他还不是一个专门研究中国哲学的人，所以他读得是很细的。我当时读大学的时候，我对《论语》没有特别的感受，真正后来觉得这个书有点意思，是跟南怀瑾的那本书有点关系，就是《论语别裁》，《论语别裁》是在1989年的时候由复旦大学出版，第一次在大陆出版，就是南怀瑾的《论语别裁》。再早一点，1988年或1989年，南怀瑾的第一本书，《静坐修道与长生不老》这本书，海南的三环出版社出的，那是大陆的读者第一次知道有南怀瑾这个人，《论语别裁》这个书读一读很有意思，它跟我们学校里面的教授们讲课是很不一样的。比如说杨伯峻的注释讲得很清楚，每一句话每一个字是什么意思，他把它讲得非常明白，翻译得也很容易懂，但南怀瑾是用他一辈子的经历、用他的人生智慧来讲这个书，所以很多地方它可能跟《论语》里面的原意不一定是那么吻合、关联的，甚至于说他有一种像意大利的诠释家艾科说的它有一些地方是误读，乃至于是故意的误读，但是他讲得神采飞扬，你会觉得很有意思。学院派的很多人对南怀瑾是不以为然的，这个不以为然说起来很复杂，因为南怀瑾毕竟是一个在民间、在私下的场合讲《论语》，他不属于学院派，他在学院的时间比较短，所以瞧不起南怀瑾的人首先是学院派，你瞧得起吗？

王立新： 我瞧得起。

王绍培： 那你是例外，你是学院派的例外。记得当年南怀瑾的书出来后，当时有一个学者叫张中行，他在读书杂志上写了一篇文章，他说经常有人过来推荐说台湾有一个老先生南怀瑾，他讲《论语别裁》讲得多么好，我拿来看了二三十页就扔掉了，他说完全胡说八道，很多地方都讲错了，这是张中行对他的评价，代表了中国很多学者对南怀瑾这种讲法的一个感受和印象。但我当年觉得南怀瑾讲的还是蛮有意思的，旁征博引，它里面有很多很多的八卦，有关《论语》我觉得有意思的是南怀瑾的这本书《论语别裁》，当然后面还读了一些其他的，比如像李泽厚的《论语今读》，李泽厚的可能相对来讲有一点难度，因为李泽厚有哲学的深度，他会讲出《论语》背后的一些哲学，这是其他人不太讲的，像杨伯峻的《论语译注》主要是讲他的字、句和意思，他不太发挥，把这几个人综合起来讲的话，我觉得是各有千秋，我个人倒比较偏爱像李泽厚的跟南怀瑾的，比如像我们这种场合，特别适合南怀瑾来讲，南怀瑾讲的跟大学教授讲的不一样，大学教授讲这些东西有一个问题，因为他不太容易把自己的人生智慧带进来，他可能是从书本到书本，从知识到知识，但是你的见闻，你的体验，你自己的感受这一部分是不够的，像王老师讲了这么多自己的感受确实是例外。

王立新： 我比南怀瑾先生还差很多。其实《论语》就是直接指向人生的，南先生人生的体会和感悟程度很深，人生体会，对理解《论语》非常重要。南怀瑾先生的书是结合自己的人生感受写的，真的是非常好。绍培先生说，他喜欢南怀瑾和李泽厚的书，我怀疑你要是认真看了我的这个书，你一定会很喜欢。（笑）

王绍培：

对，我也看了，确实很好，但是不好意思当着面来表扬你。

王立新： 我还是有点学院派学究的味道，还没有彻底跳出学院学究的窠臼。没办法，以形式主义的方式，按职业的要求读书，读得太多了，一时间不能彻底改变过来。我们今天的很多老师就是按这个目标来教育学生，这些学生将来可以成为某个学校的教授，也去讲《论语》，可实际上他对《论语》的真精神未必拿得准。

王绍培：

我觉得还有一种比较好的解释是，日本有一个美学家叫今道友信，他讲"思无邪"三个字很有意思，他讲"思无邪"你猜怎么讲的？他说"思无邪"三个字的意思是思想垂直起飞就叫"思无邪"。因为中国人都是讲究训诂、考据等等，很抠字眼的，你突然听到他讲的"思无邪"的话，你觉得"思无邪"怎么可能会是思想垂直起飞呢？像遥控飞机一样的一遥控直接就从地上垂直地上升了，但是你把孔子的好多思想连贯起来想，你就觉得，今道友信讲得是有道理的，比如思无邪，诗歌本来就有一种功能，就让你立即从此岸到彼岸，立即从现世到一个超越的世界，到一个理想的世界，立即从物质到精神，这不就是思维的垂直起飞吗？过去讲"思无邪"是指没有邪念，就是很正直，从道德的层面来解释它，而今道友信这个美学家他也是一个哲学家，我觉得他在美学和哲学方面都是很厉害的，他解释"思无邪"三个字，他的解释就是思想、思维的垂直起飞，这就给我一个很大的启发，就是我们在读这些书，读这些传统经典的时候，有的时候可以去"得意忘形"，得到了它的精神的东西，不一定非要跟字面抠得那么紧，从某种意义上讲，我觉得南怀瑾他有一点点这个"思无邪"，他讲精神这部分，可能在字句方面他不一定很准确，有可能还讲错了，但他非常好地掌握了书的真正内在的精神，所以我觉得这个有意思。我之所以这么讲是因为在座的有很多的国学班的同学,在读书的时候,一定要有这种想象力。我们后院读书会有一个哲学"席明纳",什么叫席明纳,就是similar,这是费孝通把英文的研讨班翻译成了"席明纳",什么意思呢?就是在西方的大学里面,他们的教学,现在就有一种教学方式,就是"席明纳式"的,不是像我们这样坐,我们这样坐,在空间结构上是叫"二元空间",坐在上面的是讲的人,坐在那边的是听的人,而席明纳没有这个界限,混在一起,随时地讲、随时地问、随时地答、随时地停顿,这是席明纳。我上个星期在特区报上发表了一篇文章,我说"孔子的《论语》是一本党校的教材"。孔子是一个教育家,很多人想说把中国的教师节定在9月28日孔子的生日这一天,孔子是教师的鼻祖,但是从来没有人讲过孔子的教学方式是什么样的。我说,其实孔子的教学方式跟后来的、跟我们的教学方式是不一样的,他是很早的席明纳,为什么,大家就是坐在一起,有的时候是坐在一起,有的时候是一起玩,反正什么时候都有可能聊天,有人问,他讲两句,而学生还继续问,有的时候学生会连续地问,他连续地答,他没有什么长篇大论的这种东西,在那么早的时候,就有席明纳的教学方式,而这种教学方式被我们后来的整个教育给忘掉了,因为这不仅仅是教学的方式,它里面还蕴含了很多很多东西,比如说像杜维明讲21世纪很需要中国的儒家文化,因为儒家文化有一个很重要的特点,就是它是一种对话的文化,是对话文明,我把它提炼成对话主义,但是杜维明都没有说中国儒家的对话文明、对话主义是从哪里来的,它是从哪里来的呢?就是从孔子的《论语》来的,因为他这本书就是对话,就是不断地交流,这个对话很重要,重要在哪里呢?重要的就是在对话的时候,他跟宣讲的人不一样,宣讲的人认为我是对的,我来告诉你们,而对话就是说你有很多东西我不知道,我们是来对话的,我是来听你讲的,我是来跟你探讨的,杜维明也讲对话主义为什么这么重要,就是我假设你是对的,而且我假定有很多你知道的东西我是不知道的,这个对话主义在今天这个世界非常重要。孔子的席明纳方式也包含了一种平等,席明纳就是混在一起的,没有什么老师、学生这种分别。像儒家的很多好东西,是跟《论语》有关系的,但是我们后面往往就把它忘掉了,我们今天学《论语》的时候，一定要有今天的视界对它有一些不同的不一样的诠释。比如，仁义道德的"仁"，仁者爱人的"仁"，这个"仁"是什么意思，从人从二，对吧？过去的解释，说是因为仁者是兼爱的，是要爱别人的，所以不仅有自己，还有别人，所以是两个人，讲到的是道德层面上的一个含义，但我能不能说其实"仁"这个字讲的就是人的实现、人的完成不是一次，而是要两次，第一次生下来你是一个人，你是一个自然的人，你是一个实然的人，但是第二次你有了某种觉悟，有了某种意识，实现了你的意识，第二次完成，你就成了一个应然的人，你就成了一个你应该成为的人。萨特的存在主义有一个基本的命题就是"存在先于本质"，就是人首先是存在的，没有本质性，本质是后面才赋予的，后面有了自我觉悟，自我意识，按这个自我意识和自我觉悟去做，有了本质，他才成了一个真正的人，这就是人的二次性，第一次它是存在，第二次它是有了本质。我想今道友信可以这么理解，说"思无邪"就是思想的垂直起飞，我们为什么不可以把"仁"字朝这个方向去理解呢？可能这个不是孔子的意思，但是我们根据孔子的整个思想体系，可以想象，它完全可以很逻辑地推出这样一个哲学的思想。

王立新：我同意你这个说法，可以这样理解。孔子的说法原本是什么意思是一回事，我想把它怎么理解是另外一回事，但是有一个基本前提，你不能违背孔子的意思走向他的反面去。把人理解成为生存者、存在者，然后变成意义者这样一个过程，其实在根本意义上并不违背孔子的"仁"的原则。"仁"就是让人走向崇高的过程。绍培先生讲得很好，现在好像得改过来，我变成主持人了。他刚才引用了很多西方哲学的话语，今天我们俩互为主持人，互相评价。从存在主义的角度，借用很多东方文化的资源，包括今道友信从美学的角度或思想创造的角度的那种理解，其实都是可以的。但有一种理解是不可以的，比如我举个例子，不久前我们深圳大学开了一个国际儒学的会议，有一位复旦大学的教授讲孟子的良知，说孟子的"恻隐之心"是讲给陌生人的。我听着很别扭。那次开完会不久就过年了，正月初一那天，我正好在南山区图书馆里面读书，那天上午别的阅览室都关了，一楼的杂志阅览室还开。我就在那里读一本叫《世界哲学》的杂志，这位先生的这篇文字就登在《世界哲学》的杂志上。我觉得像他那样理解孟子不可以。为什么不可以？这叫诋毁中国文化，这叫诋毁圣贤。这不是学术创新，更谈不上思想创造。孟子的恻隐之心怎么是对陌生人说的？我们只对陌生人有恻隐之心，对父母兄弟没有恻隐之心？回去你给你爸一巴掌，我看看？你妈有病要死了你不管，你可以一点都不动心。因为恻隐之心是对陌生人讲的，你跟你妈太熟悉了，所以不会产生恻隐之心。岂有此理！作为名校的教授，说出这种话语，还以为自己有独到的见解，简直莫名其妙。当时他在讲这句话的时候，武汉大学国学院的院长郭齐勇教授就坐在我的身边。我对郭老师说："他怎么可以这样说！"郭老师当时就说了一句话："这些人喝点洋墨水，就以为自己可以胡说八道了。"后来我越想这个问题越严重，于是就拿到今天的场合来说了。这种解经的方式，就是不可以。这不是学术研究，也不是学术讨论，这是对中国老祖宗的基本精神的彻底颠覆和诋毁，这样解读经典，中国文化就会被毁掉。拿这种文章去发表，去当科研成果，去申报课题，去获得奖励，我们的学术就完蛋了。

为什么我今天要强调要用生命来体会《论语》、《孟子》这些经典，就是怕把经典的生命精神给学丢了，肆意歪曲经典，就更是不能容忍。我同意绍培兄刚才的说法，把人从自然人培养成意义人，往存在里增添本质。但是不可以像上面我讲的那位教授那样对待经典。

我是一个教师，但这是我的职业身份，职业身份不等于我这个人，我近来越来越明白这个道理。当你把职业身份定义为你这个人的时候，你已经被职业异化了，这样的话，你就变成了一个职业的工具。我们对学生的教育，很多时候都是完全按照职业的要求来做，无视他们的情绪，无视他们个人的成长，还有他们的个人欲望，和他们的生活经历。现行的教育，在很多时候，经常无视这些东西。这不符合《论语》的基本精神。

回到我们的话题，《论语》应该怎么读呢？因为历史太久远了，割裂得久，我们又批判过这个东西，搞得大家都很厌倦，现在不批判了，大家都奔钱去了，把它甩了。很多人看不懂古代文字，所以今天读《论语》，首先应该尽量参照古代和现代人的一些解释，要不然恐怕连文字关都过不了，看不懂。绍培先生刚才讲了，南怀瑾先生的解法好，我同意，但是刚入门的普通读者不行。那种解法你做不到，你生命力没他强。你没那本事，一下子奔太高就丢了，自己找不着家了。不承认这一点，就永远都不会有进步。

我说不能像上面那位那样胡乱解说经典，不是强调权威和专制。在民主的社会里，最容易藐视英雄，好像大家都一样，都普普通通，都是乌合之众。民主社会强调个人的价值和尊严，是极大的好事。但是强调人人平等的同时，极易养成所有民主社会的人，都习惯性的无视圣贤的存在，无视英雄豪杰的存在。觉得这些历史上的精英和生活中的优秀人们，都跟自己一样，见着贤者不知道尊重，不把经典当回事，对古代的先贤，也不知道敬仰。

圣贤就比我们强，经典就是经典，要尊重圣贤，尊重经典。不懂就从基础做起，多看古今注释，这是读《论语》的第一步，百分之八九十以上的人都得这么做。

因为怎么样读《论语》，是对不同的人说的。你对南怀瑾这种人说上面的话语没有用。我要是对南怀瑾先生说，你得多看古今注释，南怀瑾先生一定会说，立新教授，你这个说法不容易培养学生的生命创造力。当然要是现在他这么说的话，我就害怕了，因为他已经走了。他如果这么说的话，绝对是我的恩师之言，因为他点到了我作为职业教师的一个痛处。我们现在的职业教师，很少注重在学生的生命能力的增长方面下功夫、用心思。只告诉学生要记住，有些大学老师，还填空考学生。

读《论语》之法的第二步，就是要结合自己的生命体验，按照自己的生存目标和设想去读。就跟刚才绍培先生说，今道友信说"思无邪"，把"无邪"改成"直上直下"的意思，拔地而起，直溜溜就上来了。怎么不可以这样解释？你给我说出一个道理来。你说这个"邪"在中国汉字里面没有这个意思，是没这个意思，要都是孔子说啥，我就说啥，孔子做啥我也做啥，那要我有什么用？我们后代人还活着干什么呢？我们只要保存他追求生命、不断进步的精神所在。至于怎么进步，途径、方法，那是我们自己生命的机缘和选择。只有结合自己的切身体会，才能对《论语》有更实际的感受。一个只有小学毕业的人，我俩看《论语》能一样要求吗？他要看到某句话比如"君子喻于义，小人喻于利"，他说"说得对，看我身边这些混蛋，一天就知道挣钱，根本不讲道义"。这个理解不对吗？我说不仅对，而且好。他能理解到这样就可以了。你让他也像我一样，弄些谁认为，谁认为，那有什么意义呢？你说朱熹怎么看，郑玄怎么说，这对他毫无意义。我要是给他们这样讲《论语》，那是坑人。所有的历史都是鲜活的，所有的经典也是鲜活的。孔子之所以不死，是因为他能活在现实人的生命中。如果用些教条把大家绑死，用些字词解释把大家困住，那谁也不来读《论语》了。所以，我们一定要站在当下，来理解古代的东西，经典一定要对当下有作用。这不是功利主义的态度，而是客观实在的精神。我们得结合自己的切身实际来体会，根据现代社会的实际发展和有意义的目标来读。我不是说我们苟合现代社会，它往哪儿走，《论语》也得跟着往哪儿走。那是扯淡，不带这么玩的。要是那样的话，我们就不要先贤，不要经典，不要轴心时代了。《论语》一定能矫正社会现实的一种偏失，从这个角度来讲，它能救治现代人的病症，这也是现代的需求。饮食帮助成长，药物帮助治病。经典既是食物，同时也是药物，两种作用都是正面的，都对现代社会有用。这是经典发生作用的另一面，这另一面也有另一面，大家不要忘记了。就是在用古典的、崇高的精神矫正现代社会偏失的同时，也要用现代社会生活的要求，来了解和重新诠释经典，给儒家学问里面添加民主的成分，添加尊重个人的生命感觉、个人的自由意志的发挥的这种东西。要不然的话，我们就不是现代人，我们能把我们的学生都教成汉代人或者唐代、宋代人吗？我们既没有那样的本事，也不应该这样做。

  我觉得至少要从上面这样几个角度来考虑。最关键的是得反省，学《论语》不是让你了解这个字或者这个词到底是个啥意思，你得学会反省。《论语》的最大的效力，就是促使你反省，必要的时候还要进行自我批判。有的时候按照《论语》反省自己，有的时候用自我去"改篡"《论语》，两面并用。但是这种"改篡"，不是根据我个人的很简单的自然需求,或被张大的个人欲望的需要去改篡,而是我为了个人生命的精神成长和社会公平正义的实施、人类未来的福祉的设定去"改篡"《论语》。按这样的目标,就算解错了,其实也不算错,如果孔子活在今天,他也一定会这样说。

王绍培:
今天王教授肠胃不好,但刚才讲起来完全感觉不到他肠胃不好,是吧?讲得这么激情澎湃的。在孔子的那个时候,他们聊天,他不知道别人在聊什么,他没有什么可以引荐、可以借鉴的,他们讲出来的每一句话可能是开天辟地的,或者第一次讲。为什么经典这么重要?我觉得这是很重要的一个角度,就是你要知道他们是开天辟地的,它讲的就是人面对这个世界的最初感受,这种感受在我们的个人生命里面是不太容易体验到的。

王立新: 正像绍培先生刚才所说,诠释是必然的,也是必需的,它可以澄清迷雾。但是同时,诠释也有另一面,诠释,有时也会在很大程度上像霾一样,湮没经典的本真、本意。诠释的厚度,同时也是经典或者原典蒙尘的程度。100个人诠释完了以后,等你再看,完了,你麻爪了,不知道自己如何措手足了。到底谁说得对,判断起来很麻烦,这是一方面。另一方面,读经典的人会被淹死在后世的注释中,无法接近经典本身。我给大家讲一个故事,一个英国人读《庄子》很有体会,庄子反对哲学家或者诠释学家们对普通民众指手画脚。因为哲学家总是喜欢教导大家"你们应该怎么样",就像诠释学家喜欢告诉大家说"这句话的意思是这样的"。他举了一个例子,说哲学家是青蛙,普通人是蜈蚣,百足之虫的蜈蚣。你看蜈蚣那么些脚,左右各一排,噼里啪啦地往前爬,爬得很顺畅。有一天爬到路边时候,青蛙哲学家正站在路边上,拦住去路说:"蜈蚣先生,请你停一下,问你个问题。我只是4只脚,走路时先迈哪只我都犯愁,你这么多只脚,走路时先迈哪一只呢?"蜈蚣说:"哎哟,我还真没想过,你容我思考一下。"这一思考不要紧,很多只脚在那轮番抖来抖去，蜈蚣从此不会走路了！

诠释多了，人就傻了。所以绍培先生刚才说的话极有启发意义。比如说我给深圳大学国学精英班的学生讲课，我说你们查各种什么东西，他们不查，我也不严查他们。那么多的解释，有的时候你不一定都要看。我实话跟大家交代，不怕丢老师的脸面，我起初念《论语》的时候，我看过谁的版本？什么刘宝楠、郑康成，我都没有看过。我就看这句话啥意思。我拿的是杨伯峻的注本，连杨伯峻的注我都不看，我以为它是这个意思，它就这个意思。为什么，只有它是这个意思，它才符合我当时的心情。以后做学问，再去查这种理解对不对。如果不对，好，我给我自己辩护的时候，能够让我的想法成为有创造性的解释。如果我这个不对，站不住脚，那咱就撤退，该承认错误就承认错误。比如说有一天我跟王绍培先生在某处说《论语》，我说错了一句话。说错了咱们将来改，谁都说错过，别说咱们，孔子还有说错的时候呢，是不是？

王绍培：

当然有些诠释也很好玩，比如说像孔子跟他的几个弟子在一起的时候，孔子说讲讲你们的志向吧。你们有什么理想？有什么志向？然后就产生了一句很有名的，"莫春三月，春服既成"，几个大人几个小孩去游泳唱歌，各家对这个的注解都很好玩，很重视这一段。朱熹讲得很哲学，大意就是说宇宙间的一个能量很自然顺畅流转的一个气象，讲得非常哲学，李泽厚讲这段，他说没有什么深意，就是孔子发了一个感慨，孔子说"吾与点也"，说你的志向我们差不多呀，这有什么好解释的，这就是一个小感慨。阿城《洛书河图》用了很多的篇幅讲了这段，阿城是写小说的，阿城对这段推崇备至，因为在孔子的话语里面，表达了对自由的向往，在那么早的时候，中国的这些圣贤就把自由的境界展示给我们大家，所以特别喜欢这段，阿城的诠释也很有意思。

王立新：我也见过很多画家坐在一起，谈谁的画能卖多少钱，谁搜集了什么古董，什么价值多少之类。这种人，跟他讲"吾与点也"，没有任何意义。

王绍培：今天的主题是我们怎么读《论语》。刚才王老师说得很对，他的原意是一定不能跳过去，一定要老老实实地读，读完了之后，要把我们的生命体验放进来，随时随地把你的生命体验跟《论语》加以映照，在很多时候它能刷新我们的意识，它能重启我们的思想观念，因为他本身是清新的，我相信这种文字、这种文本有一种神秘的能量，当我们觉得自己没有能量的时候，我们一接触它、一碰触它，我们被充电了，突然觉得这个世界变得清新起来了，这是我今天读它的时候特别要注意的。

王立新：没错，绍培先生说的经典有时候可以重启我们人生的思想，确实很清新。《论语》中有些话，如果解释透了很吓人，但是你要是总缠在各种解释里面，非说谁对谁不对，缠在那里永远不出来，你可能也就完了。当然，可能经历一段过程，你又折腾出来了。我新近正在给研究生上宋明理学课，为了让他们了解宋明理学，我给他们讲一点禅宗。我对他们说，我们今天这个社会上懂得禅宗的学者不少，延续禅宗佛教事业的也不少，但是懂禅的人却越来越少。禅，几乎要绝迹了。为什么呢？最大的原因就是我们的教育。我们的教育太普及，而禅是不接受"教育"的那种生命的自发的喷射。我个人觉得，禅是生命活性的自由的随机喷射。生命本真的自由喷涌，这种东西就是禅。受教育以后，完了，本真被掩盖了，自由喷涌更加受到限制。更可恶的，就是我们一直以来的教育又是应试教育，这更要命。只为考试而设的教育，一定要按照规定的标准写368遍，背925遍，差一个字，不得分的！生命的活力一点都没有了，哪还有禅？我们现在很多教禅宗的大老师、大教授们，他们只会讲禅宗的历史，他们身上没有禅，就连一点灵机性的反应都快没有了。没办法，这都是教育造成的。因为我们生命的活性不足了，人都越活越蔫了,对《论语》的精神也就把握不住了,只能记几句话语。如同禅一样,我们的教育毁了我们的禅,也毁了我们的经典,毁了我们先贤的精神。我们要真正回到经典,把握《论语》的真精神,必须拿出点禅的"一切放下",勇往直前,只凭自己的直觉去面对经典的气概。没有这种气概,经典的真精神不会复活,经典会变成讲话的教条,会变成捆绑我们的枷锁。宋太祖年轻的时候写过一首诗,最后一句叫作"赶却流星赶却月"。毛泽东主席也有一句诗,叫"俱往矣,数风流人物,还看今朝"。我们要有一点这种劲头,没有这种劲头,做不出新东西,走不出新路子。

毁掉我们生命活性,毁掉禅的根本精神的,除了现行的应试教育之外,还有我们整个社会的功利主义的倾向。处在功利主义的旋涡中,人的生命就没了活性,一切都看是否有利,一切都看是否有用,精神就没了。没了精神,人就变成了生物,甚至变成了石头。

技术的高度普及,也是毁掉经典基本精神和禅的核心内质的极其重大的原因。精神是排斥技术的规范化形式的,技术会限制精神的自由成长,当一切都被技术性的要求限制住的时候,生命的活性自然就会消失,禅也会跟着无影无踪,经典的活性也就没了。

毁掉生命活性和禅的精神的,还有我们自己的盲目性。盲目性导致个体生命没有自我主宰能力,只能随波逐流,随着时势和别人乱转。人的主体性精神,就在这种随波逐流的过程中,慢慢流失了。

我们不可能彻底甩掉这些东西,但是如果我们能够在以上方面有所改更,那情况就不一样了。

从读书的角度讲,没文化肯定不行,整天泡在作业和考试里,更是不行。我感觉我们小时候没念那么多书,中小学加在一起,只上了9年,现在的孩子们要读12年。我说这些话,绝对不是说"文革"期间的教育就怎么好,现在不好。我在"文革"期间读小学、初中,没念什么书。说实在的,就那么几本课本,老师留的作业,那时候不像现在,发到网页上。老师就在黑板上写,抄完就答完了。一个假期的作业,就那么一上午的工夫完成了。剩下二三十天,我就满天跑,鬼才能抓着我。我觉得我现在的生命里的这点活性,都得力于那时没有被教育限制住。2003年,我到瑞典开会,见到一个十四五岁的美国女孩,她问我一句话:"你们中国的孩子怎么那么多作业,假期也没有时间旅游,都在学校里面,补这补那的?"我说"是啊"。她说:"你们是不是尽开一些毫无意义的课啊?"我当时感觉忽悠一下子,心说"孩子,你怎么知道的?"(笑)现在咱们的家长也没办法,非得逼着孩子天天去做作业,自己还得跟着做。家里有一个孩子读小学,大人孩子都得跟着再重读一遍小学,要不然学校老师不让。弄得全国人民都在上小学,永远都只能是小学水平,真够要命的。这种情况不改变,中国没希望。

我们的教育,似乎就是一定要把所有孩子们身上天赋的创造力,彻底消灭干净为止,就算我们的教育成功了,简直岂有此理嘛!这根本不符合孔子的生命精神嘛!孔子要因材施教,你啥性格,你啥基质,就按照什么路数教导你。你是子路,我就教你当英雄,你还能给我当保镖对不对?(笑)你是子张,我就教你做学问,你好传递文化是不是?你是子贡,我就教你做外交家,你好去当潘基文。这是孔子的目标,不是我们现在的教育目标。我们现在的教育目标,是要所有的人,都得在所有科目上达到八九十分,都变成同一样的人。为什么一定要这样?完全没有道理可讲!也根本不顾及个人的感受。我们今天的教育,离孔子的教育、离宋明的书院教育差得太远了。民主时代的教育,反倒不尊重人,不重视生命的成长,还大讲其理,大行其道。说如果不这样,你将来在社会上不好生存。我为什么非要在这样一个社会中生存?你没有想到我的生存会改变社会的现状,这种可能性吗?那你为什么不让我朝着这个方向去发展?难道孩子们仅仅只是为了生存,才来到这个世界上的吗?!

王绍培:

《论语》读得比较好的人就是王教授这样一个状态,所以他今天用他的表情,他的肢体语言告诉我们《论语》应该怎么读。下面进入到问答的环节。我们今天把时间留得多一点。

听众: 你好,我想问一下,我们如何读《论语》,我更想问的是我们为什么要读《论语》，因为《论语》里面，孔子围绕学生讨论怎样做君子，怎样适世，我记得有一次子仲问孔子先生怎么适世，孔子说可以完成君王的使命，出使国家；其次是做君子，到言必信行必果，那之硁硁然小人，是吧？他总是在说给了一个道德的标榜，但是他没有说对于我们现实的普通人，我们可能达不到这个标准，那我们可以在这个社会上怎么样多做一些东西，而在这个层次上，是不是像《弟子规》这样的更接近于我们的生活，而《论语》它讲得比较高，对人的要求和标准比较高，更适合相对于学院派的一些，而不是说由于丹这样的人来讲？

王立新：你说得很多，但是后面有点跑题，但是你的问题提得非常好。我讲怎样读《论语》，你问我为什么要读《论语》，这就叫创造性精神。我们为什么要学《论语》，不学《论语》可不可以活，你问得非常好。我是这样想，为什么要读《论语》，每个人的感觉不一样，我不能把社会的标准挪移到这里，一切问题都有场域性和时代性。我不会拿一个所谓普遍的说法来压制你，我只是实在地告诉你我自己的真实感觉：第一，我们是人，人不是一般的生物，人总会自觉不自觉地在追求向好的方向发展，这个好的方向可以概括为善，就是变得越来越好。简单说，大家都尊敬你，待见你，对你越来越好，每个人是不是都追求这个？《论语》可以告诉你怎样才能这样，所以要读《论语》。第二，每个人是不是都想活得境界高一点，我不能像一个普通的生灵只知道吃，吃完了拉，拉完了睡，睡完了再吃，吃完了再拉，拉完了还睡，一生就在这样的循环中结束了。不可以这样。不是硬说不可以，如果谁就想这样，那他一定做不到，因为他是人，对不对？《论语》可以帮助我们提升境界，所以要读《论语》。第三，我们还有一些认知的需求，一个是对客观外界的认知需求，一个是对历史上先贤曾经经历过的人的生命和生活的认识和追求，还有对我们自己内心世界的自我认识的需要。这些都不是我们的强行规定，都是生命中本有的冲动和要求。在这些方面，《论语》都会给我们提供必要的参照，所以，我们要读《论语》。《论语》可以帮我们成为一个善人，我们生活在这个世界上，不想让这个世界成为魔鬼的地狱,也不想充当那种把别人打入地狱的魔鬼的话,多读《论语》有好处。想要自己的生命越活越崇高、越活境界越高,增加我们活下去的勇气,提高我们活下去的热情和干劲,多懂一些东西,尤其是有关人的东西,读《论语》有太多好处。虽然我的这个回答不一定令你满意,但我是真心回答你的真实的问题。

王绍培:

我同意王教授的回答,补充一点:为什么要读《论语》,因为它是经典,什么是经典,有很多解释,我讲一个一般的解释,经典就是历代人要读的书,为什么历代人都要读这个书?因为它是在轴心时代产生的著作,什么叫轴心时代呢?这是德国哲学家雅斯贝尔斯说的,就是在公元前800年到公元前200年,人类的智慧来了一个大的爆发,在全世界很多不同文明里面,都产生了一些非常大的人物,有一些伟大的著述,他把这个时代称之为"轴心时代","轴心时代"是一个轴承、一个车轮的中心点,其他的部分都围绕它转。比如说像西方《圣经》,我们为什么要读《圣经》呢?因为西方后来很多的文化、很多的艺术、很多的创造都跟《圣经》这本书有关系,你要是不知道《圣经》你就不理解。在中国也是这样的,中国的很多的文化和文明现象都跟《论语》有关系,你读了《论语》之后要理解起来就变得比较容易,因为《论语》是原典,后面很多书都是根据它来的,或者是受它的启发,或者是来诠释它的,总之多多少少跟它有关系,它是这样一本书。像我们所谓的儒教文明、儒家文化、儒学等等,它是第一部原典,你知道了它,你就知道你为什么是这样一个状态,你为什么是这么活着的,为什么你对老师有这样一种恭敬,为什么有很多东西你不敢冒犯,因为在孔子的时候,他就对它进行了很多很多的规定,这就帮助我们可以理解。还有这种书,它作为一种人生智慧,作为一本哲学的书,它有点像是全球定位系统,我们现在开车,如果没有一个全球定位系统,你能开吗?首先你都不知道你在哪里,然后你要去哪你也不是很清楚,当然重要的是你怎么开、怎么走,你完全不知道,像这种书就属于全球定位系统，很早的时候，就把你这个人生的所有的东西给你讲明白了，你应该成为一个什么人，你应该怎么去做，你怎么做才是对的、才是应该的，哲学就是这样，所以《论语》这个书为什么要读，大概我就补充这么几点。

听众：我姓肖，来自江西，我在龙华工作。我是这么想的，因为我从95年来到深圳，我可以对比这个问题做一个回答。其实就像刚才的两个王老师讲的那样的，其实《论语》我个人体会，是真的，当时我们读初中才读到《论语》，读到《论语》的时候我们觉得那时候的概念不深，但是我觉得能够把它背下来绝对有好处，也就是到现在为止，我顶多能简单说两三句，但是这是我们体会，正因为那时候没有好好背下来，所以没有理解更通透，让自己发挥得或者对自己更有用的或者会更多一点，经过现在20多年的生活和工作，我们再次回忆这些东西，它对我们的生活、工作等等都是很适合的，这不是奉承和迎和，因为我们去真正地理解它。我的问题是，既然这位同学问得很好，我们为什么要学《论语》，其实放在我们生活和工作中同样面临着这个问题。我们要怎么样去更好地传播这个东西，我觉得这种文化应该怎么样更好地让像刚才那位同学一样更认同它，更具有传播力和吸引力（怎么传播好《论语》）。第二个问题，我在工作中后来自己创业，当然里面有一点故事，我现在也是希望，因为我的公司注册的是文化传播公司，我传播什么文化，我这个问题想得好久，当时我们出发的目的，那时候只是一个想法，当我们去实践中，我们才发现很多问题，才觉得自己越来越不够，所以我就觉得今天我走到这里的原因，所以我的问题是怎么样能够传播好《论语》？

王绍培：
　　文化传播很重要的一点就是把话讲得很精练、很有风格，让人家一听就能听明白，这很重要，否则的话，讲讲可能就睡着了，可能就达不到传播的目的了。

听众：我是深圳普通的打工者，我所从事专业领域相对偏技术，也偏一些管理方面，我来之前我们的同事问你今天干什么，我说去参加一个《论语》的讲座，他说他很想知道《论语》对我们的日常生活有什么作用，因为他完全是一个工作狂，是深圳一个很典型的技术男，所以我想今天，我们也不光是在座的这些，应该覆盖这个时代，包括应该有一个全球的视野，因为我也经常跟老外打交道，所以我的问题实际上说，刚刚也总结了，它的好处善良，让人求善，第二境界，第三个治世，不论是历史还是时代的治世，它是一种求真，真善美，如果这样简单地去理解的话，它跟现在咱们的普适价值有多大区别？如果没有区别，是不是孔子已经阐释了我们中西方共同遵循的？这样的话，和他们怎么对话，这种双方的差异，这个话题的背后我还想了解，以你们的观察和研究，咱们一般说海外，像非洲不同的层次，就是你熟悉的一些区域，他们对《论语》的阅读或学习的状况给您什么启发，或者您可以引荐给我们在座的大陆的内地人士。中国的学生从小都是一年级一班二班，数理化，简单，但是台湾的班级是忠班、诚班、礼班、义班，仁义礼智信它来分每个班级，所以这一拨学生长大了，他说我是诚班的，我是义班的，它有一个文化的标志，它是自小就进入它的骨髓里面的，我觉得这是一个非常有意思的事，所以我们可以讲，华人世界和非华人世界您的观察，和您可以推荐的。谢谢。

王立新：你的问题，其实是我们现实生活中都要面对的问题。外国人究竟怎么样读《论语》，我没有跟他们一起读过，我只了解一点大致的情况。《论语》在中国、在东亚地区、在欧美地区效果是不一样的。比如我们中国人读《论语》，我刚才说了，我们是当《圣经》读的，我们批判的时候，也是当《圣经》批的。东南亚地区、日本、韩国、越南，这些地方受儒学的影响很深，韩国那些剧，比我们"弟子规"得多；越南也信奉中国的儒学，但它改造了我们的儒学，它把我们的儒学，比如说我们的"忠"它不再叫忠君，它叫忠于职守，其实我们现在也正在进行这种转化。东亚、南亚这些国家学《论语》，受中国儒学传统的影响，还基本上跟我们是一个格局，虽然有所不同，还是属于一个格局，总是努力从正面去吸附它的东西。欧美的情况不是这样的，尤其美国，他们对《论语》的解释，就跟刚才绍培先生介绍的今道友信的解释方法差不多。《论语》怎样对他们有好处，他们就怎样解释。我们没有办法来约束美国人和英国人，说他们的解法是错的。这样做也没意义。因为他们解读的时候，并没有想要征得我们的同意。总要符合前人的解释，这是我们现在国内的很多老师的习惯，完全按照古典的那种系统，一板一眼教孩子。他们不知道，也懒得知道海外的看法是不一样的。到美国去留学的中国中学生有的回来说，那里也讲一点《论语》，那里教《论语》，完全不是我们这个样子。比如《论语》的第一句"学而时习之，不亦乐乎"。他们说"学而时习之"，纯粹就是浪费时间，学习新东西更要紧，为什么老复习旧的？我们说"学而时习之，不亦乐乎"，从一个老版的书里面翻腾出一个新道理里来，感觉心里暖洋洋的、热乎乎、乐呵呵的。我们受习惯性的模式覆盖得太深了，所以不一样。我们还有的老师光一个"习"字，就讲一堂课，说"习"是小鸟初飞，不断练习，等等，等等。我们不能要求人家美国人和英国人一定按照中国人的道理来解《论语》，同时还应该向人家学习，人家怎么理解，就可以那样解《论语》。我们要放平心态，不要以为人家糟蹋了我们的东西。我们还可以站在人家理解的角度上，受点新的启发。要不然老是那一套讲法，千年万年都不会改变，适应不了时代的发展。人家的解法跟我们不一样，我们正好可以通过他们怎么样看待《论语》，了解他们的社会目标是什么。跟我们的不一样，这是一定的，也是有意义的。

王绍培：

这个问题我再补两句，比如说我们今天为什么要读《论语》，阿城，还是那个写小说的阿城，他说，我们对儒家有多厌恶，我们对孔子就有多误会。台湾有一个学者叫薛仁明的，他是相对来说一个比较年轻的学者，1968年出生的，他出了好多书，现在大陆也出了好多书，其中有一本书叫《孔子随喜》，他是台湾林谷方的学生，他是在台湾，他们不主张来研究儒家文化的，为什么呢？因为他们台湾人普遍都活在儒家文化的氛围里面，没有必要再去说它了。但是孔子有必要去研究他，去诠释他，为什么呢？因为孔子跟儒家是非常不一样的。就儒家后来那套东西，把孔子很多的思想、很多的观念都体制化了，都制度化了，把它变成了一个僵化的东西，而孔子本人尤其是《论语》里面所传递出来的孔子是充满生命力的，就像王立新教授那样，他是充满了生命力的，他是一个活生生的人。现代文明经过这几百多年的发展，出现了很多问题，比如个人主义，个人主义在西方极其地膨胀；还有消费主义，把整个地球变成了垃圾场，还有那种过去像所有人说过的对新奇的无限迷恋，永远在追求一个新的、好的、更好的东西，这是西方文明的病态、一种病症，东方文明可以说我们追求一种精神生活，比如说手机来了新款我就换掉，不一定，因为一个旧的东西可以用的时间很长，反而我跟它有一种生命上的连接，有我们人的情绪和情感在里面，这样的东西可能更值得我们珍惜。还有就是，东方可能没那么强调个人，我们生活在集体，我们必须要尊重集体的价值取向，这些部分，还有比如说是消费主义，东方也不是这样的。还有刚才讲的对话主义，中国文化、东方文化不会有这样一些行为，因为我们是讲究，可能你也是对的，我们让一步，我要来跟你对话，这都是东方文化，尤其是中国文明比较好的部分。当然它也有很多不好的部分，这样和西方文明就构成了一个可以交流、可以对话的不同的文明资源，当然我们讲的有些东西可能不一定是普适价值，但是它有一种全球性，有一种全球价值，尤其是针对西方的文明来说，它有一种针对性和它的一种补充，我大概是这么理解的。好，下一位。

听众： 你好，我是王老师多年的粉丝了，我有三个问题要问，可能会有一点点长。第一个问题，想问一下王老师，关于《论语》的定性和内容，实际上我一直有存疑的，王绍培老师刚才说了孔子讲平等，但实际上我自己读《论语》的感受是孔子实际上有很鲜明的阶级性，且孔子无论是说人，还是他的各种理念，实际上他所要维护的是背后的"礼"的制度,说白了用今天的话说是一个不平等的制度,第一,我对平等性跟现代性是有一点存疑的。第二,我读《论语》的时候发现孔子实际上对未知的世界比如我们未知的鬼神之类,他是回避的,实际上他作为哲学来讲是否有点抬高?因为读《论语》的感觉它更像是伦理学,而不是真正意义上所谓的哲学,而且有道德经放在那里,如果把它作为类似于首位是不是有点过了?比如在读它的时候,会发现孔子他更多在乎的就是像王老师说的我要教你做一个更崇高的人,所以他更在乎的是应该成为什么,而不是去探讨一个你是什么,所以到了最后,就发现孔子的世界里要么就是"君子喻于义,小人喻于利",但是他不会去探讨实际上人就是贪财好色,回避了这就是人最本真的存在状态,这是不是《论语》中整个理论体系中固有的一个漏洞呢?这是第一个我想问王老师的问题。第二个问题,《论语》引发了后世发现,它最后在士大夫之中造成的结果就是"平日袖手谈德性,临危一死报君王",就是实际真正在负责帝国治理的时候承担责任的更多的是吏,儒家这个理论体系如果离开了宋明儒学,把它整个理论扩大化的话,很可能在晚唐经历过佛教和道家的冲击之后,孔子的儒学可能就已经不复存在了,实际上他在社会中实际的功用,就是比如我们实际用到企业里,就像我们喝水那样,我口渴了我喝水我解渴,这个东西对我有用,对这个社会有用,它才会留存得下来,那么实际上是否说孔子这个最原本的儒学在社会功用方面是缺乏的。因为毕竟更多承担帝国治理责任的是吏,像王安石这种懂经济学的儒者毕竟还是太少。第三个问题,两位老师说道,关于人生体验方面的问题,比如我自己读《道德经》,我在拿一本书读《道德经》的时候,跟我实际练起内家拳,用我的生命感受阴阳五行的变化的时候,那种感受完全是两码事,比如我们的道家和佛家留下太多的东西,无论从书法、音乐、绘画、雕塑到武术,我们可以从任何一条路进去,把这个东西通过某一样技能融入到我的生命里面,并去体会它的理论体系,这种是能够真正提高我们的生命质量和体悟的,但我个人发现,儒家实际上留下的就不像佛家和道家这么多的一条路子让我们去接近终点,那么再体悟儒家,比如有《论语》,以诸子阳明为代表的儒家,我们是否有类似我们习内家拳去体悟道家哲学这种路子能真正让这个学问通过某一样东西融入我们的生命和生活，并且因此得益？

王立新：我今天是意外地见到他，我感到很高兴。这位朋友叫沈毅，他是咱们深圳高职院很早很早的学生，大概七八年以前，每天晚上从高职院来深大听我讲的课，毕业后到杭州去了，多少年没有见了，去年夏天恰巧在校园碰见了一次，说在杭州，今天看到海报，说我在这里讲课，又来了。我很高兴。

你提这么多问题，口齿这么伶俐，逻辑这么严密，让我们感到很吃惊，进展很大，向你学习。可你说了那么半天，我记不住许多，也没有那么长时间了，我希望你只提一个什么问题，好方便我回答。

听众：那就后面两个，一个是最原始的孔子的儒家它是否真的能够很实在地用在我们的生活里？比如我们的裁判，我们的公司制度管理等方方面面，因为儒家始终讲的是我和你的关系，而不是我跟大家的关系，一旦涉及一群人的治理，那就不是说简简单单两三人之间处理关系那么简单，而它更多的可能是需要像法家那样的制度，甚至是一些技艺，这些都是儒家原来孔子那套体系所不包含的，孔子的《论语》今天我们学了，不论是公司治理还是方方面面，怎样用？一个最实在的"用"。

王立新：你这个话语值得我们大家讨论，让我单独回答你也不成。你说你在公司里面用孔子，尤其是在财会上，这事比较麻烦，虽然"会计"这两个字是出自于《论语》，但实际上，因为孔子那个时候跟你现在所处的境地不一样。刚才绍培先生的话语说得很在理，一个是写书的人是谁，一个是看书的人是谁。孔子是给他的学生讲课，他希望那几个学生成为历史文化的传承者，去当宰相和地方官，让那几个学生去做君子楷模，去示范社会，他没想让那几个去做财会和现金出纳。但是儒家是有大用的，不是简单教你学太极拳锻炼身体。就《论语》而言，这个书真的有用，如何处理与领导的关系、与长者的关系、与学生就是在下位者的关系、与父母兄弟的关系等，前面我都说了，很有实际效用，很有参照意义。你别光看老子那些东西写得深刻，孔子的《论语》看上去不像是哲学，倒像是一种伦理学。其实它是人生哲学。中国文化的核心精神主脉络是儒家的，为什么可以这样讲？因为中国是现世的社会，儒家是现世的学问。《论语》把人生的东西，挖掘出哲理，做得最好。那也是中国人生活在世界上的最高境界，它不是把什么"道可道，非常道"这个东西当作最高境界，儒家不认为什么天地之道那么玄妙，就是"人能弘道，非道弘人"嘛，"仁远矣乎？我欲仁斯人至矣。""道不远人，人自远之。""谁能出不由户，何莫由斯道也。"道就在身边，孔子从来不认为道是遥不可及的，他认为道是亲切的、日常的。这是儒家界定的这一个目标。你不能简单说道家比儒家深刻，只是他们的目标不同。你看朱熹深不深刻，你看孟子深不深刻，你看王阳明他们深不深刻，它绝对不比禅宗和尚或者老庄哪个浅。你看王船山那一部《读通鉴论》，我跟你说，没这部书，中国3000年历史，都白过了。就仗着这一双眼睛，我们才能看清历史。那是儒家孔孟的真传，也是孔孟的精传。那才叫真正深刻的历史哲学。当然你这几年有很大的长进，你的看法也有相当的道理，很有刺激性和挑战性，我非常感谢你今天的问题和话语。

听众：老师，还有第二个问题，我是真的希望您能解答一下，就是我自己在法国有感受，我在他们书店内有看过，流行得特别厉害的，儒家真的不多，但道家和佛家非常多，为什么？因为所有人他们很热衷于练中国功夫，无论是少林还是内家拳，我们就有种感觉，道行浅的，我就是走走锻炼身体；道行深的，我就是通过拳种去感悟天地，阴阳五行的变化，也就是说，实际像道家、佛家有医学、绘画等各种各样的东西，就像一个通道一样，我们可以从任何一条道路到达我们的终点，但是在儒家的整个历史发展和体系里面，似乎少了这些东西，但是这些东西偏偏它是离普通人生活最近的，无论是我的道行在10分还是在100分，我都能有所获得，比如我达到10分我得益了，我会去追求20分，达到了20分我得益，我会去追求50分，如果儒家一开始就把东西给你，没有这么一个通道让人循序渐进，我实实在在地感觉到我的身体好了，没有这么一个通道让人去循序渐进到一个最好的层次。

王立新： 我明白了你说的意思了，实际上我们确实有这么一个问题，这是一个什么问题呢？你看我们从现象来看，道教和佛教都站在宫外，很多和尚道士占着山林然后传播。过去宋明时期，儒学也曾占住过山林，这就是书院。因为道和佛始终不能在中国社会核心圈内占据主导性地位，它们要生存，就去占据山林。儒家不需要这样，它可以通过参与现实的政治和教育，它是以堂正的方式进入主流社会，它在起作用，所以他们不必到山林里练太极拳。

另外儒家也在练功，现在的老师们不懂，把理学的修养功夫当成概念去对待，其实人家那是功夫，中国功夫，真功夫。你像朱熹他们的"涵养"、"体认"等一大套东西，还有孟子的"养气"、"求放心"那都是真功夫，要做的，不光是说。只是后来人不懂，以为只是说法，失传了。练太极拳，讲究外练筋骨皮，内练一口气，也不是只用手脚比画那两下子，关键还在内里的涵养功夫。内练一口气，练的是什么气？孟子练的是浩然正气，不是气功的自然之气。这股气究竟怎么来的？也是从天地间吸纳来的，还要"以直养"，要不然就会起负面作用，走火入魔了。连注意事项都说得那么明白，这不是实际的功夫是什么？

王绍培：

修炼这一方面，其实儒、释、道三家都有不同的修炼的体系，当然叫法、名称不一样，但是有很多东西是相通的。像刚才孟子的"万物皆备于我"，有人认为这仅仅是一句话，其实是他修炼到一定程度的时候，他觉得自己跟天地是融为一体的，有了这样的真实感受，他才说出万物皆备于我，只是儒、释、道三家朝不同的方向去发展了。你现在问的问题有点相当于鞋子为什么不戴在头上，因为鞋子就是穿在脚上的，或者你说为什么全球GPS不能教我开车呢或者教我修车呢？因为他本身就不是教你修车的，它已经变成了全球定位系统了，不同的知识体系有不同的针对性，儒家就研究这一套，当然不是说有了这一套就解决了所有的问题，显然不是这样的，它解决的是根本的、宏大的、关键的、重要的问题，但是不是解决了所有的问题？当然不是，它要你做一个很好的人，你可以做医生，可以做会计，可以做出纳，但是它既然已经告诉你要做一个好人了，它就没有必要进一步说会计是这样做的，那是具体的门类，这就是哲学跟具体知识不太一样。好，最后一个问题。

王立新：就刚才说的话语，我再说两句。你说法国人学习道家，西洋人通过练太极拳，感觉是道家的，一步一步能感受到对切身有用。所以比较喜欢道家。我们武打小说里面写的武林派别，除了武当、峨眉，这是道家的；就是北少林、南少林，这是佛家的。但没有一个拳派是儒家的，将来谁有本事发明一套儒家拳法，打出仁义礼智信的风格来，那就是对儒家的发展，那就是对祖国文化的历史性贡献。我跟你一样希望看到这种事实的出现，这对儒家有好处。中庸讲"诚者，天之道，诚之者，人之道"。这"诚之"，就是功夫。现在我们的老师们，都把儒学和理学当知识和思想讲了，不知道人家原本也是功夫。

王绍培：

最后一个问题，子张问吧，这是孔子的学生。问一个问题，简单一点。

听众：四书五经是这10期的主题，论语只是其中的一部，孔子在的时候，《论语》还没有成为著作，孔子在的时候，是以"诗书礼乐教，盖弟子三千焉，贤者七十有二"，这是《史记》司马迁的一句话，我想四书是用来解读五经的，五经才是核心，这是我的第一个观点。第二个，论语是干什么的，为什么要学《论语》，《论语》就是教人做官的，换成现在的话，就是教人管理，我是管理出身，刚才那位也提到了会计什么的，就是教人做官的，因为学而第一，为政第二，第一章就是教人好好读书，第二章就是教你如何做官了，所以我想读《论语》，为什么读《论语》，一定要了解到这两点，王老师，我想听听您的意见。

王立新：您叫子张，很吓人。谁来回答子张的问题，就等于自以为是孔子了。你说的话语是很对的，其实《论语》篇章的排列是很讲究的，头一章是《学而》，第二篇就是《为政》，最后一篇就是《尧曰》，从学习为政，到达到一个天下大治、和谐社会的状态，是让人当官的。但跟我们今天说的当官不一样。为政，就是要为实现天下大同的政治理想目标去当官。在历史上儒家和政治捆绑在一起这是真的，中国封建社会的专制弊端一部分，被赖到儒家的身上，也不是没有理由。儒家背了黑锅，为了让儒家有点纯粹的气象，当代的新儒家学者熊十力、冯友兰等，尤其是台湾的牟宗三、唐君毅这些人，把儒家的东西拿到学堂里面当作一种纯粹的哲学学问来讲。这些人多半不同意儒家跟政治有关，他们想把儒家从政治里抽出来，还儒家以清白。用心好，效果也异常显著。但以儒家为单纯的哲学，显然不符合历史事实。他们不想让儒家成为专制政治的工具，但是儒家改造专制政治的理论和效果，他们注意不够。另外你刚才说六经比《论语》重要，话不能这么说。我换一种说法，你看好不好。六经比《论语》更久远，是中国文化的真正源头，《论语》是解说六经的，朱熹的《四书集注》是解说《论语》、《中庸》、《大学》、《孟子》的。我们今天说杨树达、杨伯峻先生是解释朱熹的《四书集注》的，王立新教授连《论语》带《四书集注》一起都注，我们大家一起都来注孔子、注诸子，这是中国的一个传统，注的时候不是说完全照搬，是要符合现在的生活需要，为了现代生存的目标的实现来注《论语》，完全回到古典是不可能的，也是不应该的。如果把古代经典原封不动拿出来，谁能读得懂？子张你讲《诗经》那么多年，你讲《诗经·大雅·文王》，你得告诉听讲者一个简单的意思不？比如"维天之命，於穆不已"，这8个字，一直是宋明理学的重要话题，几乎所有理学家都在讨论，什么叫"维天之命，於穆不已"，你要是不结合宋明理学的背景，不容易说透。要是我讲，就会说上天眷顾有道德的人，永远不会停息地查找和培养这样的接班人。这样的话，老百姓就听得懂了。

王绍培：
　　子张也听懂了，好，我觉得今天的氛围很好，下个星期六，我们讲孟子，欢迎大家光临。南书房夜话的第二季第二讲到此结束，谢谢大家。

南书房夜话第十三期：孟子精神的
时代意义

景海峰　韩望喜　王绍培（兼主持）
（2015年6月6日　19：00—21：00）

王绍培：

各位现场的听众朋友，晚上好。我是今天的主持人王绍培。今天的题目是"孟子精神的时代意义"。今天的两位嘉宾一位是深圳大学文学院院长、国学研究所的所长景海峰老师。还有一位是，这个中国人民大学的哲学博士韩望喜先生。今天讲孟子，在场的你们对孟子有什么感受，有什么想法。想请一两个人说一下，可以举手。

回答人旁白：舍生取义。

我看了一点，我的感觉是统治阶级用来洗脑的、比较有力的工具。

景海峰：我们这个系列叫经典阅读与现代生活，主要就是读儒家的"四书五经"。"四书"就是《论语》、《孟子》、《大学》、《中庸》，"五经"就是《诗》、《书》、《礼》、《易》、《春秋》这五本，合起来刚好是九种，再加上开头的一讲，正好是10次，就组成了这样一个系列。

那么今天按照顺序就到了"四书"的第二种，便是《孟子》。说到孟子呢，刚才有两位听众说了你们的感想，《孟子》这本书，我觉得是我们中国人必读的书里面的一本。为什么这么说呢？因为它是儒家的经典，非常重要，我们一般所说的儒家思想、儒家文化，都离不开《孟子》这本书。另外还有一个原因，就是作为中国思想文化的源头，尤其是一些中国文化中的核心价值理念，和《孟子》

一书的关系非常密切。有许多话头差不多都是从这里起源的，也就是说在《孟子》里面，可以找到后来两千多年中国思想发展的过程中人们经常讨论的一些话题。所以我们今天讲《孟子》，就先要明白它的这个价值和重要性。

《孟子》一书，比上一讲的《论语》的篇幅要大得多，可能有三四倍。刚才你也讲了，《论语》里面很多是格言，有一些是警句似的，没有头尾；而《孟子》的叙事性就比较强，大多有一个比较完整的结构，有些篇目中的段落很长，有非常精彩的论辩。《孟子》的论证性很强，完整地讲一些道理，为说明一个话题，还有很多辩论的环节，所以篇幅比较长。从说理性的文体来讲，在中国古代著作里面《孟子》是一个典范，也算是论说文的重要开头吧。因为在《孟子》之前，也就是春秋和战国的早期，这种较为完整的论证式文体还不充分，就表达思想来讲，《孟子》跟我们今天理解的说理性写作就比较相近了。譬如你写一篇文章，要有论点、论题，有论据、论证，讲出一个完整的道理来，《孟子》就是这样，跟这个形式比较接近。所以我们今天阅读它，这样的风格就稍微容易理解和把握些，它的思想内容比较完整。

韩望喜：今天的题目是孟子精神的时代意义，就是今天我们重读孟子，为了什么呢？所为者何？我读孟子的时候，看着《孟子》这本书，最后一句很感人。"由孔子而来至于今，百有余岁，去圣人之世若此其未远也，近圣人之居若此其甚也，然而无有乎尔，则亦无有乎尔。"就是说孔子圣人到今天，已经一百年了。离开圣人的年代像这样不远，距离圣人的故里像这样近，但是没有承继的人了，竟然没有承继的人了。难道圣人的学说就没有人继承了吗，这种学说真的没有人继承吗？你们看一看《孟子》最后一句是不是这些话？那么我们今天来读孟子就是刚才院长说的，孟子说中华文化的最核心价值，仁义礼智信，到今天真的不适用了吗？真的是不能继承下去了吗？我觉得不可能，我觉得孟子最最关注的，第一个就是怎么成人，同时关注的就是仁心。人到底怎样才能称之为人？仁者，人也。有仁心才是一个人，所以孟子说一个完整的人，应该是说有仁义礼智这四心,这四端,对吗?没有这四心,就不是人,是禽兽,这就是儒家的人禽之辨。没有仁爱的心就不是人了,没有羞恶的心,就不是人。没有尊重人的心就不是人,没有是非的心就不是人。但是我们今天在这里,我们坐在这里,或者我们平常立身行道的时候,我们有没有想到这四个善端呢?我们要想着尊重人,要爱护人,想到做到不好的事心中有所羞愧呢?有没有对人讲礼貌,敬重人?有没有在事物的判断上能够有自己的立场呢?是不是富贵不能淫、贫贱不能移、威武不能屈呢?还是说只是想着利害的关系,想着金钱,而忘了道义呢?我是很喜欢孟子,因为我小的时候,我妈妈经常跟我讲孟子见梁惠王,我当时不是很懂,等到后来,我在电台讲孟子的时候,后来想起妈妈讲的话,孟子见梁惠王,《孟子》的第一篇,王曰:"叟,不远千里而来,亦将有以利吾国乎?"就说老者、贤者你那么远来,您的建议对我们国家会很有利、很有好处吧?孟子就很大胆地说一句,说:"王!何必曰利?亦有仁义而已矣。"王啊,你何必要谈利害的关系,谈对你有没有用呢?其实你治国有"仁义"两个字就够了,如果做王的,想着对我的国有利,做卿大夫的,想到家族的利益,士庶人想到自己的利益,"上下交征利,而国危矣",是不是呢?如果上下都想着的是自己的利益,那还有什么道义呢?所以孟子有两句话特别发人深省,是什么呢?叫作"未有仁而遗其亲者也,未有义而后其君者也",就是没有讲仁爱的人会遗弃自己的父母双亲,没有讲道义的人会把国君的利益、国家的利益放在自己身后的,是不是这样的?如果你们是真的有仁心的话,会遗弃自己的父母吗?如果你真的有道义的话,你会把国家民族的大义放在自己的后面吗?所以孟子讲得是非常非常清楚的,怎么样成仁、怎么样成德、怎么样修身、怎么样养心、怎么样养性,它是一整套讲得十分之清楚,所以今天真的是一定要熟读孟子才可以。

王绍培:

刚才有听众说孟子是统治阶级用来洗脑的。这里有个文化事件你可能不了解。在明初朱元璋时期,《孟子》经其手被删掉了很多,成《孟子节文》。就是《孟子》原文本里的很多话删了，看不见了，为什么要删掉呢？因为孟子的很多话是说告诉那些统治者如果你做得不好，人民是可以起来反抗推翻的。这种政治告诫就是举着道义的大旗，将政治的法理依据宣示天下了。明太祖朱元璋，看到此如坐针毡。基于私心将《孟子》一书进行了政治修剪。所以才会有前面听众的观点看法。我们今天来看《孟子》，把很多生命当中的一些现象、一些体验放到我们的阅读中，就会发现孟子是很特别的一个人物，他跟我们一般所理解的儒家都不太一样，他不像是一个谦谦君子，他是很有风骨的，很有自己的脾气的。过去说孔孟之道，那孟子跟孔子的不一样应该说还是蛮明显的，我们读孔子觉得他是一个老头，是一个长者，是一个很宽厚的、很有个性、总体来说是一个很和蔼的长者，但是读《孟子》就觉得不像，孟子好像动不动就有点拍案而起了，他对于那些君王的一些建议，有的时候说起来也会让他们受不了的，所以今天读《孟子》，孟子在今天，他的精神的时代意义，我觉得这一部分是我特别看重的。

景海峰：我接着王老师的话讲。一般讲儒家，代表就是孔、孟，而且"孔孟之道"这个说法从宋以后一直到今天最为常用，讲儒家也就是讲"孔孟之道"。但孔子和孟子实际上并不太一样，这个"不太一样"除了他们的风格、文字或义理的差别之外，更主要的就是孟子在很多地方都发展了孔子所提出的一些想法。在《论语》里面，我们看到一些闪光的思想，但孔子并没有充分展开，到了战国中期，社会的变革更加剧烈，孟子所体会到的那种局面可能在春秋晚期还没有出现过，又面临着一些新的问题，所以孟子的一些想法和说法就跟孔子是有差别的。

从历史上来看，在唐以前实际上孟子的地位是有限的，唐以前的书里讲到儒家传统的时候，一般是说"周孔之道"，就是以周公、孔子做代表。而到唐的晚期，尤其是宋代以后，孟子的地位才慢慢上升，越来越重要，所以"孔孟之道"的说法，即把孔子和孟子放在一起，实际上是比较晚的。这里面，除了孔、孟的风格差别之外，主要从思想义理来讲，比如说孔子对人的理解，只有一个大概的说法，就是以"仁"来讲人性，对人性的解释是比较模糊的，而对人性更复杂或更多面向的问题并没有展开论述。所以后来讲儒家的人性思想或对人的理解，可能更多的思想资源是从孟子那里来的。又比如说孟子讲的"良知"，这个概念后来在儒家的谱系里面非常重要，成为儒学发展的一大主流。包括我们今天在讲传统的时候，有些大道理不一定说得出来，但人人都觉得人应该是有良心的，人应该有个良知，这个观念从孟子之后成为中国人生命世界里面非常深厚的根源，所以我们做人、为人处世、待己待人，内心里总有一个底线。这个"底线"，是做人最起码的道理，是做事的基本尺度，不可逾越，这就是孟子所强调的"良知"的意义，这个理念等于把人最基本、最内核的东西做了一种规定，讲出了人之为人的最根本的东西。所以孟子提出这个概念之后，就成了儒家讲人或理解人的一个基本路数，从这个内核出发，又进一步讲仁、义、礼、智，讲"四善端"，讲恻隐、羞恶、恭敬、是非之心，这些内容的丰富扩展，就构成了一个有血有肉的人的基础。我们每个人在社会生活中得面对很多事情，你要做很多事，都要有一个底线，有一些最本分的东西，如果越界了，可能就不符合做人的基本道理，而这些根本原则大致上被孟子描绘出来了。也就是说，他给"人"的理解画了一个基本的图像，后来中国的主流文化或儒家的学说就是在这个基底上不断地加工扩展，最后成就了中国人特有的对人的理解的一套东西。

另外，孟子的精神理念，刚才强调他和后来的统治阶级有关系，成为工具或者一种统治的思想，关于这个问题，因为历史情景是非常复杂的，这种关联性的形成有其复杂的背景和曲折的过程。后来的人批评儒家，尤其是像在"文化大革命"中的"评法批儒"，把很多封建遗毒或者专制主义的问题都算在儒家的头上，实际上在现代的理解里面，很早就有学者这样做了。而儒家从孔子开始，一直到晚清、五四时代，前后有2000多年，它的历史是十分漫长的，发展也非常复杂，在每个阶段可能都有不同的话题，都有一些代表性的人物，五四时代所批判的那种作为封建遗毒或者专制主义的儒家形象，可能跟我们今天讲的孔子、孟子是不一样的。也就是说，在孟子的思想里面，反而跟汉代以后那种作为维护帝制的儒学的一些想法是不一样的，他是强调民本主义的，讲"民贵君轻"。而这些思想，后来没有得到发扬光大，中国历史的发展没有按照这样的一个路向走，这应该说是一个缺憾。因为像孟子的这些思想被历代的统治者看着是不太舒服的东西，就像刚才讲的明太祖朱元璋时的《孟子节文》，这种行为不光是在朱元璋的身上表现出来，我想那些骨子里有专制愚民想法的君主，可能对孟子的这种民本或民贵思想，内心里都是不满意的。所以孟子的很多想法，可能跟后来中国历史上呈现出来的情形是有区别的，这也就是今天我们要特别强调孟子的时代意义的地方，也就是他的一些想法可能跟今天现代的一些价值是能够联系起来思考的。

韩望喜：谢谢景院长，历史的脉络梳理得很清楚。其实我读孟子的时候，我特别感动的是他对于人心的论述，有一句话说得特别好，说"仁"是人心，"义"是人路，就是人走的路，所以内外都讲得很透彻，他特别想要说，这个善良的心是人人具备的，是人人具足的，而且在逻辑上是普遍性的，我觉得特别了不起，他说人人都知道易牙做的饭菜好吃（易牙是齐桓公的厨子，做的饭菜特别好吃），是吧？师旷精通音律，说师旷弹的琴特别好听，人人都知道师旷弹的琴好听，是不是？子都的美色人人都能欣赏，对吧？你要是不知道易牙做的饭菜好吃，那是你的味觉有问题，不是人家做的饭菜不好吃；你要说师旷弹的琴不好听，是你的听力有问题，是你的欣赏有问题，不是师旷本身的乐曲不好听；子都的美色人人皆知，人人都知道，那是你自己瞎了不能欣赏，他说既然是嘴巴对味道有这种同样的感觉，耳朵有同样的听觉，眼睛的欣赏也有同样的感觉，难道人的心就那么不同吗？他说人的心也应该有这种普遍性的感受，对于善良、对于美好、对于礼节、对于尊敬都要有一个同样的感受，所以说"礼义悦我心，犹刍豢悦我口"，说这些美好的道理让我的内心喜悦，和那些牛羊肉让我嘴巴感到有滋有味应该是一样的，所以每一个人都具备善良的心，人性是善良的，这是一个他的逻辑的前提，就是从这里来的，所以他这里推导出每一个人都有不忍人之心。

什么叫不忍人之心？就是不忍别人受苦的心、慈悲心、爱心。他举个例子说，看见一个小孩要掉到井里去了，无论是天南海北的人都要伸手去救，你们是不是这样的？是吧，那就不是为帝王服务的，小孩子要掉到井里去了，在那里哭，你肯定要救他呀，你难道就那么走过去吗？但是现在也许就是有人走过去的，但古时候不是这样的，所以就说看到小孩遇到危险的时候我要救他呀，孟子就说为什么要救他呢？是你的孩子？不是。是你想讨好孩子的父母吗？你想捞个好名声吗？不是。这个还差得远呢。是你不喜欢这个小孩的哭声吗？更不是。就是本然，道德的敏感，道德的天性，我要去救他，而且是不分天南地北的人，我都要去救他。这说明什么？说明这个心是普遍的，是人人具足的心，所以孟子他一定要立这个本位，他一定要立这个逻辑性、普遍性，他才能证明人性是善良的，才能够证明人类的道德意识就是良知、良能、良贵，让内心的东西启发出来，是不是呢？人人小的时候，爱自己的父母，难道是你去教的吗？是天然的情感。兄弟之间的相互友爱是你们去教的吗？不是，是天然的情感，对不对？这叫良知、良能。还有一个"贵"是什么呢？良贵。真正的尊贵是什么？是内心的尊贵，是仁义忠信这些高贵的品质使你尊贵，而不是你穿什么衣服，抱什么小狗使你尊贵，那个不使你尊贵，真正的使你内心的高贵，是道德的心充溢于内而表现于外，所以他认为是仁义礼智都是根于心。孟子也经常跟君王去讨论问题，他讨论问题的时候见到齐宣王，齐宣王说你跟我讲讲齐桓公晋文公称霸的事情吧。孟子说："这个称霸的事情吧，儒家讲得不多，现在已经没有了，但是要讲讲王道还是可以的。"什么叫王道？怎么可以称王天下？孟子也说"保民而王"，就是你爱护老百姓，你就可以称王天下了。齐宣王就问"我有没有这个潜质呢"？孟子说"你有啊"。"何以见得"？就讲了一个故事，说有一天我听大臣胡龁说，有一个人牵着一头牛从你堂前经过的时候，那头牛在瑟瑟发抖，你就问这头牛要牵到哪里去？这个人说将以衅钟，要把这头牛杀了来祭祀，王你看了这头牛瑟瑟发抖就说，牵回去吧，那个祭祀的人说难道要废除祭祀之礼吗？不是的，他说以羊易之，用一只小羊来替换吧，所以国人都说，咱们这个王太吝啬了，连一头牛都舍不得，用一只小羊来替代。孟子说，我知道王你是因为不忍，因为这头牛已经在发抖了，因为它害怕，对不对？王说是啊，《诗经》上有一句话，叫作"他人有心，予忖度之"，就是他人有心，我会去体会一下，《诗经》里面有这句话，他人在哭，你会体会吧，他人在笑，你也能体会吧，就是怎么样能够有心灵的共通，能够体会到别人的心吧，"他人有心，予忖度之"。所以齐宣王就说，"君子远庖厨"，君子要远离厨房，为什么呢？见这些牲畜，"见其生，不忍见其死，闻其声，不忍食其肉"，见到它活蹦乱跳的，不想把它杀了呀，听到它的哀鸣之声，不忍吃它的肉，讲的就是这个道理，所以孟子就说"对了"，这个就叫做"不忍人之心"，人皆有不忍人之心，每个人都有这样不忍别人受苦的心，"先王有不忍人之心，斯有不忍人之政矣"，先王有这样的心，这样怜悯的心、仁慈的心，所以才有那样惠民的政略，爱人的政略、政策，所以就这一句话，"老吾老，以及人之老，幼吾幼，以及人之幼，天下可运于掌"，这是什么意思呢？就是善推、推导，同情心，爱自己的父母，我也一定要想着天下的父母他们怎么样，我爱自己的孩子，我也想着天下人的孩子。这次"东方之星"的事情，你也会感同身受呀，我爱自己的父母，希望他们健康、长寿、幸福、快乐、安康，那我想着别人的父母也应该这样才对呀，如果他们受到痛苦和灾难我应该怎么样呢？我爱自己的孩子，怜惜自己的宝贝，我想到天下的孩子都是爸爸妈妈的孩子，我应该怎么样为他们造福呢？能够使他们快乐健康地成长呢？这些就是孟子所关心的事情，这就是人对人的关切，人对人的一种内心的沟通，所以什么叫仁爱？就是叫作仁心，你有没有仁心，佛家讲的是"无缘大慈，同体大悲"，没有求回报的慈，同根而生的大悲心、大菩提心。儒家不是这样的，儒家它要从自己的家庭推导出来，从亲情之爱推导出来，从亲子关系切身的体会来推导出来，你越是在家庭里体会到这种爱，你越是能够把这种爱推导到别人的身上去。最近我做一个节目，电视台说你可不可跟你的亲人对视三分钟？我说我要对视三分钟，我的眼泪要流出来，为什么呢？不是我眼睛支持不住，是我内心支持不住，而我要看到我的父母白发苍苍，我要流眼泪，因为我没有对爸爸妈妈做得那么好，孝道没有尽得那么好，因为我一直在奔波劳碌，我没有给他们太好的物质享受，也没有给他们太多精神的抚慰，我是有错的，我要流眼泪。对我的妻子，我看见她从一个美丽的少女，变成一个半老太婆，我也想要流眼泪，因为经过太多的事情，她为这个家付出太多了，包括我的坏脾气，包括我们的物质的匮乏，包括我们的小房子，所有的一切，我觉得我很对不起她，所以有时候心情很复杂。我对自己的女儿，我看到她的时候，我也觉得要流眼泪，因为我觉得我很怜惜她，我真的没有给到她足够的、更好的教育、更好的成长的条件。所以真的是看到亲人的时候，你不会有骄傲的心，你反而会有谦卑的心和流泪的心，为什么？孔子也曾经说过这句话，作为臣子来说，我没有对君王尽到忠；作为儿子来说，我没有对父母尽到孝；作为朋友，我没有做到那么的诚心，真的是君子之道，我做得不够。所以孟子其实是承继孔子的思想，就是说我在很多方面做得不够，是我的人心还没有做得那么好，所以孟子一直在强调人最重要的是什么，人最重要的不是长得身型高大、威猛，孟子说人最重要的大体，人们经常说"大体"、"小体"，"识大体"，大体指的是什么？大体是指人心，小体是指的什么，人的四肢，所以最重要的是要识大体，为什么呢？因为人的四肢只是在物质上的要求，我要吃得好，我要穿得好，我要宝马，我要什么什么，它向外的，是驰求的，但是心是会思考的，我要这些是不是合乎仁爱、合乎道义的？我对所有的人有没有尽到我的仁爱的心，有没有尽到我的责任，它是这样的一个向内求的东西，我觉得特别好。所以孟子有一句话我要送给大家，第一个就是"人必自侮，而后人侮之；家必自毁，而后人毁之；国必自伐，而后人伐之"，什么意思呢？就是说你如果自己不把自己当人，没有自己尊重自己的人格，也不尊重别人的人格，你把自己当成了禽兽，那你怎么办？那你自己侮辱了自己，难怪别人侮辱你，对不对？这个很重要，所以我们做家长的要问自己的孩子，要怎么培养自己的孩子，如果你就是放任自己的孩子，这是很危险的事情，放任自己的孩子，这个孩子会受苦，爸爸妈妈也会受苦，而且要教会孩子正确的思维方法和体会别人的心。有一些孩子的父母说，你随便去打杀，爸爸妈妈来替你搞定，这是最要命的事情。你可能直接就把这个孩子送进了监狱，送入了死地，就是这样的，所以最重要的是养好孩子内在的心性，知道什么是道义，怎么样来尊敬人，怎么样来爱人，这个才能够是立于世上而不败的，如果你没有这个肯定不行。"家必自毁，而后人毁之"，你不尊敬你的对方，你所爱的人，虽然不是血缘关系，但是真的是铭心刻骨的感情，你不珍惜的话，那就不要怪别人来破坏你的家庭，是吧？"家必自毁"，自己毁了，人家才会毁你啊，如果你的家庭固若金汤，人家怎么毁你啊。还有一个就是治国之道，"国必自伐，而后人伐之"，你自己治国不怎么样，父子离散，兄弟不能团聚，怨声载道，那真的是不能怪人家打进来了。所以叫"永言配命，自求多福"，你要自己去思考，君子求诸己，所以孟子一直说人和禽兽之间的区别很大吗？其实很小，区别在哪呢？就是在那个"心"，那个仁义礼智的心，仁爱恻隐的心、羞恶的心、恭敬的心、是非的心，因为这四个心才是真正和动物的区别之所在，除此之外，别的区别并不是最重要的。所以孟子一直是想给我们定一个基础，就是告诉你什么是人？什么是禽兽？我们说我们是人，你看我长得多高大，一个鼻子两只眼睛，说我是人；那小狗是禽兽，你只看到相，你没有看到实质，人和兽的区别不在这个上面，人和兽的区别只在你的"仁心"，你有没有仁慈的心，这个才是最重要的，可惜的是很多人忘记了这个心，把自己等同禽兽一般，这个是人生最大的悲剧。现在人"上下交征利"，人只想到利益，我今天赚了多少，明天赔了多少，人生还有很多的仁爱和道义都忘记了，对别人的苦难不同情，对别人的苦难不去救助，心是麻木的，这样还可以称之为人吗？还可以称之为文明的人或者有道义的人吗？我看很难，所以中国文化其实是非常深刻的道理，它的内涵是很深的，只是我们现在有时候连皮毛都没有得到，觉得非常之可惜。

王绍培：

刚才韩博士讲得很好，在孟子那里有很多很深刻的思想，而现在我们连他的皮毛没有得到多少。比如说像"不忍之心"的来源是从哪里来的？就是我们内心有的，这种说法不光是在孟子那里有，

"仁义礼智，非由外铄也，我固有之"，孟子说的，这些思想还蛮有意思，蛮深刻的。有一个叫路易斯的思想家写了一本书叫《返璞归真》，这是 20 世纪基督教著述方面排在第一名的一本书，它里面就讲到了人的善意，人的向善的心是从哪里来的。它说所有的民族、不同的民族，所有人在吵架的时候，都会说我是对的，你是错的，我是好的，你是坏的，没有人公然说，我就是要坏，我就是要不好，所有人都会讲一个标准，它这个标准是从哪里来的呢？这样一个思考引出了很多很深刻的、很重要的一些结论。比如说路易斯就认为，"善"的标准是从哪里来的呢？它其实是有一个更高的智慧放在我们内心的，否则的话没有办法解释。为什么我们内心里面就有这样一个东西呢？可能习以为常的解释就是到此为止，我的内心里面就是有，就有了，就是生而知之的东西，是与生俱来的东西，但是他的解释会进一步，他说这个里面"善"的标准，我们之所以都会对善有敬畏之心，这个意思是有一个更高的东西放在我们内心的，这个就引出了一个更高的存在。当然我觉得如果我们可以循着这个思路往下来讲的话，就可以从里面得到一些中外的具有大智慧的学者和思想家，他们有很多的想法是相通的。

再比如孟子在今天的意义，"民贵君轻"，两千年前就讲了。但是仔细思考，其实在现代这样的社会——是民贵君轻的，比如在一个小县城，或者在一个单位里面，谁贵谁轻呢？是民贵君轻吗？对吧，所以可以看出孟子的思想的锋芒的批判性，其实在现代它的思想还是很有张力的，把他的话拿出来的话是会让人忍受不了的。再比如说孟子说的"不忍之心"，我们今天已经到了什么地步，一个老头摔在了地上之后，没有人敢搀扶他了，这不仅仅是我们的不忍之心已经大大迟钝了，退化了，还变成了什么？还就是人心也大大的变坏了。比如说，很多老头都是这样的，你不来搀扶我倒没有事情，你一来搀扶我，那显然就是你将我绊倒了，否则的话你为什么来搀扶我，于是就赖在你的身上让你来赔偿他，现在社会道德人心已经败坏到了这样一种程度。所以今天人们重温孟子和他的著述、他的思想，人类的智慧还在发展的比较早期的时候，那种清新、没有受到污染、没有被文明的雾霾所遮蔽的时候，人应该是一个什么样子的，人的思想意识、思想状态和精神状态应该是什么样子的，大家通过读《孟子》就能感受到人原来就应该是什么样子的，一个君王应该怎么做，一个士或一个知识分子应该怎么讲话，应该怎么处世，都在孟子的书里面有一个堂堂正正的示范，这个示范拿到今天来看的话，我们今天很多做官的人做不到，做知识分子的人也做不到，做老百姓的人也做不到，这些看起来都是一些很基本的标准，但都离他的标准具有相当的距离，这就是我们在今天读《孟子》，他的精神有什么时代意义呢，我觉得这就可以给我们很多这方面的启示。

景海峰：刚才韩博士描述得非常好，给我们描绘了一个"柔软"的孟子，因为他对人心的理解、对人性的理解非常透彻。当然孟子，一般讲他是性善论，如果说要给人性下一个判断，人性是善的、还是恶的？在讲到性善论的时候，往往是以孟子作为代表，有时候也简单地把孟子归为性善论者。但这里面如果要去深入理解的话，还是有很多可以值得我们去思考的东西。所谓"性善"或"四心"作为"仁义礼智"的善端，只是有这么一个根芽，是人禽之辨中的"几希"差别，也就那么一点点不同，这在孟子的表达里面好像是一个与生俱来的，是一个本有的、生而有之的，是有这么一个意思。但这只是一个方面，包括孟子在讲到良知、良能的时候，唯有人具有这种特别的品赋。孟子在讲这个意思的时候，实际上更强调的是在这个差别或者人之为人的基本点上，我们怎么样来好自护持，不要让它断绝了，根基一断，便沦为禽兽，它的根本意义是在这个地方。所以孟子不是鼓励我们偷懒，既然已经本具，就这样了，好像一切都已经完成，这是懒人哲学，孟子不是这个意思。他更多的是给人以警醒与鞭策，就是我们如何保存这点东西；不光是保有，这一点点微小的根芽，如何在这基础上发扬光大、开花结果，成就一个君子，成为一个完人，因为那点基础只是一个可能、只是一点潜质而已，随时会断掉，并非是完成时，所以孟子就在不断地鞭策，不断在激励，不要跟人的本性远离，变为了禽兽，这是他的本意所在。在这个意义上，孟子讲的性善就不是完成的状态，它只是激励或者导引人往善的方向不断发展、扩充，使之真正成为一个完整意义上的人。这是从柔弱的策略或者说比较同情的意义上来理解，如果从另一个面向来解释，孟子可以说在儒家人物里面又是最有刚性的一个。

　　孟子的思想不只有"柔软"的一面，不只是唠唠叨叨劝人向善，他不是简单起这么一个作用，当然孟学有教化的意义，有人性善的基础方面的揭示。但孟子在整个中国文化里面所扮演的角色，在整个儒家思想里面所扮演的角色，可以说是一个高大威猛的形象，这个高大威猛的形象当然不是一个简单的形的问题，它是一种文化气质，是君子所谓自强不息的刚健精神的有力表现，是积极向上的人生价值的凝聚。孟子是以"士"的代言人自居的，他是有远大理想的，这个理念在一定程度上代表着知识的力量，这就是"士"的觉醒。"四民社会"的普通从业者，每个人在社会上都有自己的角色，都有做人的基本准则，在此普遍意义上，人都是一样的。但作为具体性来讲，一个社会的人，他的身份和角色是不一样的，人是在具体情景当中生活的。孟子强调"士"的身份性，扮演了所谓良知的体现或社会良心代言者的角色，今天我们经常讲知识分子是社会的良心，大概这种思想在中国传统文化里面，在儒家思想里面，孟子所表达的是非常清晰的。比如说，天下人皆为利而来，皆为利而往，在一种熙熙攘攘的世俗状态里，只有两种人不能跟一般的老百姓、跟芸芸众生一样，即以"利"为生活的价值目标。一种就是拥有国家政治权力的人，因为国家都运于你的股掌之上，如果你也混同于一般的老百姓，甚至与民争利，那就丧失了你手中权力的合法性。因为你不是一般的人，你是这个国家的掌管者，你的地位和身份就不能以利为价值追求的目标，而是要以天下或苍生为自己的责任担当，这种担当是一种自我认知的体现。还有一种人，就是"士"，这个士相当于今天讲的知识分子，可以做到不言利，大概只有"士"才能为之，因为"士"代表了一种精神的企望，也是精神价值的塑造者，通过他的言行体现出一种文化或者文明的基本价值追求。

　　如果说士的身上缺乏一种理想主义的维度和色彩，那么整个社会就会不断地沉沦，最后所谓人类文明的精神性由谁来担当，由谁来倡导？所以孟子对"士"的身份和角色有很高的期许，这也给后来的中国知识分子树立了一种典范和榜样。所以中国的士大夫讲气节、讲精神，这种忧国忧民的情怀，这种社会责任感，是儒家重要的思想资源，而这个思想在孟子这里体现得非常充分。中国历史上的很多仁人志士，尤其是读书人，他除了把读书作为一个安身立命、满足世俗生活之需的事情外，他都要有一个比较高远的理想，追求超凡脱俗的境界，有一种精神的追求。这种"士"的角色定位，可以说给中国的读书人或者知识分子确定了一个非常远大的志向，这种精神价值的追求可能跟西方文化里面的情况有很大的不同。近代西方对知识分子典范（公共知识分子）的一些说法，我觉得比较接近于中国传统对"士"的定位。而在西方的历史上，很大程度上这种气质或者超越的精神是体现在宗教或贵族身上的，对一般的知识分子来讲，并不强调这样一种价值。但在中国传统里面，一开始这个特点就非常突出，这也可以说是中国文化的一个优点。

韩望喜：景院长讲得非常好，把孟子的非常刚劲的一面展示了出来，其实我们读先秦诸子大家都有一个想法，就是先秦诸子其实都在讲什么？都在讲为政，都在讲治国，他的理论绝对不是只限于家庭里那么小，甚至讲家庭的时候也在讲国家，家国同构，他一定是在讲治国，儒家、道家、法家、阴阳家等等，都是讲怎么治国。所以我记得，有人问孟子，"士何事"？作为一个"士"，读书人应该做什么，孟子说两个字"尚志"，高尚其志，那就是要立志，就是要参与国事，所以孟子很多的地方都是在与君王谈话，跟梁惠王谈，跟齐宣王谈，跟很多人谈，而且还要评点这个君王，不是仁君，不像一个君王的样子，他是非常耿直的，他跟齐宣王谈治国的时候，齐宣王说什么样才叫善政，他就说什么什么样，齐宣王说"寡人有疾，寡人好货"，就是说我这个人有病，我喜欢钱财，我喜欢金银珠玉，那孟子说王啊，你喜欢这些有什么关系呢，但是你要想到天下有多少鳏寡孤独的人呢，你要想到他们也要有一口饭吃，也要有衣穿，有地方住，如果你能与民共享的话，你自己喜欢钱又有什么关系呢？王说我还有一个毛病，我好色，孟子说好色有什么问题呢？但是你还要想到天下还有多少旷夫怨女，还有多少人没有成立美好的家庭？还有多少人在夫妻离散？如果你能把这些问题解决了，你好色有什么问题？王说我还有一个毛病，我好勇，我喜欢斗，我喜欢发动战争，孟子说王啊，好勇有什么问题，但是不能作匹夫之勇，不要一怒就怎么怎么样了，你要有道义，文王一怒而天下安，武王一怒而天下安，讲的就是这个道理，就是你的勇要用得对地方，所以你要为天下考虑，"立天下之正位，行天下之正道，得志，与民由之，不得志，独行其道"，修身、养心，就是富贵不能淫，贫贱不能移，威武不能屈，这个才是一个养气，我善养吾浩然之气，浩然之气是什么，就是这个不动心的状态。"富贵不能淫，贫贱不能移，威武不能屈"，就是我不动心，我富贵了不会走邪恶的路，贫贱了也不会走邪恶的路，就是面对寒光闪闪的刀子我也不会走邪恶的路，对不对？这个就叫作真正的道义。孟子和君王的很多对话都是在讲治国的道理，他跟君王说君王应该怎么样。其实孟子很有理想，希望从君王的身上推行道德的原则，他希望君王能够做到有感召力，"君仁，莫不仁，君义，莫不义"，君王有权势，你要是很仁德的话，那天下的人怎么会不仁德呢？如果君王很道义的话，天下的人怎么会不讲道义呢？就怕你自己整天沉迷于酒色之中，而忘了行走正道啊。所以我们回答跟齐宣王的对话，说王啊，你今天老是要发动战争，为什么要发动战争呢？是你的宴席不够丰盛吗？是你的色彩不够艳丽吗？是你的衣服不够多吗？是侍奉你的人不够齐吗？那为什么还要发动战争呢？是为了什么呢？用百姓的生命为你去征战，这就完全背离了仁爱之道，是"缘木求鱼"。所以孟子想的是君王怎么样，他讲了一个意思叫"云霓之望"，什么叫"云霓之望"？就是七、八月份的时候，地下都干涸了，禾苗都干了，人们都盼望"天油然作云，沛然下雨，则苗浡然兴之矣"，就是有云起来了，有雨下来了，禾苗吸到水了，就浡然兴之矣，所以人民盼望仁爱的君主就好像这些农民在盼望天上的云彩一样，这就叫作"云霓之望"，君王要有仁义，君王要得民心，得道才能得天下，你失去了民心就失去了道，那就会众叛亲离。"得道者多助，失道者寡助"，寡助到极致的时候会是怎么样，就是会众叛亲离。他说君王啊，你固国不以山溪之险，就是你要固守你的国家，不是说你要有险峻的地理位置，守卫得固若金汤，别人攻不进来，这个没有用的，最重要的是民心，得到民心才能得到天下，就像刚才院长说的，他很多的时候都在用他的道理与君王来谈话，来告诉君王你应该怎么做。所以他举个例子来说，王啊，有一个朋友要出远门了，把他的妻子儿子都托付给他的朋友，回来一看，老婆孩子在那里饿得哇哇直哭，就说王啊，这该怎么办呢？我跟这个朋友的关系应该怎么弄啊？王说这还有什么好说的，把老婆孩子托付给他，最后把老婆孩子虐待成这样，跟他绝交！如果说你的军队你的管理者，你管理不好军队，军队非常懒散，没有战斗力了，怎么样，撤掉，那国家治不好，君王怎么办呢？王顾左右而言他，那王就不说了，能说什么呢？治人不治反其智！自己要反思。孟子讲的这个道理和刚才讲的民贵君轻的道理是一致的。讲土地、政事、人民这些东西他都放在很重要的位置，所以叫民贵君轻，什么意思呢？民贵君轻就是你只有得民心，只有为民，只有施行仁爱之心、人道的措施之后才会有君王的尊贵，所以有一次梁惠王在沼上见孟子，观赏鸿雁麋鹿，就问说："贤者亦乐此乎？"君子有这样的快乐吗？孟子说，君子也有这样的快乐，但是你这样的王，你这样的骄奢淫逸你也长久不了，对不对？君子志不在此，贤人志不在此，你君王虽然现在很乐，但是不能长久，所以怎么样，要与民共享，独乐不如众乐，所以我们读范仲淹的"先天下之忧而忧，后天下之乐而乐"，从哪里来的，你知道吗？从孟子而来，孟子叫作"乐以天下，忧以天下"，才有后面那句话，是不是？所以很多东西都要从孟子的原典中来。我看古人没有一个不读孟子的，那些诗词歌赋里头很多东西都是从孟子里面来的，孟子的性格非常非常刚烈，刚才有一个先生说了，舍生取义，说鱼是我喜欢的，熊掌也是我喜欢的，但是要我取价值更高的那个，那我取熊掌吧。是不是？生命是我要的，道义也是我要的，但是在生存和道义之间发生剧烈冲突的时候，我到底要取哪个呢？我当然是要舍生而取道义。难道不是这样吗？当然是这样的，是人都想活着，谁不想活着呢？你我都想活着，但是道义的价值胜过生命的价值，如果生命的价值胜过一切，那为了保全自己的生命，只求苟活的人会用尽一切的办法来活自己的性命，对不对？遇到困难的时候、遇到危险的时候自己先跑，对不对？在别人寒光闪闪的刀子下面我出卖情报对不对？出卖他人对不对？有一万种活命的方法，但是这样的生命真的是值得留恋的吗？你要怎样做一个人，做一个堂堂正正的人，做一个堂堂正正的君王，你要把道义放在前面，为什么呢？因为仁是人心，义是人路，道义才是人的路，如果一个君王没有道义，那就是暴君、昏君了，杀这样的君王没有问题，不是以下犯上；如果一个人没有道义的话，就不成其为人了，就是禽兽了，就是野兽了，所以孟子在这里头写得非常非常清楚。谢谢。

王绍培：
好，我们今天用比较多的时间做互动，因为有很多对孟子很了解的同学在座，还有很多听众也应该是对孟子很熟悉的，哪位先来？

听众： 三位老师好，我想问景院长一个问题，就是刚才您说的"士"的精神，有理想、有担当、天地气象、气质非常刚劲，并且义重于利，我相信这种"士"的精神应该是这个社会最有远见、最明白这个时代发展的潮流、最有创新精神的一群人，但现实中，我们看到的"士"是什么样的？以院长您这么多年从教的经验来看，如果这个时代真的出现了具有这种精神的人，这个时代能接纳他吗？我们作为这种精神的拥护者，如果碰到了这样的人，您会支持他吗？或者在您的生命中，是否您真的见过这样的行者，而不是学者？谢谢。

景海峰： 你的概括比我讲得好，这个问题也问得非常精彩。确实在今天这样一个时代，我们读《孟子》的时候，常常有很多联想和深思。如果说读书不光是了解一些知识，而是要找到一种切己的感觉，把自己的困惑跟古人想的问题联系起来，把古人的智慧跟社会现实联系起来做一些思考，这确实是一个好的想法。

从根本上来讲，孟子讲"士"的责任或者"大丈夫精神"，这是一种很高的理想，而历史上能够体现孟子所描述的"大丈夫精神"

的仁人志士历来都不鲜见，我们可以举出很多，或者在中国历史的长河中，经常为后人所称颂的历史人物非常多。但有时这种理想在现实社会中又有很多曲折的情况，我们一方面要把孟子对士的精神塑造作为我们心目中的典范去效仿，作为一个学习的榜样；同时，在社会的一种曲折中，怎样来实现这些理想，问题可能又非常复杂。我们今天讲的知识分子是个现代概念，在西方的时间也不长，是从俄国近代文化的背景里才开始有这个词，现在成了全世界都非常熟悉的词语。这个概念有特定的内涵，或者对它的价值有一个标准，在很大程度上，这跟孟子所讲的"士"是有根本差别的，这个本质区别按我的理解，就是"士"是从生命的体验来要求一个社会角色应该怎样在世界上立身处世，但现代意义下的知识分子更多的是从近代的理性精神或知识的客观化效果来着眼，按照知识的目标进行一种现代性的塑造，所以它们的意义是不一样的。

当然知识分子也有社会担当的问题，比如说今天我们经常对知识分子有一些期望，但这跟"士"的道德标准意味已经有了一个相当的距离。所以在这点上，西方近代以来的读书人也好，或者知识分子也好，可能那种社会的道义感，或者面对不合道义理想时的那种困惑，相对来讲可能要小一些。但对中国的读书人来讲，这可能始终是一个大的纠结，我们会常常来考虑当代知识人的角色，或者自我的定位，明显比西方科技型的知识形态里面那个知识人的角色多了一重历史的负重感，旁人也会对他有一种期望和要求，这确实是一个艰难的事情。至于你刚才讲的，如果是这种人在当代社会环境之下，应该是一个什么样的状态？这种士的精神有一种顶天立地的感觉，是一种比较理想主义的状态，有时跟世俗的状况有一种格格不入的感觉，至少是有所抵触。实际上，孟子这些儒家大师，在讲到这些问题的时候，也有他的技巧性的成分，不是说纯粹用一种反叛或今天理解的知识分子的逆向性来处世。因为儒家在后来的历史发展中，实际上是一个社会的主流能量，它需要消化各种理想和现实之间的纠结，要处理这些棘手的问题。所以在历史的图景中，常常表现出"士"的精神困惑是在两极之中，一方面对世俗有警醒的立场，要站在一个批判者的角度对现实进行批判；但他又不能像道家或者佛教，用一种离场的或者出世的人生态度来生活，他要有一种担当，有一种责任。这两个东西怎么拿捏，确实对儒家的知识分子来讲，一直是一个纠结的问题。当然到了今天，强调现代意义的知识分子，与中国传统的这种精神或者气质已经没有太大的关系了。比如说读书人比比皆是，教师只是一个职业了，这一类的想法在很多人的内心中已经深深地扎根。但就我个人的理解来讲，中国的这种优良传统或文化气质还是有承继和保留的必要性，至于能做到哪一步，或者是一个什么样的情景，就非常复杂了。

韩望喜： 谢谢，补充一点，在战国时候，孔子、孟子，都不是说处在一个特别好的、舒适的境况之中，还是若丧家之犬，跟现在也差不了多少，其实那个时候生活也不是展开双臂欢迎的。所以当时你看孔子问津的时候，两个隐者就不告诉你渡口在哪里，学生回来汇报的时候，孔子就说了"鸟兽不可与同群"，就是我是不得已，我也是不得已，知其不可为而为之，他采取的是一个很入世的态度。君臣之义怎么能忘，父子之亲怎么能忘？我们知道庄子是很强调忘的，但是儒家说我忘不了，所以还得要去做。其实儒家也很想，"用之则行、舍之则藏"，是不是？也想过这个，用我的时候我就出来做官，不用我，我就自己来修养身心了。孟子还说"惟仁者宜在高位，不仁而在高位，播其恶于众矣"，就是只有仁德的人，有知识的人，甚至"士"这样的人才在高位，不是这样的人在高位，就会把他的恶德散布在全民之中。真正的贤人、圣者不是说没有内心的困苦、没有矛盾和纠结，但是就在这个矛盾中间他还能保持他的定力，这个我觉得在目前情况下是可以吸取的。谢谢。

王绍培：

刚才说孟子，朱元璋读了《孟子》的书的时候，不是讲了一句话吗？说这个老头，如果在我这个朝代，我会怎么办？意思就是我可能会把他杀了，基本上是这样的。知识分子在中国的历史环境里面相对来说显得比较艰难一点，因为中国的东方的专制统治还是蛮强大的，它的严酷性可能超过了很多政治形态，所以在这种历史和现实的影响下，总体来说，那种有批判锋芒、批判精神的知识分子，在比例上，中国知识分子的比例上肯定比西方要少，西方有很多东西有锋芒的，在中国大概要稀少一些，但是有没有呢，比如说现在还有没有呢？其实还是有的，应该说有不少。好，下一位。

听众：三位老师好，三位老师应该都是深圳的比较有名的人物。我来深圳也很久了，89年来的，我先介绍一下我自己，我是学理工的，所以对于孔孟也就是一般人的水平，不太清楚，但是我觉得，我们这个年龄50后慢慢也会有一些思考。接着上位听众的话说，我们现在有一些知识分子，从全世界的角度，因为我在国外也待过一段，我很多问题是觉得应该用全球视角，现在网络也都在鼓励全球视角，不能说只是在我们的960万平方公里，确实刚才王老师也在说，有一些知识分子是有质疑，有批评精神，从整个社会来说，知识分子是否本身就应该有一种批判精神，或者因为知识分子知道得比较多，无论是从读书，从行走，我简短一点说，就是我们中国的文化基因上为什么缺少一种批评精神？就是刚才王老师也说过，我们从全球视角来说，我们的文化基因上为什么缺少这种批判精神？从文学角度来说，我在报刊上也看到了，现在好像文学批评这个行当都没有了。从文化基因上，本身中国人就是对质疑、对纠错是特别不喜欢，可不可以请教三位老师，我们从基因上为什么会缺少这种东西？从全球视角来说我们缺少这种东西吗？谢谢。

景海峰：你反复用了"基因"这个概念，可能是强调一个文明或者一个文化系统的特质吧。当然2000多年之后，孔子、孟子的思想跟今天的中国文化所呈现出来的面貌可能有很大的距离，也就是说，我们今天为什么要重新来讲孟子的价值和意义。可能我觉得就是因为有很多东西实际上在中国历史的发展过程中没有很好地实现，没有充分地把这些思想弘扬和发扬光大。至于近代以后的知识分子的角色，和中国现实对知识或者知识分子的理解，这种差距我觉得当然跟我们的文化传统是有关系的，也就是对待知识的独立性，或者知识自身的价值和尊严的问题。大概在近代西方，从启蒙运动之后，尤其是工业化的成长过程当中，在科学技术的背景之下，知识的力量特别凸显，它的独立性和尊严得到了极大的释放，知识本身和政治干预、权贵支配之间有一个相对的距离，这大概是近代西方文明带给我们人类社会的一个很大的进步。我们今天对知识的尊重或者对知识独立性及自身尊严价值的肯认，这大概在人类历史上的任何时代都是无可比拟的，这应该说是现代性非常重要的一个特点。相对来讲，中国从鸦片战争之后，随着西学东渐，慢慢也受自然科学对知识理解的影响，应该说这100多年，中国社会对知识的理解、对知识的尊重，已经有了很大的改变，它和古典的或过去袭用封建专制的那种社会状况之下，知识与知识人吸附于权力的那种状态，已经有了一些变化。但毕竟中国近代的路程是非常崎岖、非常艰难的，所以有很多东西，譬如像孟子理想的真正精神并没有被弘扬出来，反而可能像汉代以后在专制状态下的一些记忆却挥之不去，有时甚至是死灰复燃。所以今天我们对现代的价值、对知识的客观性认识还有很多误区，有时候知识可能又跟其他的权力搅绕在一起，不能获得它独立的尊严和价值，这可能是中国这100多年来的问题，不一定跟所谓的"基因"有关，这是我的理解。

韩望喜：谢谢院长，谢谢您的问题，其实院长已经解释得非常好了。我觉得如果是用"基因"这个词来描述中国文化可能就不是那么准确了，因为基因是与生俱来的，必须是这样的，但是先秦好像不是这样的，如果先秦不是这样的，就很难说基因是这样的，是不是？它可能中间的一个变化，我觉得是这样的。所以你要从尊崇孟子来看的话，其实是有非常多的刚劲的精神，有很多的怀疑性，很多的建树，我觉得很了不起。比如说齐宣王问武王伐纣的问题，怎么是臣子来杀了君王，对不对？君王问起的时候，孟子说"闻诛一夫纣矣，未闻弑君也"，我只听说杀了一个叫纣的人，没有听说什么弑了君王，所以他这句话讲得很清楚，君臣之间要怎么样做，君视我如手足的话，我臣子就视你君王为腹心，如果你君王视我如土芥，臣子视君为寇仇，所以他这个君臣之间还不是一个很森严的东西，还是有一句"说大人则藐之，无视其巍巍然"，那么王公大臣你也不要害怕，你有什么比他差的呢？我的道德不比他差。所以在孟子里面讲得非常好，你可以特别再读一读法家，去读一读韩非子，韩非子也全部都是不相信，韩非子不相信从内心里的道德意识能够成就道德行为，他只是从君王的法制方面来培养人的意识，所以你说焚书坑儒都是秦始皇做的，其实未必是这样的。你从韩非子读了之后，真的韩非子说，除了留下的农家医家法家的这些书以外，其他的书都得给他毁了，所以你要看历史是怎么变迁的，水是从哪里流过来的，它有可能并不是源头的问题，所以我们分析的时候，要从原点来出发，一点一点来看，到底问题出在哪里，我们怎么来面对这个问题。好，谢谢。

王绍培：

我也来补充两句，就是我觉得这个先生的问题是一个非常深刻也很复杂的问题。其实我们现在为什么没有批判的精神，甚至于说文学批评这个门类好像慢慢消失了，确实有基因的一面，我认为，就是西方的文化传统的文明传统有知识性的性格，它追求真理，什么是真理？什么是普遍真理？所以过去有一本书讲《理性的历史》，讲到理性是一种发明，是希腊人发明的，而且希腊人发明了普遍性，所以他们有这样一个知识传统，这样一个文化传统，他们会不断地问真理是什么？相对来讲，我们中国的文化比较缺少这个知识型的传统，我们不太重视知识，我们可能比较重视道德，我们比较重视人在天地之间的存活，我们怎么活？我们怎么活得成一个有道德的人、一个完整的人？这样一种不同的取向就会导致比如说知识分子的形态就不太一样了。我们怎么活呢？活着的那些人在什么环境里面都可以活得很舒服，我们都可以活得"达则兼济，穷则独善"，对吧？但在西方有知识传统的背景下，他会不停地去追问这个问题是不是对的？这个本身就很有批判的锋芒，我认为从基因方面来说，我认为他也有一点道理。还有一个从现实的层面上来讲，就从政治层面来讲，比如我们最近60多年以来，我们很多的政治运动首先打击的一个对象就是知识分子，比如反右，比如"文革"，首当其冲的就是有一些不同的思想意识的人，尤其是有批判锋芒的人比较容易受到这样的打击，你的存活的机会会比较渺茫，有一种说法说，其实我们这么多年来，我们的很多努力就是把"士"阶层，把君子这个阶层铲除掉，就没有这个阶层了，它说它充其量只是毛，是依附在某些皮上的毛，它连独立性都被剥夺了。而在西方呢，西方中世纪以来，文艺复兴以来，因为它的社会结构非常复杂，国家首先就是非常复杂的，在欧洲的那么小（也不算太小）的地方就有那么多的政权的板块，它是一个碎片，在一个板块里面还有很多不同的权力，它不是一个权力统到底的，有很多权力，比如君主是一种权力，宗教是一种权力，市民是一种权力，你在不同的权力之间有很多的缝隙可以游走，所以如果你是知识分子的话，你的存活，你总还是有机会的。在中国传统社会，其实中国传统社会的知识分子，有的时候批判锋芒也还不错，是因为我们传统虽然是专制的，但是不是集权的，专制的权力不能到达每一个角落，到了现代社会，不仅是专制的，而且还是集权的，到了所有的地方，一竿子插到底了，所以说知识分子的生存的环境相对来说比较严酷一些，但是我说的是这个情况已经在改变了，现在有独立的人格的、有批判意识的、有批判精神的，这种新一代的知识分子，这种新一代的"士"阶层和君子阶层其实也是正在大量地涌现，比如你到微博、微信上面去看一下，很多人他是有独立思考的意识的，当然他是否有独立思考的能力是另外一回事。我觉得我们有一个很大的问题就是我们很多人有这种批判意识，有批判精神，但是没有批判能力，就是我们理性思考的这方面的训练和素养，这方面的准备还是不够的。这是我对他们的回答的一个补充。下一个。

听众：三位老师好，我想问一下，一个是刚才您说的先秦时期孔子曾问礼于老子，孟子跟庄子他们也大概相处在一个同时期的阶段，他们两个有没有书信的一些来往或者对同一个命题发表过不同的见解？第二个问题是我们现在政府实行党的群众路线教育实践活动，还有一个政府转型工作作风建设服务型政府的一个方法，有没有体现到孟子的民贵君轻、社稷次之之类的思想中？第三个是我在微信上看到孟子精神的时代意义，我就想到庄子，为什么想到庄子呢，因为我来深圳听到皇岗口岸水围村有庄子的后裔，而且是来了1000多年了，而且在香港回归的时候名扬中外，庄子后裔这件事老师可不可以讲一下，及庄子的精神跟孟子精神的一个联系，对现代社会的影响及我们现在的政府，你们觉得用孟子的精神哪些方面还需要改善的？我们谈得最多的就是怎么问政怎么理政，现在我们政府什么方法需要改变之类的？谢谢三位老师。

王绍培：

我觉得他问的第三个问题可以先不回答，庄子那个问题展开比较大，前面的两个问题可以先回答一下。

景海峰： 像你刚才讲的朱陆"鹅湖之会"是在南宋，当时知识人之间的交往，包括一些会讲活动、一些书院讲学很发达，对于那个时代来说，学术的互相支援和刺激还是很重要的。但先秦时代都是隔开的，分为一个一个小的区域，当然也有跨境游学活动，可以随便走，但毕竟有分割，区域与区域之间的差别还是挺大的。所以我们现在经常讲那时思想流派和不同区域的关系，一般讲到孔子、孟子的时候，就想到齐鲁文化，包括整个儒家，大本营就在齐鲁大地。而庄子这个人物的背景是比较模糊的，他与儒家人物的清晰度无法相比，道家的很多人物都没有明确的记载，有些说法很简略，也不足为信，留下很多猜疑。包括今天一些地方说老子是他们那的，庄子是他们那的，实际上没有办法做历史的考证。孟、庄是同时代的人，按一般的说法是战国中期，《庄子》里的记载跟《孟子》里面讲到的一些人物都有交集，应该是同时代的人，这没有问题。但他们两个人确实没有什么关系，按我们今天的理解，这两个大学者怎么好像相互都不认识，好像觉得没有这个人似的，这跟时代的特定情境有关系，和今天的理解可能是没有办法对上号的。再加上庄子这个人，他跟孟子的游走活动是很不一样的，尽管记载他也出来做过小官，但是跟孟子大规模的游历生涯是完全不一样的，基本上是一种隐士的状态，所以书里面没有提到太多人物，包括跟孟子之间也没有什么交集。

韩望喜：你说到孟子的思想跟政府有什么关系，我觉得孟子的思想跟政府有关系，庄子也讲治国是另外一回事，现在我们讲孟子。孟子见齐宣王那个故事还没有讲完，他说王啊，我有三个问题想问你，第一个问题是有人说他能举起三千斤的重量，但是举不起一根羽毛，王，您信不信？你信不信？（不信）第二个就是，王啊，有人说，他能够看见秋毫之末，就是秋天的野兽身上最细的毛，但是看不见眼前一大车的木材，您信不信？您肯定也是不信，所以他就说了，说王啊，能举起三千斤的重量，但是举不起一根羽毛，是因为他不肯用力啊，他不肯用力，当然你的羽毛举不起；他能看见秋毫之末，但是却看不见眼前一大车木材，是不肯用目，就是不肯用眼睛去看，对不对？今天你的马厩里面有肥马，厨房里面有肥肉，但是路上有多少人在冻饿而死，你今天施恩给禽兽，牛在发抖，牵回去用一头羊来换一换，所以施恩给禽兽，这么怜悯这些禽兽，但是对那些人，对那些冻饿而死的人你却没什么想法，这是什么意思，这就是不肯用恩。就是对一件事情，你既不肯用力去做，又不肯用眼睛去看，更不肯用心去想的话，你这件事情能做吗？做得了吗？任何一件事情，油瓶倒了我都不扶的，我看见了装作没看见的，我充耳不闻，对不对？心里不为所动，这件事能做吗？所以孟子就区别一个能为、一个不为，区别在哪里？有些事情是真的做不到，有些事情是你不愿意去做，如果说要你挟泰山以超北海，胳膊底下夹泰山飞过北海，那是做不到，那不是你不愿意做，是真的做不到，谁能做得到？但是你为老人折枝，有人说是为老人挠痒痒，有人说是为老人折枝，总之是很小的事情，为老人折枝你都说你做不了，真的不是你做不了，而是你不愿意去做，所以孟子说其实道德的行为只要你想通了，很多事情都可以做。道德就像大路一样，你可以去走，没有问题的。只是说你愿不愿意去做的问题，你肯不肯用心去想，肯不肯用力去举，肯不肯用眼睛去看，肯不肯去体会的问题，那么作为政府，对待百姓的事情，你有没有看见？有没有听见？有没有体会得到？这不就是治国的道理吗？放之四海而皆准。

王绍培：
好，最后一个问题。

听众： 各位老师好，我觉得孟子精神的核心就在于他的浩然之气，在于"士"的刚直，在于他的舍生取义，这种核心精神，但是我觉得人又有自己的利益，每个人核心的利益，你觉得他的这种"义"和自己的利益相冲突的时候，真的能否做到舍生取义，我们是否真的应该在社会上推行孟子精神？或者说我们只是把孟子精神当作一种风气，我们只是欣赏他赞美他，我们现在这个时代，咱们应该怎么样去看待孟子的精神？谢谢。

景海峰：《孟子》的第一篇"梁惠王篇"上来的第一个话题就是关于"义利之辨"，这实际上也是千古之辨，不管是哪个文化，这不光是中国文化的问题，实际上对整个人类社会的价值来讲都是一个长久的提问和挑战，在古代如此，在我们今天这个时代依然如此。义和利的问题，实际上就是生存的方式和状态之问。按照孟子的理解，他对一般的世俗生活或者老百姓的需求是充分肯定的，他不是一个禁欲主义者，跟那种用宗教方式来解决义利矛盾的途径是很不一样的，他是一个非常现实主义的态度。所以孟子一方面有高远的理想，但从他对社会的价值理解来讲，又是非常现实主义的一个态度。孟子对当时战国局面的理解，还有他的一些方法，都不是只空发一些议论，只讲一些大道理，他有很多具体的思考和想法，甚至是一些可以操作的良策。所以我们看孟子这个人，一方面他有很高的超拔的一面，但他又不是一个只说不做的人，他有很入世的一面，有着非常强烈的救世精神。所以在这种情况下，我们来体会他讲的义利问题，或者讲义利之辨，大概就是一方面要树立一个价值标准，跟一般世俗生活里对义利关系的处理是要有所区别的，不能顺随着人的欲望来重利轻义，要把义的价值充分讲出来，他认为这在当时是他的责任，所以《孟子》整本书里就在不断地弘扬"义"的价值。但另一方面，他对义利问题又有很清醒的理解，不是一味地只讲义，把利一概否定掉，他有很多分级，这种分级是从社会的不同角色和层面来讲的，哪些人是不能给他光讲义而去利的，而对哪些人为什么要特别讲义而不要去讲利，处理的方法是有一个层级的，有一个清醒的理解和处理的方法。所以我们今天来讲孟子的精神和价值，要想他讲的有没有道理，如果说我们都是顺随着人的欲望，这文明的状态或文明的发展如何可能？如果不是一种文化塑造，只顺随着人的欲望驱使，人类就是一种自然状态，这对任何一种文明来讲都不是一个正面的价值。之所以人类社会有进步发展，就总是在不断地调整这种东西，来扼制一些恶的势头，而把善的、正义的东西能够弘扬起来。所以孟子讲的"义"的理想，就有千古不变的价值，今天在西方功利主义伦理价值观的影响下，可能更多考虑到所谓个人价值的实现，而对很多公益的东西未必特别去弘扬，但孟子讲的"义"的思想，对中国文化来讲是一个非常重要的思想源泉。

韩望喜：其实，孟子见梁惠王，一开始就是说"王，何必曰利？亦有仁义而已矣"，在这里有一个误解，以为孟子就是不懂得利，只知道义，其实不是这样的，他对君王说你不要与人去争利，你要讲道义，你提倡道义，国王、君王、士大夫和庶民之间的关系就会处得很好、很正义。但是细细读孟子的话，就会发现，无恒产而有恒心者，没有财产、没有田产，人还讲道义的，惟士能为，就是士人才可以做到。但是一般的人无恒产则无恒心，所以他很贴切地知道当时的社会是一个什么样的状况，义和利之间是怎么样一个平衡的关系。而且他特别地强调要制民之产，就是让民众能够有休养生息的东西，能够有饭吃，老者能够衣帛食肉，黎民不饥不寒，然而不王者，未之有也，老者能够自己种桑树，能够养蚕做丝织衣服，能够自己养头猪，有一点点钱财，老者衣帛食肉，人民群众不饥不寒，不冻不饿，人民就会拥护你，所以他讲得还是非常痛切非常真切的，作为这些大家、作为这些圣人，一定要对当时的民情有一个很深的体会，所以他讲不忍人之心，"先王有不忍人之心，斯有不忍人之政矣"，先王有不忍人受苦的心，施行不忍人受苦的惠民的爱民的政略，对不对，就是老者要有地方住，要有医疗，居者有其屋，人民能受教育，这些问题都是在他的考虑之内，所以真正的圣人是很全面的，很均衡的，一方面，在价值观方面要树立得很好，同时对于民情有非常深刻的体会，这才可以称得上一个思考得很全面的圣贤，孟子就是这样的。谢谢。

王绍培：

我觉得这个同学提了一个很好的问题，因为今天基本上是一个大家都在逐利的时代，现在利益高于一切。所以越是在这个时代，越能凸显孟子的价值，孟子的意义，比如孟子见大人则藐之，大人没什么了不起的，别像一个奴才，看见了一个当官的，看见了一个权贵，看见了一个有钱的人，于是马上自己的骨头都软了，首先这是很丑陋的，且不说这样做是不是能得到利益。孟子说富贵不能淫，贫贱不能移，威武不能屈，这也是一种很有人格节操的一种美，而且这样一种人格节操，其实在现在这个社会，如果你有这样的人格的话，你不会是一个穷人，你不会成为一个走投无路的人，因为仅凭你这种人格的魅力，你就能够在这个时代凸显出来，因为你跟其他人不太一样。孟子还讲了很多，比如"天将降大任于斯人也"，孟子的很多精神有他的宗教性，尤其是在我们这样一个相对来说比较混浊的一个时代，浊水到处乱流的时代，他的精神取向里面的宗教性的层面反而是非常重要的一个资源，他可以成为我们在现在这个世界存活的一个重大的鼓舞，是我们精神上一个非常重要的资源，所以从这个意义上讲，不是一道仅仅拿来欣赏的风景，而是我们非常重要的资源意识，如果你把他学到了，拿到自己的手上来了，如果他内化成了你精神世界的一部分，你会在这个世界活得比较充实、比较饱满、比较有力量，至于说你是不是能够得到很多的利益，那个问题相对来说变成了一个比较次要的问题了。我们今天的南书房夜话第三期到此结束，谢谢各位。

南书房夜话第十四期：儒家的"大学"与"小学"

王兴国　黎业明　王绍培（兼主持）
(2015年6月27日　19:00—21:00)

王绍培：

各位现场的朋友晚上好，今天是我们南书房夜话第二季的第四场，我们第二季主要讲四书五经，今天讲《大学》，今天的题目是《儒家的"大学"与"小学"》。我是今天晚上的主持人王绍培，我们有两位嘉宾都是来自深圳大学的老师，今天这个题目相对来说可能显得有一点点不是太好懂，可能对有些人来讲，什么叫大学？什么叫小学？跟我们传统的理解不太一样，我先从现场的听众里面抽查一下，你们对这个题目是怎么理解的，有谁愿意举手回答。这位先生，你来回答一下。

听众：我的理解是大学，因为大学让人最能知道的一句话就是"大学之道，在明明德，在亲民，在止于至善"嘛，我觉得大学在这个里面可能像这句话说的一样，比较大的一个境界，可能是做人和修身的一个比较高的境界，而小学则是相对大学而言的，我是这样理解的。

王绍培：

还有谁愿意讲讲自己的理解？

听众：谢谢，我说两句，按字面的理解，因为儒家的大学实际上跟"大学之道"的这篇文章是有关的,"大"字意思应该是大人之学或成人之学,这是我对"大"字的理解。至于"小"的话,是跟大的对立的东西,小学就是小人之学,从时间看,说白了,就是群众之学,就是老百姓的学问。大学的话,是作为圣人、君子之学问,我从字面上是这样理解的。谢谢。

王绍培:

还有谁愿意回答一下?

听众: "大学"可能是安邦治国等这些大的道理,从统治者的角度管理国家,而"小学"可能是从教化人类的角度,老百姓应该怎么做,从这两个维度来理解儒家的思想。

王绍培:

好,我们先请王教授来破解一下今天晚上的题目。

王兴国: 很高兴,今天晚上与大家见面。今天,我们讲的题目是儒家的"大学"与"小学",我们要知道,为什么会有这样一个说法?关于这个说法,我认为主要有两个方面的根据:一个方面是我们从儒家教育的发展来看,确实有"大学"和"小学"之分。另外一个方面,我们从儒家释经的历史来看,简单地说,就是解释经典的历史传统来看,也有"大"、"小"学之辨。我们看朱熹的《四书集注》,他在《大学集注》的"序"里面,一开始就把这个事情交代得很明白。他说按照我们中国古代教育的传统,其实主要是儒家的传统来看,古代就有"小学"和"大学"的设置,这个所谓的"小学"是指人到了 8 岁,就要进学校接受教育,这就是读小学。这个小学教的内容和学的内容是什么呢?是"洒扫、应对、进退之节,礼乐、射御、书数之文",他把这些东西叫作小学,用今天的话来讲就是教你做人处世、应付日常生活的最基本的能力、态度和礼仪,这样的一些东西就是我们的"小学"。这个类似于我们今天从幼儿园开始到小学要教授的内容，虽然在内容上说我们今天的生活方式跟古代人是有一定的区别的，但是大同小异，这个是相通的。那么，他讲的这个大学是什么呢？大学是到了 15 岁，就要送到高级的学校，一般来讲，当时是国家的、官办的"大学"（称太学）里面去学习，这个时候接受教育的内容跟"小学"就有了一个非常大的区别。你到了大学，大学要干什么？大学要学习做学问，懂得学问之道。要懂得学问之道，就要去了解学问。从儒家来讲，至少是按照朱子的观点来看，大学问的节目和纲领就在《大学》这篇文章里面，所以你要了解中国的学问之道需要从《大学》入手。这个是从《大学》的具体内容来讲的，当然，我们认为不仅仅是限于《大学》这篇文章里面所讲的内容，它涉及整个人的修养、德行、才智和能力的培养与提升，这个就类似于大家刚才回答中所涉及的生命境界要求有一个上升，要求一个更大的提高，它是这样一个东西，就是说，你除了要学习敬德修业之外，还要学习齐家、安邦、治国的本领，就是《大学》里面所讲的"修齐治平"的道理，这个是最大的学问，所以称之为"大学"。这是一种说法。

还有一种说法就是，我们知道在古代有乡学和国学的区别，这个所谓的"乡学"就是小学，而乡学在古代主要的形式，从孔子开创平民学校以后，主要有私塾与乡间办的学堂之类，教的内容跟朱子讲的差不多，就是洒扫、应对、进退、礼乐、射御、书数等这些最基本的东西，一般的为人处世的道理，日常生活的一般能力，还有我们讲的要识字，由识字而知书达理。

我们知道，在中国古代专门有一门学问，就是清代人讲的"小学"，这个"小学"跟我们刚才讲的"小学"的意思不完全一样，这个"小学"用我们今天的话或用我们今天的术语来讲，我们可以把它叫作（中国）"文字学"。这门"小学"的发展在清代的乾嘉时期达到了顶峰，所以又叫作"乾嘉之学"。这个"小学"是干什么的呢？它就是研究古代文字的，它通过所谓的训诂学、音韵学以及金石学把一个文字的字义、读音以及它们之间的关系搞清楚，去了解古代的典籍，再加上对社会的文物典章制度的源流演变的考据，去了解古代社会历史的情况。当时做学问的人就以这样的方式去整理古代的文献典籍。当时有一种说法，就是强调做学问要追求辞章、义理与考据的结合，这都是奠定在所谓的"小学"的基础之上的。

我们要知道，中国古代为什么会有"小学"的说法呢，这是与识字有关的一个问题。因为我们入学首先就要识字，读书要从认字开始，小学就从认字开始。认字与刚才谈的"小学"是联系在一起的。在一定的意义上说，"小学"这门学问就是解决识字或认字问题的。而认字这门学问在今天看来是一门很大的学问，但是在古代是非常基本的，我们说，一个人要学文（文化知识），就要从认字开始。但是我要强调的是，今天的教育跟古代有一个很大的不同，特别是我们今天语文的教学跟古代有一个很大的区别。严格意义上讲，在我看来，今天的语文教学有一种退化。我们知道，今天从幼儿园开始，稍微晚一点的，从小学开始，教认字（汉字）是以教的汉语拼音来认字，并以查一般的"新华字典"或"学生字典"来把握所要认识的字，但这个里面丢掉了中国古代的一个非常好的优良传统，我们甚至可以说它把汉字的根本丢掉了。因为我们知道中国古代的汉字是专门有自己的一套构造方法的，这套造字方法，我们古代叫"六书"，通过"六书"就是六种造字的方式，我们通常讲的象形、形声（音）、会意、指事、转注、假借这六种方式，通过这些方式把汉字造出来。我们今天要去把握汉字的特点，你不能把这些基本的造字方式丢掉，这是汉字的根本精神所在、汉字造字的根本方法所在。如果把这个根本丢掉了，你就不了解中国汉字的根本精神，所以，我们今天的教育是有很大的偏差的，舍本逐末。我们讲汉语拼音是可以的，也有必要，但是六书造字的方法，学汉字是应该知道的。如果你连这个基本的东西一点不懂，譬如说汉字的偏旁部首都不知道，你如何去了解中国的文化，这是很大的问题。今天，不仅对我们的小学语文教育来说，这是个很大的问题，甚至到了大学，除了学中国文学或中国语文专业的学生可能会接触到"六书"的内容，一般都接触不到这些东西，这就有很大的问题。作为一个中国人，读到了大学或大学毕业了，竟然还不了解中国字，那怎么能谈中国的文化呢！这不是有很大的问题吗！（此外，受苏联的影响，在主张逐渐"消灭汉字"的思想影响下,以简体字代替过去约定俗成的繁体字或正体字,对我们当今了解中国文化还是有一定影响的。)

综合以上所讲的这几方面的内容来看,"小学"就有了不同的意义,至少有三种意义:一个是古代的一种学制,一种学校的设置;另外一个就是乡学;再一个就是专指中国特有的文字学。它有这三种含义,但是这三种含义都跟我们讲的"大学"有直接的密切的关系。

我们知道,当时跟乡学相应的或相对的就是所谓的"大学"(太学),一般称之为"国学",它也是大学的一种称呼,它所教授的内容,当然就比较丰富和复杂了,也包括我们今天要讲的"大学"这些内容在里面。"大学",简单说就是这样,就是学问之道,与前面所讲的"小学"的内容合起来就是我们今天所讲的"大学"和"小学"。

最后,我们要知道一点,我们今天讲的"大学"和"小学",这是古代的一种划分,这种划分到了今天,已经发生了历史性的、根本性的变化,但是回到《大学》这本书来讲,我们说今天还需不需要做这种"大学"和"小学"之辨,这个问题我觉得大家可以讨论。为什么呢?因为我们今天提倡读经,而且提倡从儿童开始读经,有的小学生,甚至幼儿园的儿童就在背《大学》了,所以儿童或小学生就在"读"《大学》了!如果按照我们古代的传统,《大学》这篇文章,幼儿和小学生是不能读的,但是在今天我们也"读"了,读而不懂,也不求懂,这个有问题吗?这是没有什么问题的。事实上,早在中国历史上,至少从宋以后,在私塾或乡学里面,对学童就有了教授吟咏和背诵"四书五经"的传统,这是学习"四书五经"的起点,也是作为学习古代一切经典的基础的传统和起点,这种传统一直延续到晚清和民国时代。今天,实际上,我们又回到了这个传统的起点上。在这个意义上来看,读《大学》这篇文章,没有所谓的"大学"和"小学"之分。但如果要进一步来讨论《大学》的思想和内容,那么这个里面又存在了"大学"和"小学"之分,《大学》仍然是小学不可逾越的边界与极限。就是说,学童或小学生虽然可以"读"《大学》,但是不能达到《大学》所讲的精神境界,也不能对小学生要求这样的境界!这其中的关系比较复杂,可以讨论。我们从这个意义上，就完全可以了解为什么会有"大学"和"小学"之分。好，我就先讲到这里。

王绍培：
黎老师关于这个题目，有什么补充的？

黎业明： 很高兴今天晚上参加我们的座谈，我是第一次来参加这个活动。关于"大学"和"小学"这个问题，我想刚才王教授已经做了相当详细的叙述。我认为，不管是大学也好，小学也好，如果是根据朱熹的系统，都来自于《礼记》，这是没有什么问题的。因为在朱熹编的《小学》里面，《曲礼》、《少仪》等都是朱熹的《小学》里面的基本内容，朱熹把这个方面的内容做了一个概括，即"洒扫、应对、进退、礼乐、射御、书数"这样一些问题，这些问题，用我们现在的一个话来讲，基本是有两个方面的观点，从8岁开始，我们要教导人们，一个方面就是道德修养的，不管怎么样都好，这个是一个人到这个社会里面最重要的一个方面；另外一个方面，就是谋生的手段，不管做什么工作，你来到这个社会里面，你要能够给你自己一个基本的生活保障。因为后面这个就是说，礼乐射御书数，如果用现在的观点来讲的话，是一个职业的选择，这样才能保障你以后生活里面没有问题。这个方面，我们现代社会里面，有时候可能会觉得有一点脱节，我们现在经常会听到，在这个社会中从幼儿园开始，我们基本上偏重的是知识方面的灌输或者某些特长的教育，从某种意义上讲，我们觉得这也是教育的一种，但是我们可能经常会听到社会里面说的一个问题，就是你教了这些知识后，并没有给这些人相应的技能，就是说，我们社会里面的一个现象，可能你考试考得很好，但是实际上的操作方面可能比较差，这就是我们经常说的"高分低能"，这就是动手能力的方面有问题。但是在传统里面，这应该是很重视的。而且，应该说，在现代，这也是一个蛮值得重视的问题。因为我们都知道，陶行知及其学生在晓庄等地办的学校里面，就特别重视具体操作的训练，这个方面是值得我们现在借鉴的。我想这个是"小学"部分的。当然"大学"也属于《礼记》里面的一个篇目。刚才王教授也提到了，朱熹接受了北宋的二程兄弟的说法，把这篇著作从《礼记》里面抽出来，然后和《论语》、《孟子》、《中庸》这些书合起来做了他的注解，编为"四书"。可以说，从北宋时候开始，《大学》才得到了相应的重视。"大学"的内容，按朱熹的说法，不是8岁开始学的，是15岁以后。而且，能够进入"大学"的人是有一个限制的，基本上就是像天子的嫡子、庶子，诸侯、大夫的这些人的儿子，才可以进入大学读书。对一般老百姓来讲，只有百姓里面特别优秀的人才可以进大学。为什么会有这个限制？是由于"大学"所设置的内容，按传统的说法不是一般人该去做的或者是考虑的，或者说也不是一般人有能力做到的。换句话讲，在这个社会里面，并不是所有的人都有做那种很高深的学问的能力。一般的境况是，人们基本上都要有一种能力，这是"小学"这个部分里面的内容，这是所有人要做的，不管是一般的老百姓还是天子，一般的待人接物和道德修养，一般的知识和技能，都是需要的。但按朱熹的说法，到后面的"大学"阶段，只有天子的嫡子、庶子，诸侯、大夫的这些人的儿子，以及一般百姓里面特别突出的孩子才有资格入读，这就是"小学"与"大学"的一个区别。

王绍培：

我讲讲我对"大学"、"小学"的理解，从我们现代的读者，从我们普通人的角度来讲的话，我们可能对比如"小学"涉及文字学的部分可以相对忽略它，我们可以从比较常识性的层面来理解它。所谓"大学"就是比较重要的学问，就是根本性的学问，就是总体性的学问，就是大学；所谓小学可能就是一些可能比较专业的、技能的、具体的知识，就是小学。相当于什么呢，就是大学相当于哲学，小学可以相当于各个具体门类的学问和一些知识。大学之所以为大学，就是因为它很重要，它非常重要，它总体性的、宏观的、根本的，是一个整体性的把握。从我们现代人的角度来讲，尤其我们现在很多人，我们可能都上了大学，读了大学，拿到了本科硕士，乃至博士文凭。按照我的观察和感受，觉得严重地缺乏"大学"的这一部分，严重地缺乏哲学这部分，所以我所在的后院读书会有一个叫作"哲学席明纳"的学习班，专门学哲学，为什么要学哲学？第一因为很多人没有哲学头脑，不知道哲学是什么东西。从小学到大学或多或少地接触到部分哲学，但那时候学的哲学不能够让大家非常清楚、非常真切地了解什么叫哲学。很多人学了哲学的一些概念，很多人其实是把哲学当成了具体门类的知识来对待，所以当咱们考完试，拿到了文凭，哲学是什么不知道，没有一个哲学的方法论，没有哲学的素养，现代人特别需要补哲学这一课。"大学"在某种意义上来讲就是古代的哲学，就是古时候的哲学，当然跟现代说的哲学不尽一致，有相同的地方，相互重合的地方，有些地方不太一样，所以接下来就回到我们"大学"的文本，来讲一讲什么是"大学"之大？"大学"里面重要的东西是什么？请王教授来讲讲。

王兴国：关于《大学》这篇文章，刚才黎业明教授已经谈到了。《大学》这篇文章来源于《礼记》，是宋儒从《礼记》中把《大学》和《中庸》独立出来，而《中庸》也是《礼记》中的一篇，把这两篇文章从《礼记》里面独立出来，跟《论语》和《孟子》合在一起成为《四书》，这个工作是完成于朱熹之手。儒学发展到宋代（南宋）的朱熹，达到了一个高峰，朱熹继承二程（大程子程颢和小程子程颐）主要是小程子，特别重视《大学》和《中庸》，把《大学》和《中庸》这两篇文章从《礼记》里面独立出来，并且与《论语》和《孟子》合在一起编成为《四书》，这就是"四书"的来源。就像刚才绍培老师谈到的，说《大学》的内容，实际上就是我们古代的哲学，这个说法当然是对的，我们说得更确切一点，可以说它是儒家的哲学，或者可以说，是儒学哲学的大纲。为什么这样讲呢？《庄子·天下篇》对儒学有一种说法，或者说延续了《庄子·天下篇》的一种说法，就是把儒学称之为"内圣外王"之学，或者又叫"内圣外王"之道。所以说《大学》是儒学的一个总纲，意思就是说，它是儒家"内圣外王"的一个纲领或者说一个总纲，都可以。

《大学》的内容是非常丰富的，讲到了儒家的内圣方面，又讲到了儒家的外王方面，所以说它是一个纲领，讲得非常扼要，非常简括，所以要说儒家，至少从朱熹开始，但严格意义上来讲，是从二程开始，就把《大学》看成是儒家学问的纲要和学问的节目次序所在。要了解儒学，至少在今天来讲，这点还是可以承认的，就是以《大学》为入手处是比较方便的，这个也是朱熹一辈子做学问、读儒家经书的一个重要的心得，所以他提倡把《大学》作为学习儒学一个基本的入手之处。

关于《大学》，从儒家的历史来讲，通常讲《大学》主要有两条线，或者说，也代表两种方法，一种是放到传统的经学意义上去讲，走的路子主要是我刚才讲的从文字训诂以求义理的这一线去讲，这在汉代的学者即两汉的学者那里达到了高峰，以经学家为代表；特别是到了宋以后，出现了另外一条线，这条线比较重要。今天我们把它理解为是哲学的一条线，这条线可以称为义理之线，它主要是探讨大学的义理或者说大学的哲学思想。但是，就这条线来讲，其中有一个很大的分水岭，因为涉及对《大学》"三纲八目"的具体问题的一些看法，这个里面又产生了两种不同的理解和观点，因而又分别形成两条线索：其中的一条线索是以南宋朱熹的观点为代表，另外一条线是以明代儒学大家王阳明（王守仁）的观点为代表。他们二人对《大学》的理解，总体上来讲，都是儒家的理解，但是在对《大学》具体问题和细节的理解上，有很大的不同，这种不同导致了在整个儒学史上或者在儒学内部产生了极大的分化，甚至从某种意义上讲，造成了儒学内部的对立。所以，这个区别，应该说，也是很大的。但是，不管怎么讲，这两条线都是存在于儒学发展内部的线索。

在我看来，这两条线所代表的观点，也就是朱、王的观点，两者之间是可以调和的，甚至是可以超越的，那么就有第三条线的问题。这个是我先要提出的理解《大学》的一个总的线索和思路。

具体来讲，我们根据朱熹的一个看法，就是《大学》有两部分内容，一部分内容是所谓的"经"，另一部分是所谓的"传"，《大学》开头这部分讲"三纲八目"，这一部分，朱熹是把它看成是

"经"的，至于以后的部分则是看成是"传"的。朱子的这个看法，也是他从二程处继承和延续下来的。这是关于《大学》内容的区分。所谓的"三纲"，就是《大学》开篇就讲的"大学之道，在明明德，在亲民，在止于至善"；所谓的"八目"，就是"格物，致知，正心，诚意，修身，齐家，治国，平天下"，简称"格、致、正、诚、修、齐、治、平"。这"三纲"与"八目"，就是《大学》的整个纲领节目，也是它的核心所在。要了解《大学》的内容，主要是要抓住"三纲八目"来理解。

但是，我们说其中非常重要的，并且历来有争议的两个问题：一个是关于"亲民"怎么理解。朱熹是把《大学》古本中的"亲民"改成了"新民"，王阳明是不同意的，他认为"亲民"还是"亲民"，因为古本《大学》讲的就是"亲民"，而不是"新民"。但是，我认为朱熹之改有他的道理，而不是毫无根据的。这是关于朱、王在"亲民"问题上的一大分别。

另外一个很大的分别，也是最重要的分别，就是朱、王二人对"致知格物"理解与解释的不同。对于这个"致知格物"，朱子有一种解释，王阳明有一种解释，结果造成对《大学》的理解完全不一样。这种不一样，在今天来看，仍然具有非常重要的意义。朱子讲的"格物致知"就是即物穷理，是就事物本身而追求事物的定理，从而达到对事物之理（即事物的规律）的了解与把握；但是王阳明是不同意这个讲法的，王阳明讲的"致知"是什么呢？他是从人的"内省"这方面来讲，他讲的"致知"，我们知道，如果大家了解王阳明的话，他最重要的、最有代表性的说法就是"致良知之教"，也就是"致良知"这一说，他认为"良知"是学问的大头脑，圣人教人的第一义，他理解《大学》的"致知格物"也是从这个意义上讲的，所以他讲的"致知格物"不是走向外求事物之理的线路，而是向内的线路，强调的是"致吾心之良知良能于事事物物"，这里说的"吾心之良知良能"是"心之本体"，也就是"本体之知"，他是从这个意义上来讲的。无疑，对王阳明来说，"格物"之旨在于"致良知"，这也是要落到具体的事物上说的。离开了具体的事事物物也不可能"致良知"，所以王阳明说："随时就事出致其良知，便是格物。"那么，他对"致知"的理解、对"物"或"事物"的理解，与朱熹就有了很大的区别，这个区别是非常大的。

对王阳明来说，必须以"心之本体"之知的"致知"为前提，也就是"致吾心之良知良能"的"致知"为前提，才可能去把握外物之理，在这一前提下来说，根本就没有外于或超越于"心之本体"的物或事物，那么当然就是"心外无物"了，既然无心外之物，那么自然就不会有"心外之理"了，所以王阳明坚持和强调"心外无物"、"心外无理"和"心与理一"（心与理的统一）。在这一意义上说，如果"格物致知"是求索物理，那么就只能向"心"里去求，也就是向"心之本体"上去求，因为在这个意义上，王阳明认为"心即理"，而所谓"心即理"的"理"首先就是"天理"，"天理"与"心之本体"（或"良知良能"）本无二致，"天理"至高无上，是一切事事物物之理的"理"，也就是一切物或事物之理的根本原则嘛，所以得到了"心"也就得到了"天理"，从而也就得到了物之"理"，一句话，可以说是得"心"即得"理"，那么当然就不是向外在的物或事物上去求理了；否则，如果直接就扑到外物上，天下之物无穷无尽，那怎么可能得到万事万物之理呢！到头来，不仅穷理不尽，而且还把"心"与"理"分裂开来，成为两截，所谓"心理为二"。没有了"心"，哪里还有什么"理"可说的呢！再说，即物而穷其理，过强的物欲不仅不利于穷尽物理，而且会成为达到"心之本体"之知的障碍。在这个意义上看，朱子所主张的"格物"对阳明来说，恰恰是负面意义或消极意义的。那么，要把它变成正面的积极的意义，就必须先"去物"了。这其中也自然包含有去除"物欲"的意思。而这就是"正心"、"诚意"的工夫（或功夫）了。

显然，在朱、王对于"格物致知"的理解分歧中，也涉及对字义理解上的不同。对于"格物"的"格"，汉代经学家训为"来"，例如郑玄就说："格，来也；物，犹事也。其知于善深，则来善物。"唐代的孔颖达也释"格"为"来"，他说："致知在格物者，言若能学习，招致所知。格，来也。已有所知则能在于来物；若知善深则来善物，知恶深则来恶物。"这可谓与郑玄一脉相承。但是，到了宋代,这一解释就被摒弃了。例如,司马光对于郑玄的这一解释就很不以为然,他指出"郑氏以格为来,或者犹未尽古人之意乎",并提出了不同的看法,他说:"格,犹扞也、御也。能扞御外物,然后能知至道矣。"司马光训"格"为"扞御",有抵制、消解"物"的意思,与"来善物"似乎正相反,与"来恶物"也有根本的不同("来恶物"为厌弃物之意,虽然也有与物分离的意思,但是与积极的抵制物、抗拒物、消解物之间仍有很大的距离与区别),这实际上就把"知"与"物"对立起来与隔离开来,并要在"知至道"的过程中消解"物",这在某种意义上,可以说是对"物"的回避,其实是对"物"的一种恐惧和逃避。因此,司马光所讲的"知至道"并不是在知识论的含义上讲的,而主要是偏重在伦理以及由伦理所主宰的政治人事的意义上讲的。这虽然有新意,可备一说,但是是否能"尽古人之意",同样也有疑问,所以这一解释也不流行。在当时比较流行的是二程兄弟(程颢和程颐)的解释,那就是释"格物"的"格"为"至"。程颢说:"格,至也。穷理而至于物,则物理尽。"弟弟程颐承续了兄长之说,也说:"格,至也,谓穷至物理也";"格犹穷也,物犹理也,犹曰穷其理而已也。穷其理然后足以致之,不穷则不能致也。"朱熹深受程颐的影响,自然也就接受了程颐的这一解释,就是训"格物"的"格"为"至",朱子也不例外,朱熹强调指出:"格,至也。物,犹事也。穷推至事物之理,欲其极处无不到也。"他还有一段非常著名和有代表性的话,说:"所谓致知在格物者,言欲致吾之知,在即物而穷其理也。盖人心之灵,莫不有知,而天下之物,莫不有理。惟于理有未穷,故其知有未尽也。是以《大学》始教,必使学者即凡天下之物,莫不因其已知之理而益穷之,以求至乎其极。至于用力之久,一旦豁然贯通,则众物之表里精粗无不到,吾心之全体大用无不明矣。此谓物格,此谓知之至也。"因此朱熹解释"格物致知"为即物穷理,则必然是要穷至事物之理之究极而尽了。那么,这样一来,"格物致知"的功夫就全都用在一个"穷"字上,而用功的目的就落在一个"理"字上了。在王阳明看来,这样理解《大学》的"格物致知"不仅不合圣人之意,而且开启了后世理解这一问题的弊端。王阳明强调指出，《大学》的"格物"之"格"训为"至"是不足的，具有一偏之弊。相对于训"格"为"至"，王阳明则训为"正"，这与"正心"是相通的。王阳明说："物者，事也，凡意之所发必有其事，意所在之事谓之物。格者，正也，正其不正以归于正之谓也。正其不正者，去恶之谓也。归于正者，为善之谓也。夫是之谓格。"王阳明释"格物"的"格"为"正"，是受到孟子的影响和启发，并以孟子对"格"的解释为根据的。他指出："'格物'如孟子'大人格君心'之'格'。是去其心之不正，以全其本体之正。但意念所在，即要去其不正，以全其正。即无时无处不是存天理。即是穷理。"在王阳明看来，"格物如格君之格，是正其不正以归于正"。孟子说的"大人格君心"，当然也属于《大学》关于"格物致知"的范围，因此王阳明据此而将"格物"之"格"解释为"正"，这一解释不仅令人耳目一新，而且也确实是有道理的。但是，这是否无偏，也是值得讨论的。王阳明依据他对"格物"之"格"的这一理解，对《大学》的"格物致知"做出了与朱熹迥然有别的解释。

王阳明认为，"穷理尽性"之说源自《易传·系辞》，《大学》"格物"之说的大旨虽然与它有相同的一面，但二者之间也有区别。讲到"穷理"，就兼有"格、致、诚、正"等义，一个"至"字怎生了得！所以，王阳明说，只要说"穷理"，那么"格、致、诚、正"之功就都在其中了，只要讲"格物"，那么就必定要兼具致知、诚意与正心的功夫了，唯有如此，《大学》"格物致知"的功能才能完备而精密。这样一来，王阳明就从向外即物求理的道路走向了"反身"向内的"致良知"的道路，与朱子分道而行了。这就是围绕着《大学》"格物致知"问题的不同理解与解释而展现出来的泾渭分明的两条线索。

从以上的简要叙述可知，因为对于《大学》中的"亲民"和"格物致知"存在这样两种截然不同的理解与解释，就导致了对整个《大学》的"三纲八目"都有非常大的、不同的理解与解释，尤其是朱熹和王阳明对于"三纲领"中的"在止于至善"的解释的分歧，则进一步构成了二人在哲学思想上的一大分水岭，这就是：朱熹以他所持着的"事理当然之极"来解释"至善"，而阳明的解释则坚持"至善是心之本体",由此必然导致他们二人在理解、把握与解释"在明明德"这一纲领的进路与方式上的重大差异。有必要指出,王阳明针对朱熹的论难,虽然是围绕着《大学》这篇文献的新本与古本来展开的,但是王阳明与朱熹在《大学》上的重大分歧并不是新本古本的文献上的分歧,而是思想上、义理上、哲学上的根本分歧。这就是我们说的在儒学内部理解与解释《大学》的两条线索,也就是义理、思想或哲学主线上的两条分线。

我们说,不管是我们把"亲民"这个"亲"字理解为"亲",还是理解为"新",都可以讲得通。我们知道,从古代政治来讲,我们说的"亲民"是指所谓的大人之道,也是治国之道的一个重要的内容,作为我们今天所讲的"统治者"也好,"大人"也好,必须要能够亲民,这个"亲"是亲爱、亲善的意思,也就是对老百姓施以仁爱,予民以富,予民以教,与民同乐的意思,这个"亲"是指上对下、"官"对"民"、"政府"对"人民"的"亲",也就是纵向的爱。但是,我们讲这个"亲民"还有一个意思,就是指"民"与"民"(也包括"官"与"官")之间互相的亲爱的、友爱的、友善的关系,这种"爱"的关系也可以理解为"亲民"的一个重要方面或内容,这是横向的爱。这两种"亲民"之爱应该是同时共存的,只是它们分别处于纵横的不同方向上。一个是纵向的爱,就是上对下的爱。我们常常听说,你是父母官,你就要爱老百姓,为老百姓做主(担负起责任),而不是强奸民意和搜刮民财,就是说,我们把民和官的关系比喻为父母和子女的关系,这种关系就是讲本来就具有的"亲",意思是要有亲情,像对待亲人一样的亲民爱民,这个是我们比较传统的理解。总的来讲,有一点到现在还是不变的,就是你为官,你坐在那个权力的位置上,你就要爱民,为官必须要爱民,这是放之四海而皆准的道理,这个就是"亲民"的重要特征。再就是说,你作为一国之民,一个社会或者一个国家的国民也好,公民也好,人和人之间的关系怎么处理呢?任何一个社会都存在这样的问题,都有这个内容需要处理。那么,当然是要有和谐互爱的。社会和谐是建立在人与人之间的互相关爱和帮助的基础上的。这是社会和谐平安的前提。我们今天就大力提倡和谐社会与社会的和谐。

所以,"亲民"还包含着"民"与"民"之间的相亲相爱,也就是老百姓之间的互相关爱与帮助的意思。当然,我们说这个"亲民"的"亲",可以与《论语》挂钩,两者可以联系起来理解,也可以以《论语》为本,它体现的是《论语》的"仁"的精神,也就是孔子的仁道:一个是纵向上的上对下的仁爱,一个是横向上的人与人之间的仁爱。说到底,无论纵向上的爱,或者横向上的爱,最终都要还原为人的本色,体现为人与人之间的相互关爱,这就是孔子所说的"仁"的精神。"亲民"不过是在这一前提上所体现出来的某种具体的政治向度上的仁爱而已。从这些意义上看,我们讲"亲民"是完全可以讲的。所以,王阳明就遵循了这个讲法,坚持要讲亲民,他不同意朱熹的讲法,强调不能是"新民",而只能是"亲民"。

那么,朱熹把"亲民"理解并修改为"新民"就一定不对吗?他注重和讲求一个"新"字,当然有他自己的道理,并且这个道理应该也是《大学》里面所含有的,而不是他自己乱讲的。为什么呢?因为学习《大学》的一个重要目的是要明德修业从而敬德广业,并且要能够"止于至善",就是要把自己最内在和本根的优良德性通过"明德修业从而敬德广业"的过程历练最大地恰到好处地发挥出来,能够达到最好的、最理想的人生境界(所谓"至善"境界)。那么,在这样的情况或背景下,是不是人需要不断地自我更新而趣(借用佛教用语)善呢?是不是要不断地提高、不断地净化自己,不断地提升自己的生命的觉悟和境界而归于"至善"呢?这当然是毫无疑问的。因为这样一来,我们人的生命的意义就放大了,生命的价值就提高了,自然的生命变成了德性的生命,充实而有光辉,并且从善与向上而趣(借用佛教用语),美大神圣,没有止境。所以,在这个意义上看,是不是人每天都应该有一个新的变化呀!所以朱熹说要"作新民"。他根据汤的《盘铭》上的一句话"苟日新、日日新、又日新"来发挥"作新民"的思想,就是讲人的自新是跟自然天地万物变化的道理相同的,大自然是天天都在变化的,人应该像自然一样,在自己的德行修养上应该每天都有新的变化、新的进步。我们知道,宋代人讲人的变化,所谓变化气质,一个是讲"气质之性"的变化,一个是讲"天地之性"的变化。我们作为天地万物之灵的人除了有"气质之性"以外，还有我们讲的"天地之性"，这是人性的根本，因而也就是人之为人的根本。我们做人要有道德，就要讲究一个德性心，由这个德性心把自然本性和世俗的习气化除掉，人不能只停留在自然本性上面，否则，就与禽兽无别，也不能停留在市侩的习气上面，否则，就必然自甘堕落，这就是所谓的变化"气质之性"，把"气质之性"进化提升为"天地之性"，也就是说，你除了有那点"气质之性"的东西以外，你其实还有更高级更优良更纯粹更本根的"天地之性"，你还要讲更高级更优良更本根的"天地之性"，更文明更先进更纯粹更光辉的"天地之性"，这就要把自己的生命提升到德性心的"开出"上面。古人讲人的气质变化，我们今天也讲人的气质变化，所以这个问题是古今相同相通的，这就是我们今天讲的所谓"要变化气质"的问题。你的这个气质怎么变化呢？朱熹启示我们要像大自然一样不断地变化自己、更新自己，加强自己的道德修养，完善自己的道德情操，升华自己的生命境界，这就是朱熹讲的要"作新民"的意义所在了。当然"作新民"，除了自己的努力这一方面以外，你还要照顾到整个社会的那一面，你还要与社会协调，因为人的道德不是孤立存在的。人虽然是以个体的形式为单位而存在的，但是他也不能脱离社会，脱离社会而存在的个人，按亚里士多德的看法，不是神仙就是野兽，是没办法作为人而存在的。所以，亚里士多德把人看成是"天生的政治动物"。人作为"天生的政治动物"是离不开社会人群的。有社会人群就有"政治"，人与生俱来就生存于这样的"政治环境"与"政治关系"之中，甚至死了也是如此，没有谁可以例外的。这就表明，你要跟整个社会，用我们今天的一般普通的话来讲，就是要跟整个世界文明社会相联系，并随着整个世界文明社会的进步而进步。这样讲，当然是非常有现实意义的。为什么呢？因为从这方面看，我们讲现在中国最大的问题就是没有公德意识，或者说公德意识欠缺。公德意识欠缺是我们今天经常谈到的话题，那么你如何把自己的德行融入到世界文明的大流里面去呢？从这个意义上讲，朱熹所提倡的要"作新民"，是讲得非常好的，很容易跟现代世界的文明相融合，那有什么不好呢！所以，讲来讲去，我强调一点，就《大学》的"亲民"或"新民"这个意义上来讲，应该是把朱熹的理解和王阳明的看法调和起来，一方面既要"亲民"，又要"作新民"，这两个意义应该同时并存；在今天来讲，这两个意义也是可以整合的。我们既可以自觉地要求"作新民"，但是我们也要求要能够"亲民"，而且是必需的，是现代社会所要求实现的"亲民"。这两个方面都是可以做到和统一起来的。

关于"格物致知"的问题，我待会儿再讲一些补充意见。下面请黎业明教授讲。

黎业明：关于《大学》这部分，兴国教授把它的基本的内容都已经提到了，这就是"三纲领"和"八条目"。但是，对于《大学》文本的理解，历来是有争议的。在宋代以后，对《大学》理解分成了两个重要的派别：一个是朱子派别。朱子对《大学》的理解，一个方面，就是他关于文本里面的词、字这个方面的说法，与《礼记》本不同，如他认为"亲民"的"亲"应该做"新"等，这个版本就不一样，这是一个方面。另一方面，朱熹对《大学》这篇文章还有一个很重要的看法，他认为《大学》里面有错简、有缺漏，所以他根据自己的理解，对于《大学》这个文本进行了修改、增补。这个修改、增补，如果我们拿《礼记》的文本和朱熹的文本做比较的话，这个改动还是挺大的。为什么说挺大的？朱熹在理解《大学》文本的时候，把《大学》里面的第一段看成是"经"，是孔子的说法；后面的十章是传，是曾子的说法，是曾子的弟子给他记录下来的。他认为传的部分，是曾子的说法，应该是对"经"这个部分的一个解释。所以我们看朱熹的版本里面，传的部分，前面有几节先是解释什么是明明德，什么是亲民（或者说新民），什么是止于至善，什么是本末，他是按这个顺序罗列的；后面对八条目的解释，他又认为先是格物致知，然后正心诚意，跟着就是修身齐家治国平天下，都好像是有一个条理的。所以他把原文做了一些改动。但改动的最重要的一个部分是什么？如果我们拿《礼记》的版本看，可以看到他最重要的一个改动，就是把《礼记》这个文本里面关于"诚意"这一章很长的文字把它拆开来了，拆成解释"三纲领"的、"本末"

的内容，这是说版本方面就是不一样的。另外一个派别是王阳明。王阳明不同意朱熹的说法，他认为，《礼记》的版本没有必要去改动，为什么没有必要去改动？当然他有他的理由。我想在座的如果读过王阳明的《传习录》，在写给罗钦顺的书信里面，他提出了一些说法：你怎么知道《大学》一定有缺、有错，需要补、需要改？这等于是说，他认为朱熹的改动、增补没理由。为什么王阳明会提出这么一个问题？我想，跟朱熹、王阳明他们两个人的思想不同，实际上有很重要的关系。因为在对待《大学》的文本方面，王阳明和朱熹，可以说很多地方都不一样。刚才兴国教授已经提到了，关于"新民"和"亲民"，到底是"亲民"还是"新民"，朱和王是不一样的。另一方面，对于《大学》里面"格物致知"的概念的解释，朱熹和王阳明两个人的解释也不一样；不单解释不一样，他们对"格物致知"的概念在《大学》里面的地位这方面的看法也不一样。在某种意义上，大概我们可以这样说，在王阳明那里，对"格物致知"这个概念的理解是比较偏向于道德层面的；而我们看朱熹的格物致知"补传"，朱熹认为，《大学》里面按理应该是有"格物致知"这个概念的传的，但是实际上没有，所以他做了一个补传。从朱熹格物致知"补传"看，他是比较偏向于知识这个层面的。这就是说，朱熹与王阳明对待这个概念的态度不一样，当然他们两个人在理解文本的方面，所重视、所强调的东西也是不一样的。此外，对于"诚意"这个概念，从王阳明对"格物致知"这个概念的解释、对"诚意"这个概念的强调看，似乎他一直是想突出《大学》里面"诚意"的概念。因为他讲"格物致知"这个问题的时候，把格物的"物"解释为"事"，把"事"和"心"这个因素联系起来的。既然格物是跟心这个问题联系起来的，他对"格物"这个概念就作了一个新解，他认为"格"这个字的意思是"正"，而不是像朱熹说的"至"，所以他说"格物"就是"正心"，就是正念头，他这样讲的时候，"正心"跟"格物"就变成了一回事。而且从他的整个观点看，实际上是要将格物致知跟他强调的"诚意"的概念联系起来。由于朱熹与王阳明两个人对《大学》的看法的侧重点不一样，两个人的观点不一样，所以对待这文本的态度也不一样。在王阳明看来，《大学》的文本没有必要去修改、增补，它原来就是完整的，没有任何的缺和误。从文献学的角度来讲，我比较偏向于王阳明这个说法，而不是很欣赏朱熹的做法。因为朱熹的做法，如果从文献学的角度看，他是犯了一个错误的，这就是主观武断。如果你认为文本有问题，你就可以做一些改动，这显然是不合适的。随意改动文本，增字解经，减字说典，这在古典研究里面是很忌讳的做法。如果从文献的意义来讲，我比较偏向于王阳明。我先讲到这里。

王绍培：

我刚才说了，"大学"是大人之学，是重要的学问，是纲领性的学问，是根本性的学问。首先我们要说，什么叫大？什么叫大人之学？有在农村生活经验的人就知道，种的什么瓜果都有一个现象，比如有些南瓜长出来后，它最后能够长成一个非常饱满的、圆熟的南瓜，且它结的那个子还可以种下来，长出新的南瓜苗，结出新的南瓜来。这样的南瓜就是一个完全发育成熟的一个南瓜，它把一个南瓜的内在的本性和内在规定性全部实现出来，这就是一个成熟的南瓜。还有一些南瓜长不了，它长到一定的时候就无法再长了，而且它结的子是没有用的，这样的南瓜不是一个完全成熟的南瓜。人也是一样的。我们讲一个人有大人，也就有小人，什么叫小人呢？我们现在一般讲小人主要指他的道德品性上有瑕疵，有不成熟的地方，有不够合乎社会道德规范的地方，我们讲这个人是个小人。其实小人还有一个意思就是身体上发育得不完整、不完全，还有一个他就是作为一个人的人格的内在规定性没有把它完全地实现出来，这个也是小人。反过来什么叫大人，大人就是说一个人应该成为一个人的所有的内容，他全部把它实现了，这就是一个大人，这样的大人是成为一个什么样的大人？按儒家的说法就是"明明德，是亲民的，是止于至善"，这样就是一个全面实现了自己的人的内在规定性的一个人，这个人就叫大人。过去的说法就是这叫内圣。什么叫作"内圣"？就是个体内在的人格和自我这部分发育成了，接近了，或者达到了一个圣人的标准，是作为一个人的最高的目标、最高的标准，我实现了，这就是一个圣人。《大学》讲的是什么呢？就是讲一个人怎么把你的全部规定性都给你发挥出来，都实现了，它是讲这个，讲这个路径。南怀瑾有一本书叫《大学微言》，就是讲这个。他不用内圣外王，内圣外王就是你作为一个人你要是一个圣人，他把它改成了叫"内明外用"，他说大学是一个内明外用之学，什么叫"内明"呢？就是我明白我作为一个人的全部的内在规定性，我明白我自己，我明白我应该成为一个什么样的人，我可能成为一个什么样的人，我可以成为一个什么样的人，最后我成了一个什么样的人，这是讲一个人的"内明"，也是杜维明先生讲的所谓的内在超越。"外用"是什么呢？"外用"就是我已经成了那么完整的一个大人，我的人品、我的人格，我发育得这么完整，这么圆熟，这么饱满，我走向了社会，我作用于这个社会，我怎么用，我应该怎么用，这"外用"，所以他就说《大学》这个角度就是"内明外用"之学。一般讲《大学》就是讲"三纲八目"，"明明德，亲民，止于至善，格物致知，正心诚意，修身齐家治国平天下"，但是南怀瑾讲的是他多出来的一些内容，他把他叫作"四纲、七证、八目"，什么叫作"四纲"？就是除了"明明德、亲民、止于至善"之外，他还加了一纲叫"大学之道"，他认为大学之道本身就应该成为一个纲，就是一个纲领性的东西，多出来的这一部分。然后还是"七证"，"七证"是什么呢？就是"知、止、定、静、安、虑、得"，这是一个"内明"的、一个修身养性的功夫，就是我们怎么成为一个"内明"之人，我们怎么成为一个"内圣"之人，这个不是说我仅仅读了书我就做到了，要通过一整套的修养的功夫，就是要通过知道这个道理，知道一个人成为一个圣人的全部的程序是什么，然后练习。"止"的意思就是，知道一个人的局限性，我的内在的规定性是什么，"止"还有一个意思就是我能够控制我自己，我可以把我的念头、把我的很多很多的杂念定下来，这叫"止"。"定"也是这个意思，我止了以后我还能够停留在我的"止"的境界中，这就"定"了，我就定在这个境界中。然后定了这个里面，一片沉寂，身心非常安定，这个时候如果我再睁开眼睛，我再开动我的脑筋，我想一个什么问题的话，我想得非常清楚，非常明白，什么事情，什么规律，我只要一想，我只要一瞥，我一瞥之下，一切都是了了分明的，所以"知、止、定、静、安、虑、得"这是"七证"，这一部分是很重要的一部分，很厉害的一部分，也是我们现代人需要特别重视的部分，为什么呢？现在我们现代人普遍的基本上都是知识分子，我们有很多很多的知识，我们知道很多很多的东西，但是我们有很多很多的能力是不具备的。比如说我们的大脑每天可以接触很多东西，处理很多东西，分析很多东西，但是我们要让我们的念头停下来几乎没有一个人能做到，就是我要让我的大脑停下来不想问题，做不到。我们连睡着了都不能停下来，我们睡着了都会做梦，还会有很多很多的杂念，我们没有真正的休息，为什么？我们做不到，因为我们没有这个能力，而这一部分是非常重要的。梁漱溟说在他《这个世界会好吗》这本书里面写到他过去碰到了一个当兵的人，他说当兵的人就是慧根非常深厚的人，为什么呢？这个人最大的特点就是想睡就能睡着，想醒就醒得来，不论什么时候，不论什么情况下，只要说我现在要睡了，立即就睡着了，只要说我要醒过来，立即就醒来，这就是一个人的一个功夫、一个能力，我们认为这个东西很简单吗？非常不简单，为什么？因为基本上没有人做得到，通常的情况是想睡睡不着，想醒醒不来，所以这种功夫是通过修养来的。前几天看了一本书叫《僧侣与哲学家》，是法国的一个哲学家跟他儿子的对话，他儿子到印度出家做了喇嘛，他就问你们这个喇嘛是干什么的，儿子说喇嘛就是要让自己的念头停下来，这个是很基础的、很重要的一个修养的功夫，这是西藏的和尚、尼泊尔的和尚、不丹的和尚的一个基本功，如果你能做到，你是一个好和尚，你是一个有功夫的和尚；如果你做不到，那你就是一个夸夸其谈的和尚，只能讲一些道理，讲一些佛法，你自己都没有功夫。《大学》里面讲的"七证"也是这样，你不光是要做到，你还要通过"知、止、定、静、安、虑、得"七证的步骤一步一步做到，我想思考就能思考，我想停下就能停下，我的头脑是非常清楚的，是了了分明的，这个很重要。有了这个之后，才能够展开我的"八目"，我才能够做什么事情都非常清楚，这是中国文化"大学之道"里面非常重要的部分，这一部分是中国文化的软实力，是中国文化的核心部分，是中国文化在全世界具有竞争力的部分，但是已经被我们现代人基本上都淡忘了，所以我们今天要学《大学》，我们温习《大学》，温习什么？就是温习古代的人不仅是在学一个知识，而且他们会修炼一套功夫，还有你看《大学》讲的是什么，讲的是程序，讲的是方法，讲的是步骤，它讲"大学之道，在明明德，在亲民，在止于至善"，然后知、止、定、静、安、虑、得，然后是"格物致知、正心诚意，修身齐家治国平天下"，讲的就是这套步骤、这套程序。为什么我们说我们学哲学没有学好呢？因为学的哲学都是一些结论、一些观点，而不是方法论，这就是为什么我们后来的德育教育，我们的伦理学教育没有古代高明的一个原因。古代的大学之道讲的就是最根本的东西，讲的就是一套普遍性的方法论。再回到"三纲"，"大学之道，在明明德，在亲民，在止于至善"，什么叫"明明德"？是讲一个人的内明之道，讲一个人的内圣之道，什么叫"亲民"？讲的是这个人的社会关系，讲的是这个人在一个社会当中的作用，你的一个原则。什么叫"止于至善"？讲的是道德的形而上学，讲的一个人的宗教的倾向，你看把这三点联系起来一看就是"大学之道"，它很完备的，它是一个体系。首先，我要"穷则独善"，这是叫"明明德"，"达则兼济"，这叫"亲民"，然后把这两者结合起来，做到尽善尽美，尽可能地好，这就叫作"止于至善"，所以说，它这整套的体系，几句话，但是它有一个非常完备的体系，它讲得非常好，而且我们听起来觉得很有道理，它把重要的部分说得非常简明扼要，正如孟子说的，"先立乎其大者，则其小者不能夺也"，我们把最根本的东西、最重要的东西、最关键的东西抓住了之后，小的东西是不会迷乱的，是不会丢失的，是不会搞错的。

听众： 各位老师好，刚才老师谈到的大学和小学，当然不是我们今天理解的上大学的大学，上小学的小学，这里面其中有一个教育的问题。老师刚才也谈到了，我也看到一个观点，就是在中国的传统文化里面，儒学里面对中国后来近代导致新潮的现象有很大的原因，因为刚才老师也提到，儒家文化里面大学类似于是哲学，儒家文化是不是缺少了科学的东西？能不能在儒家《大学》里面找到像今天西方国家的科学那种的东西？还有一个，在古代的时候，会把《大学》讲得很透彻，而现在讲的可能不是最根本的东西，在现在的现状，这个社会里面，能不能把古代的大学讲得很好，而且和西方的科学的东西结合？这是我的问题。谢谢。

王兴国：我是这样看的，你实际是讲了三个问题，我回答其中一个问题，就是大学和科学的关系。我首先要承认的是你讲的第一个观点是对的，就是在《大学》里面没有科学，中国古代也没有我们今天所讲的科学。但是《大学》是不是跟今天的科学完全是背道而驰的或者是有冲突的？我回答这个问题。从朱熹的解释来看，或者从王阳明的解释来看，《大学》和今天的科学都没有冲突。从朱熹的解释来看，《大学》是可以跟今天的科学接榫的。为什么呢？因为朱熹对"格物致知"的解释就是"即物穷理"，他把"物"看成我们认知的对象，刚才黎业明教授也谈到了这点，朱熹对"格物致知"更注重从接近于知识论的角度来讲，这是对的。从这个意义上来讲，我们知道近代以来有一些对朱熹的思想或观点的解释，认为这个里面包含了我们今天逻辑上所讲的归纳的方法，这就是一种科学方法。从这个意义上来讲，朱熹对"格物致知"的理解，强调我们要去了解事事物物之理，最后达到廓然大公、豁然贯通的境地，就可以认识整个宇宙的道理。这跟今天科学的要求也是完全一致的。所以从这个意义上来讲，朱熹的思想里面是包含了我们今天所讲的"科学"的要求和思想的。因此，《大学》跟今天的科学是可以相接榫相融合的。从这个意义来讲，当代新儒家讲要"返本开新"，这个"开新"就是要随着时代的发展，从儒学里面找到可以跟现代相结合的精神元素或者说原则，这样一方面可以促进科学的发展，另一方面也可以使儒学得到新的发展。总的来讲，这对于我们的儒学发展和科学发展、哲学发展来说，是两全其美的事情。

至于王守仁对于"格物致知"的解释，虽然重在"本体之知"的"良知"、"天理"，或"心即理"方面，但是与现代科学也不矛盾、不冲突。即使是我们站在现代知识论的立场上来看，也不能否认，王阳明非常了不起，他指出了"心"本体与物理知识的关系，他强调"心"本体，即我在前面讲到的"致吾心之良知良能"是我们认识与把握自然物理的前提与关键，所以他说："致吾心良知之天理于事事物物，则事事物物皆得其理。"他所讲的"心外无物"、"心外无理"，还有"心外无性"，实际上已经指出了"心"在人类探究宇宙真理大全中的重要作用与地位。这是他的一个独特贡献。问题是，王阳明所讲的"心"，即"致吾心之良知良能"的"心"一面偏重在道德价值与道德情感，知识价值是以道德价值和道德情感为优先的，尽管王阳明的"致良知"说并不排斥"自然"的知识，但是"自然"（领域）的知识并没有在知识论上获得独立的意义，而是被笼罩在他的关于"自由"（界域）的"致良知"说之中，那么构成知识价值的认识心就被"幽禁"在"良知良能"之"本体之心"中了。就是说，认识心被"良知本体"的波涛所淹没，并没有独立地凸显出来而获得在知识论上应有的地位，至多只是在人的好奇心所驱使的行动中偶尔一露峥嵘，如此罢了。因此，对于王阳明来说，不可能在他的学说中发展出一套独立的知识论来，尽管他提出了"知行合一"说。公正地说，这不独是王阳明的问题，而是整个传统的中国哲学的问题。这一问题，一直要到 20 世纪的当代新儒家，尤其是牟宗三的哲学出来后，才能得到解决。

黎业明：关于科学跟《大学》这方面的问题，刚才王教授已经提到了，就是看我们怎么理解。如果从朱熹做的格物致知"补传"的角度来讲，朱熹应该是认为跟科学是有关的。但是，我们也确确实实要承认，在中国传统里面，儒家的一个很重要的观念，就是特别强调反求诸己。强调反求诸己，如果我们拿这个观念跟西方文化中的向外寻求、征服自然观念进行比较，由向外寻求、征服自然这个因素导致近代西方科学的产生，说明儒家的反求诸己这个观念与近代科学实际上有不一致的地方，这个不能否认。在 20 世纪 80 年代，或更早，五四前后，我们国家就在争论这个问题，我们中国为什么没有产生近代西方意义上的科学。这是五四前后就开始争论的问题。到现在为止，还没有定论。对此，我们大概可以找到很多的原因。如果我们回过来考虑《大学》这个问题，我们如果撇开朱熹

"补传"的说法，儒家比较强调反求诸己、比较强调从自身的角度考虑问题，《大学》应该就是这么一个取向。从《礼记》这一文本里面的《大学》看，它根本没有对"格物致知"这个问题的解释，在所谓的"经"后面，传的部分一开始讲到的就是"诚意"，而且在讲"诚意"这个问题的时候，说的是"所谓诚意者，毋自欺也"，后面跟着讲到了"慎独"。从这个角度来讲，《大学》所关心的是"诚意"这个问题，它并不关心"格物致知"这个问题，因此没有给它作传。从《礼记》这个版本看，朱熹《大学章句》中视为解释"明明德"、"亲民"、"止于至善"以及"本末"的传的四章文字，在《礼记》这个版本里面，都属于讲诚意的。如果把这一长段的文字搁在一起讲的话，先讲了"诚意"的要点，就是"所谓诚其意者，毋自欺也"，即朱熹版本里面讲"诚意"的一章；跟着讲到了"诚意"应该达到的境界，这就是意诚德著，以及我们达到这个境界的途径："道学"、"自修"、"恂慄"、"威仪"；跟着说意诚德著的表现；最后是强调诚意的重要性。《大学》是以"子曰：'听讼，吾犹人也；必也使无讼乎'"来强调诚意的重要性的。孔子的《论语》里面也有这段话。其意思是说，处理讼案，我跟别人差不多，但是最好的做法是让人不要有诉讼。根据郑玄的解释，孔子这段话也是讲诚意的，听讼这个方面，圣人与别人相同；如果我们能够让人"大畏民志"，根本不敢提出诉讼（意诚而不敢讼），如果能让他"意诚而不敢讼"，这是更重要的。听讼是末，诚其意而不敢讼是本。这里面讲的就是本末的问题。朱熹认为，听讼这段文字是解释"经"所谓的本末问题的。但是，郑玄认为，这个"本末"指的就是听讼与诚其意而不敢讼。你能够做到诚其意而让人不敢讼，这个是本。这个"本末"，只是听讼跟诚其意而不敢讼这个关系。如果从这个角度来讲，你可以看到这一章强调的关键都在于自己。如果强调的都是从自己寻求，没有必要向外面去寻求，没有考虑要征服别人，没有必要探索别的东西，在这种意义上讲，我们可以看出《大学》即《礼记》这一文本的《大学》，应该说，可能与导致近代科学没有在中国出现这个问题，是有一定关系的。

王绍培：

我尝试回答一下你的问题，我认为你问了一个很重要的问题，就是为什么中国文明或儒家文明里面没有科学精神，没有开出科学的外王出来。有一本书叫作《简明欧洲史》，这本书里面讲欧洲文明有三个东西构成的，一个是古希腊的文明，古希腊精神，还有一个是基督教精神，还有一个是德意志的战士的精神。什么叫古希腊的精神，古希腊的文化的精神就是理性的精神，西方之所以后来他们开出了科学的外王，跟当年的古希腊的哲学家是有关系的，在全世界所有的文明中只有古希腊人发明了理性，理性是一种方法，这个世界是有普遍性的，通过这套理性的方法才能找到那个普遍性，而找到普遍性的这样一种努力，最后一步一步过渡到科学上来。比如像早期的古希腊的哲学家，问这个世界的本体是什么，本原是什么，很早的时候会发明"原子论"，说这个世界的本体是原子，这个原子论与之后的物理学是一脉相承的，有很紧密的逻辑上的关联。但是在中国的文化里面，在儒家的传统里面，这一部分，就是我们在知识论这一部分相对来说是不发达的，我们很早的时候就开始搞，比如说"内明之学"，讲怎么修身养性，我们怎么能让自己成为非常"亲民"的一个人，但是我们没有把这种努力转入对外部世界的认识上去，我们的哲学家，也想过世界的本原是什么，但是他没有理性，没有理性主义，理性每个人都有，但是像西方的理性主义的这种理性是没有的。还有像古希腊人有一个普遍性的概念，柏拉图的哲学讲理式，讲的就是一个普遍性，能够涵盖一切、能够解释一切的最后的东西、最根本性的东西，这个精神我们是欠缺的。由于缺少这样一种传统，所以我们后来就没有朝科学的道路上发展，这个不光是中国文明是这样的，全世界文明只有欧洲文明或古希腊文明是一个例外，只有他们不小心误打误撞地一下子朝科学文明这个方面发展。当然还有一些原因，我们为什么没有发展科学出来，没有开出科学的外王了？是因为我们这个文明在政治上非常成熟，我们在全世界可能是最早熟的，这种早熟就体现在，我们很早的时候就具有了管理一个庞大帝国的经验，其中很重要的经验就是权力集中，权力统一在一个至高无上的人的手上，所以很早的时候我们有了一个权力崇拜的传统。到今天也是这样，今天不会说你这个人是一个科学家，会觉得你很厉害，我们说你是一个局长，是一个部长，我们会觉得非常敬佩，为什么，因为你有权力，"大学之道"里面很多地方讲了怎么成为一个做大官的人，它没有说我们成为一个大的科学家，所以我们文化里面是有这种传统的，对权力的崇拜，一直到现在还是这样。权力文化有一个什么特点呢？它也讲真理，但是真理掌握在谁的手上呢？真理掌握在一把手的手上，掌握在权力最大的那个人的手上，谁的权力最大，谁的话就是最正确的，它不是以科学衡定谁讲的话是真理，是最正确的，而是用权力来衡定，所以有个段子说"一把手是绝对真理，二把手是相对真理，三把手有点道理，四把手岂有此理"，就是这样。所以我们这两者加起来的话，在我们的文化里面就没有科学。还有一点就是我们对科学的定义，我觉得还有必要再说的就是，我们普通的人所了解的科学是经典科学，是传统意义上的科学，是牛顿那个时期的科学，其实我们对爱因斯坦时代的科学、对波尔时代的科学是不那么了解的，我们对科学里面的方法论、系统论、信息论、控制论等等我们是不太了解的，所以我们讲的科学往往是传统的、经典的科学，我们如果要是讲一个后现代的科学，那又不一样了。在中国的传统文化里面，其实有很多跟后现代科学非常吻合的东西，比如说刚才讲的儒家的"知、止、定、静、安、虑、得"这一套修身养性的功夫其实跟系统论、跟信息论、跟控制论很多地方是接近的，是可以互相解释的，所以说中国传统文化和科学的关系在这个意义上讲也是很复杂的，也是很多元的，这是我的理解。

王兴国：补充一下，这个里面有两个方面的问题，涉及中国古代的科学问题，这个话题是非常大的，我认为它必须有一个限制。我们刚才这个话题只是限制在《大学》和科学的问题上，也就是儒学和科学知识的关系问题上，这是可以谈的，如果超出这个问题就变成了另外一个话题，如果我们现在讨论的话题，你要是提出来泛泛地谈论，就扯不清了。因为如果你要从整个中国文化来讲，你不能说中国古代文化里没有科学的精神，我也不同意绍培先生说的中国没有理性主义，理性主义是古希腊的一个特产，我认为不是这样的。有一期我们讲"儒学在海外"，我们谈到一个观点，欧洲人在18世纪看中国，读到传教士介绍的儒家著作，他们恰恰认为中国儒学是理性主义，中国的哲学是理性主义哲学，这是欧洲人最有代表性的一种看法。欧洲最有名的思想家像伏尔泰，还有当时德国最大的哲学家莱布尼茨，都是持这样的看法，所以这点没有错的，你不能说理性主义只有古希腊才有，是古希腊的特产，是古希腊的特征，这个说法我认为是说不通的。因为到现在为止，你翻看任何一本百科全书，人类对"理性"的看法都没有统一过，都没有取得过完全的一致，人们为"什么是理性"而争论不休，因为你讲的理性跟我讲的理性完全是两回事，西方的理性跟中国的理性完全是两回事，至多可以用一种温和的态度说：古代中国人讲的理性和古希腊人讲的理性是两种不同的理性而已，或者说是两种不同的理性类型，不能把古希腊的理性说成是世界历史上理性主义的唯一代表，这种说法我认为是有点过了，这是我的看法。

王绍培：

跟普遍性概念相关联的理性主义，作为一种认识论的理性主义，只有在古希腊的文明里面是发展得非常完备，非常成熟，成体系的，其他的文明，理性精神和理性主义不一样，而且是指向了普遍性这个概念的理性主义又不一样，为什么？因为这样就要解释为什么只有在欧洲后来才出现了科学、科学主义，科学这种现象，这点我们要承认，因为我们所谓科学文明是中国文明的原创吗？不是，我们中国古代有很多的技术是很发达的，李约瑟有一个所谓的难题，就是中国古代技术那么发达，但是我们为什么我们没有发展出科学出来，这在世界上是一个真问题。

王兴国：这个说法很有问题。如果是谈到"李约瑟问题"、李约瑟与中国科学史，我认为恰好是一个悖论。李约瑟非常肯定中国古代的科学，他认为中国的科学至少在18世纪之前是领先世界的。

王绍培：

他肯定的是技术。

王兴国：他肯定的是科学，不是技术问题，是科学。

王绍培：

作为一种知识体系的科学，作为一种科学精神的东西，这不是中国文明的原创，但是我们有这种元素，有这种精神，有这种倾向，这个当然是可以承认的。

王兴国：我们犯了一个概念性的错误，我们是在两种意义下谈论"科学"的概念。我们要知道，李约瑟本人是使用了两种意义的"科学"，一个是所谓的"近代科学"，一个是所谓的"科学"，这个不要搞混了！我的讲法是说，近代科学没有在中国产生，为什么没有在中国产生？"李约瑟问题"是指这个，但是李约瑟没有说中国没有科学，李约瑟高度地肯定了中国古代的科学及其成就和贡献。

王绍培：

非常重要的一点就是说，你说的科学是什么意义上的科学，比如我们经常会说这个人讲的话很科学，作为一个形容词，乃至于说我们这样坐的方式，我这样坐是很科学的，什么意思呢？就是你这样打坐的方式是很正确的，但是作为一个科学的知识体系，指的是西方的比如说数学、物理学、化学，所有的知识门类这个科学现象，这种知识现象是欧洲人他们建立起来的，这个应该是可以承认的。

王兴国：要补充一点，李约瑟有一个基本的观点，他强调说，近代科学虽然在欧洲产生，但是它来源于全世界各个国家文明的贡献，我国的文明是近代科学的一个重要来源，这点大家千万要记住，而且他尤其突出和强调，中国文明是近代科学的一大重要渊源，对近代科学的产生有重要的影响。

王绍培：

每一种文明对科学的贡献是不用质疑的，但是在任何一种文明，任何一种知识体系里面，有最最核心的部分，最核心的部分是什么？就是《简明欧洲史》里讲到的，核心的部分就是希腊人对普遍性这个概念的认知，他们遵循普遍性概念的那一套方法论，这是他们建立科学的最根本的东西，当然可能这个过程里面有全世界的各个文明，比如像阿拉伯人对数学的贡献是非常大的，一度是全世界领先的，但我们为什么说科学作为一种知识现象跟欧洲人有关系呢？是因为它确实是在那块地方发展得最为成熟的。像在中国，我们也有数学，也有很多知识门类，但是就像马克斯·韦伯也讲了，虽然有这些东西，但是我们不能把它变成一个理性的体系，这个是我们应该承认的一点。

王兴国：我觉得这个说法是很有问题的，我再介绍李约瑟的一个观点。谈到所谓的科学，近代科学，我们要知道什么是近代科学的精神。近代科学的精神有两个基本的要素：一个是数学，一个是实验；就这两个要素讲，李约瑟认为，从欧洲和中国的科学及其历史来看，为什么近代科学只出现在欧洲，而没有出现在中国？李约瑟有一个分析，这个分析并不是所谓的"普遍概念"上的问题，这个最根本的东西恰好是在于数学，他比较过欧洲的数学和中国的数学，他得出的结论是由于中国数学的影响和制约，我们知道中国古代有过代数，但没有出现过近代的代数学，我们古代很早就有了做算符用的筹码，可以做代数式的计算，但是它确实没有形成一套像西方那样的近代代数理论，中国也曾经出现过几何，但是确实没有形成像古希腊欧氏几何那样的东西，但并不能由此以为中国古代没有数学。大家可以看看李俨先生的《中国古代数学史》，他把中国古代数学的体系都写得非常清楚，大家再看看李约瑟的《中国科学史》，他对中国古代的数学也讲得非常好，也就是说，即使是在今天来看中国古代的数学，他也认为它曾经与那些中国古代的科学是世界科学的高峰一样堪称是世界数学史上的高峰，但是中国古代的科学为什么没有转变为近代的科学？李约瑟认为，近代科学体系，他的这个描述里面用了一个词，叫"伽利略型"，他认为近代欧洲的科学是以伽利略为代表的，所以他把它称之为伽利略型的科学体系，欧洲古代的科学中有伽利略型科学体系的因素，尤其是数学并且可以发展和转化为近代的数学，所以这样的科学体系就很容易转变为近代科学，但是中国古代的科学停留在中世纪的传统科学体系之中（属于哥白尼型的科学体系），尤其是中国古代的数学体系不能转变和发展为近代的数学，所以没有办法，它（属于哥白尼型的科学体系）不能转化为伽利略型的科学体系，因而就转化不出近代的科学。

王绍培：

我简单问您一个问题，中国的数学，比如说古代有数学的对吧？

王兴国：对。

王绍培：

这个我们是承认的，但是有数学跟数学成为一个科学的数学的科学体系是一回事还是两回事？

王兴国：这是两回事，但是这两个东西在中国古代都是存在的。

王绍培：

中国有一个完备的作为科学的数学体系存在吗？

王兴国：有，《九章算术》就是。（世界的科学史家或数学史家公认，中国古代的《九章算术》是古希腊欧几里得的《几何原本》所代表的公理化逻辑演绎体系之外的另一个数学体系，代表机械化程序算法体系。）

王绍培：

《九章算术》为什么没有被保留到现在？再简单问您一个问题，是我们中国古代的几何学先进还是欧几里得的几何学先进？

王兴国：《九章算术》当然保留到了现在，与欧几里得的《几何原本》相比较，它们各有各的先进。这个问题，当然是大家可以讨论的，但是我希望大家能够把中外的科学史著作多读几种，就更清楚了！我想再强调一点，如果从中国古代的整个文明体系来看，我们的古代不是不讲概念或普遍概念的，墨家的《墨经》里面讲到定义，讲到逻辑推理，讲到概念是非常精确、非常清楚的，它不是没有，而是我们没有搞清楚，弄明白嘛！我们古代的《易经》也强调观物取象以达到对天下万事万物变化之理的认识，它也注重概念和数理，不能说它没有这些内容。问题根本就不在这里嘛。

王绍培：

说到这个问题，我们就像讲民主一样的，我们说中国古代也有民主，也有民主跟民主作为一个完备的政治体系是两回事。我们有很多民主的元素，有很多民主的因素，像资本主义在中国也有，但是为什么资本主义作为一个完备的体系我们也没有？马克斯·韦伯讲了很多，《新教伦理与资本主义精神》这本书讲到，很多东西在欧洲出现的，在其他的国家没有出现，它就是讲的理性的发育程度在不同的文明里面是不一样的，我们承认这点不是很丢人的事情，这是一个事实，而且我们还可以说，我们有很骄傲的部分，中国文明最骄傲的部分是我们对自己身心的把握控制，我们这个在全世界的文明里面是很厉害的，我们有一套传统，我们知道怎么打坐，我们知道怎么控制自己的念头。

王兴国：这个问题不用再争论了，我刚才强调了，不是我自己的观点，我希望大家能够尊重科学史家的意见。

王绍培：
科学史家的意见就是李约瑟难题讲的为什么科学没有在中国出现。

听众：王老师，这是一个好问题，为什么我们有元素，但没有出现现在的科学跟民主，这就是个需要深入探讨的问题，恰恰这个问题是我们需要解决的。这个问题到目前为止还没有找到答案，你们两个人的对话中还没有找到这个要点。

王绍培：
首先，我们要认识事实是什么，第二我们要知道我们在说的是什么，第三我们才能够讨论一个问题。我们事实是什么，事实就是科学作为一个知识体系真的不是在中国产生的，中国有没有？中国有。当然我们接下来讲你说的哪种科学，当我们讲的是作为一种科学知识体系的这种科学，这种科学确实很多很多的定义都是由西方过来的。

听众：为什么我们没有发生近代的科学和民主？这个问题才是关键所在。

王绍培：

我记得从我们上大学七八十年代的时候，就有讨论过，而且是一个非常普遍的讨论，比如像李约瑟难题，中国古代有那么发达的科学技术，为什么后来没有这种科学？

听众： 谁阻碍了？我们知道没有阻碍的一定会发生。

王绍培：

这是一个学术界的问题。好，下个问题。

听众： 中国现在的社会确实是各种思潮各种文化都在兴起，比如说，今天晚上几位老师谈到的新儒家、儒家，包括我们观察到的寺庙里面的香火也非常旺盛，佛家，还有基督教，还有包括跟政治联系比较紧密一点的，从官方意识形态以外的自由主义，还有这10多年来的新左翼现在也起来了，像现在这么一个情况的话，我就不由自主想到跟几千年前的诸子百家、春秋战国的各种学术思潮并立有一个感想，我们今天问的第一个问题，就是新儒家，五四运动之后现在兴起的新儒家它"新"在哪里？跟原来的不同点在哪里？第二个问题，我们知道，2010年国庆节的时候，在天安门广场把孔子像摆在那里摆了100天，那段时间国内的思潮的争论非常激烈，网上网下，后来就把孔子像撤了，这个过程中，我们了解到对这个争论最激烈的是新左翼，甚至在网上出现了毛泽东给他侄子一封信的内容都出来了，儒家现在的文化是一种文化现象出现还是有重新回归政治舞台、政治思潮的这种可能性？是以前者一种文化的出现还是以后者的形象出现？

黎业明： 新儒家新在什么地方，实际上，这是很复杂的问题。因为不管怎么样，开头我们讲到"内圣外王"这个问题，新儒家则讲"开出新外王"的观点。"内圣"这个问题，中国传统是能解决的;"开出新外王",这是新儒家的一个目标,就是说,新儒家希望能够在现代社会里面,在儒家传统的基础上能够建立一个有民主、科学这方面的观念或制度。梁漱溟在他的《东西文化及其哲学》里面把文化分成三个阶段,就是第一路向(西方的)、第二路向(中国的)、第三路向(印度的)。在这三个路向里面,他认为在不久的将来的中国文化复兴,但是在他讲中国文化复兴里面有一个前提,就是我们要全盘接受西方的文化。全盘接受西方的文化里面,要接受的就是科学和民主。在五四前后,他讲的基本就是这个问题。后来更晚一点,像牟宗三为什么要讲他的良知坎陷,也不过就是要开出儒家的新外王,也都是跟科学、民主这个问题是相关的。现代新儒家里面,我觉得他们希望做的是这么一个事情。这也许就是新儒家之所以"新"的一个表现。但是,可能有人会问能不能做到,这个我没法做回答,因为我没有足够的知识对这么大的问题做一个预测。

听众(子张): 各位老师,主持人好,其实我今天是带着问题来的,《大学》、《中庸》是从五经里面摘出来的,是朱熹老先生从《礼记》里面摘出来的,其实《大学》和《中庸》并不是两个经典,而是两篇文章,我的看法,我去通读《大学》和《中庸》,里面看到了《诗经》,请问两位老师,《大学》实际上是孔子的弟子们写的一篇有关《诗经》的论文,我是这样看的,不知道两位老师是怎么看的?

王兴国: 我觉得大家提问应该围绕今天的主题,我们今天的讨论都已经跑题了,还是要围绕今天的主题来提问和讨论。刚才这位先生提出的问题,我认为是这样的,《大学》、《中庸》跟《诗经》有密切的关系是没错的,但是我们看不出来可以得出你说的那样的结论,因为我们找不到任何文献的根据。我认为,你一定要这样去理解,这样去想它们之间的关系,把它们看成是关于《诗经》的论文,这是你自己的事;但是,我认为这在文献与学理上是没有任何根据的。

王绍培：

他认为《诗经》是中国的圣经，所以中国一切的典籍和著述全部都是在阐发《诗经》，如果你这样说，你就对了，如果你不是这样说，你就错了，这是他的观点。好，后面那位高高在上的？

听众： 老师好，我有一些问题。我们就像《大学》这样的著作，为什么我们到今天回头去看，它还挺经典的，这部著作是在什么样的土壤下培育出来的？为何我们今天没有这样的方法论或哲学书出来指导我们这样去做？另外一个就是我们在学习这些，比如《大学》这些内容里面有没有一些修正，还是说古人创造的最智慧的，我们应该怎么样去学习它？

黎业明： 我回答第三个问题，我们能不能做修正？实际上我们在阅读一部经典的时候，实际上就是我们根据我们自己的观念来对它做一个诠释，我想这是毫无疑问的。我们在之前已经讲到过，《大学》这篇著作从宋代以后有很多人在读，而且这些读法里面，人们有可能认为根据他的理解，这部经典应该是怎么样的；正因为他认为应该是怎么样的，所以他就会对《大学》做这样、那样的修改、增补，所以有很多的改本出来。从宋代到清代，大概有超过40种所谓的改本。如果有兴趣的话，台湾有一个学者叫李纪祥，他专门写了一部著作叫《两宋以来的大学改本研究》，可以找来看看。有了改本，当然就有人要恢复原本。比如王阳明，他认为改本不对，要恢复古本，就是《礼记》这个文本。另外一个做法，就是既对改本不满，也对所谓的古本不满，认为它有更早的依据。例如，明代的丰坊，提出了伪造的"石经大学"。在这里面，每个人都是根据自己的理解，提出或做出他们的说法和诠释。如果每个人都是按照一种相同的方式来读《大学》，或者像元明清科举考试一样只读朱熹的章句、集注，那么后来的改本、古本问题就都不会出现了。

王兴国： 补充一点，你刚才提出的问题，我觉得很好。有一个问题，我们今天对待《大学》或者对待古代的经典，应该抱一个什么态度？有没有需要修正的地方？我认为，首先我们需要尽可能多地了解中国古代的经典以及它的思想智慧，我们不是要去修正，而是要做一些发展，我们这个发展就是能够把我们古人的思想和智慧活用于我们的现实生活，活用于我们的时代。从这个里面，我们自然会有新的思想出来，这就是所谓的推陈出新。其次，在这个基础之上，我们也可以把古代的思想融入到我们自己的思想中来。以这样的方式来丰富它的发展，我认为就可以了，这就算是一个贡献了。我想，应该是这样的吧！

王绍培：

你是不是还有一个问题是问为什么那个时候的人能写出《大学》来，而现代的人写不出来？是这个问题吗？（是的）两位对这个问题有没有什么回答？

王兴国： 并不是说今天的人写不出"大学"，而是今天的人写出来的"大学"与古人的《大学》是完全不同的"大学"。我们今天讲的"大学"和古代的"大学"是根本不一样的，我们今天讲的"大学"呢，是有世界性、全球性、现代性的，但是我们中国古代的"大学"是全国性、地域性、传统性的，这是两个完全不同的概念。我们今天是讲地球村，讲全球化，大学也有一个全球化的视野和要求，尽管大学在不同的国家、社会、地区的内容会有很大的差异，但是有一些基本的要求和基本的精神应该是共同的。从这个意义来讲，我们今天如果要写一篇"大学"的文章的话，那么最重要的是要能够把握大学的精神，就可以得到大学的纲领。这个应该不是很难的。

王绍培：

其实我觉得你这个问题应该这么看。首先我们要知道"大学"

这种文本的诞生在总体上它是在一个所谓的"轴心时代"。在那个时代，人类的智能大爆发，全世界各个文明体里面突然地涌现出了一大批智者、哲人、思想家，然后出现了各种各样的文本，不光是中国，再比如在印度、希腊，在其他的文明体系里面，都出现了，就是这个时候各种条件因缘机会时机成熟，人类的智能突然一下开窍了，这是一个原因，这是"轴心时代"的一个现象。还有一个，就是那个时代的人当他们来面对这些问题的时候，他们往往能面对最根本的问题，不像我们现代人，我们现代人可能会面临很多很多的问题，其实有很多很多的问题是次要的问题，是一些技术问题，甚至于说是生活问题，而那个时候的人他们往往一面对的、一思考的就是哲学的问题，就是最根本的问题，所以你看《大学》的文章写得这么简洁，它讲的全部是哲学，非常清楚。第三，跟作者有关系，《大学》里面所谓的四纲、七证、八目，七证就讲人的修身，你想，你这个人在很清明的时候，你的脑筋是非常清明的，你的精力很饱满，你的脑袋是非常清楚的时候，你写出来的东西一定是非常好的，在某种意义上说的，我们现代人的脑袋跟古代人的脑袋是不能相提并论的，因为他们没有受到那么多的污染，何况他们还有修养的功夫，还有内明的功夫，所以他们写出来的东西是非常清楚的，知道什么是多余的，知道什么问题是问题，知道这个问题应该怎么回答，知道怎么避免这个胡扯，所以他写的东西都是很清楚的，非常明白，非常严整，我们今天一看，觉得这文章好，说得很清楚，文字也很漂亮，我们下期要讲的《中庸》也是这样的，我觉得大概跟这些东西有关系，这是比较根本性的。当然你还可以讲那个时候是百家争鸣、百花齐放的时代等等，也很重要，但是相对来说是次要的，更重要的是跟轴心时代的背景有关系。好，下一位。

听众：刚才王兴国老师讲"亲民"这个问题的时候，你讲到的上对下，或者人与人之间的亲民，我有一种不同的理解，就是我理解的是作为学习大学之道的人，如果你要学习大学之道，你就得亲民，这个跟上跟下没有必然的联系，我是这么想的，您看看我的理解是否正确？

王兴国：你这个理解，从学习《大学》的方面来讲，是可以的，因为它本来就是大学的内在要求。你作为学习《大学》的对象，当然你应该是按照大学之道去做，这个当然是它的应有之义。但是，你学不学《大学》，都应该这样要求自己，这样去做，这是你做人的一种本分。你学了《大学》这样去体会和实践"亲民"的思想，就会更明白更自觉了；如果你不学《大学》，你坐在你的这个位置（社会角色）上你也应该这样做，这就是《大学》"亲民"精神的体现，只是你知道和不知道而已。但从儒家来讲，这两个方面都是应该有的。你如果是为官，你就应该爱民；如果你不为官，你是民，那人与人之间应该也要有一种亲和的关系，也应该有一种和谐的关系，这也是我们一直坚持和提倡的。

我这里需要强调的是，"四书"是一个整体，读《大学》可以与其他三书配合起来理解。朱熹为什么要把它作为一个整体来讲？《大学》里面很好地体现了《论语》中所辑录的孔子讲的"己欲立而立人，己欲达而达人"的精神。

我们要注意，《大学》虽然讲求工夫（或功夫），强调正心、诚意、修身，但是这套修养的工夫与佛家修炼的工夫是有区别的。儒家讲这一套道德修身实践的工夫是从个人开始的，但是最重要的是把这种道德上升为一种社会化的成规模的集体实践，这样才会有意义，才会产生社会的效益。《中庸》里面讲的成己、成人、成物，这也在《大学》里面有很好的体现。所以《大学》的根本精神与孔子的"仁"和孟子讲的"四端"是一致的。《大学》讲的"明德"就是明觉明悟你自己本性里面含有的德性，就是孟子讲的"四端"：仁、义、礼、智。从这个意义上来讲，你讲的亲民，在这种德性精神发育的前提下，通过人和人的关系来把这种"明德"体现出来，如果你真的可以做到极致，就是至善，你能够把你的德行在你所生活的时代做到极致，那就是至善。

王绍培：
你可能刚才没有表述得清楚，我认为你的意思好像是这样的，你在看胡兰成的《今生今世》里面，有一个特别的字就是亲，与我特别亲，"亲"的意思当然也有亲热的意思，就是亲切的意思，和谐的意思，还有一个意思就是真切，不隔，真真切切地感觉到这个东西是"亲"，这个亲民是搞好群众之间的关系，和谐，上下的关系等等，从社会伦理学里面讲大概也对，但其实我觉得可能还有一个意思，就"亲民"意思是我跟民是不隔的，我知道他们在想什么，我知道他们的心思，知道他们的情绪，我了解他们，我知道他们，知道他们比我跟他们和谐一片其实还要重要，有的时候我们跟一些人和谐一片，我们知道这个"亲"可能有这个意思，但是在我们的日常用语里面说的这个"亲"往往有这个意思，这个角度来说你说我们"亲民"，我们是一个能够跟民众或者别人的心里不隔的一个人，有这样一种能力，它也是大学之道，就跟你刚才说的那个意思是差不多的。

听众： 我主要就是说那种超越所谓上下的作为一个修行来的仁者爱人的特点。

王绍培：
上下的话我觉得可以把它上升为如果你要做官，你要做到这点。

王兴国： 补充孟子的一句话，你可以把它作为一个旁注，那是非常好的。孟子讲"亲亲而仁民，仁民而爱物"，你可以把这句话理解透彻了，再来理会这个"亲民"。

王绍培：
好，今天时间已经过了，很遗憾你的问题问不出来，但是因为你经常问问题，所以没关系。

听众： 提一个建议，以后多搞点论辩式的，不要去讲解。

王绍培：

我们在后院哲学班搞的"席明纳"就是这样的形式，席明纳是研讨，好，今天的南书房夜话到此结束，谢谢大家。

南书房夜话第十五期：
《中庸》与中庸之道

景海峰　王立新　王绍培（兼主持）
（2015年7月11日　19：00—21：00）

王绍培：

好，各位现场的朋友大家晚上好，今天是南书房夜话第二季"四书五经"系列的第五讲，我们前面已经讲过了《论语》、《孟子》、《大学》，前面还讲了一个开篇的，我们今天是讲《中庸》。我们现场做一个小的调查，大家回答一下，你对《中庸》有多少了解？有没有哪个朋友举手回答？

听众：我也说不好，我觉得《中庸》的话，就是处理一个事情好像有两个极端，一个正、一个负，然后我们进行权衡，取一个比较合适的地方，这个点叫"中庸"，这是我的理解。

王绍培：

他回答的是中庸之道，"四书五经"的"四书"的《中庸》有没有人了解的？

听众：我以前读过一小部分，叫"不偏谓之中，不易谓之庸"，《大学》我读过，大概还能背，现在不知道能不能背，但是《中庸》的话，好像是属于《礼记》里面出来的，由朱熹（朱老夫子）把它摘出来的，因为以前儒家学说比较混乱，反正我读过的感觉是这样的，我读过以后，我觉得从逻辑体系来说，都比较混乱，比较散漫，给人感觉是不着边际、乱七八糟一大堆，很难理出体系来。后来宋朝的时候受到了佛学思想盛行的影响，因为佛教的逻辑性非常强，对于中国传统的高级知识分子就喜欢学一些这种有知识、有体系、有结构性的东西，而我们传统的这套东西很明显就不堪一击，很弱，在这种情况下，到宋朝的时候，我们国家的文化也比较昌盛了，喜欢传统知识的这批人，包括朱熹在内的这批人就觉得这里面有些问题，就要把中国文化给振兴起来，所以他们就着力于这方面，通过对儒家文化进行了梳理和体系化、结构化，才形成了现在的这套"四书"。这套体系出来，就把《中庸》从《礼记》里面摘出来，这个就是我的一点理解，但对于《中庸》来说，称为是儒家的核心的东西，就比较大道高深，这个我们就理解不了，这个听今天的老师来讲一讲。

王绍培：

今天来的听众水准都很高，他这不是一般的了解，应该说是相当了解。《中庸》是公元前5世纪的作品，出自孔子的孙子，这并不是定论，也有争议，一般的说法是这样的。像我们这个年纪的人就知道，在"文革"期间批判"中庸之道"，所以"中庸之道"好像都知道一点。但是"中庸之道"到底是什么呢？不一定知道得很清楚。前些年我们看台湾电视，台湾人特别喜欢讲"戒慎恐惧"，这个"戒慎恐惧"就来自《中庸》的第一章第一节"天命之谓性，率性之谓道，修道之谓教，道也者，不可须臾离也，可离，非道也，是故君子戒慎乎其所不睹，恐惧乎其所不闻"，前面就讲了"戒慎恐惧"。因为今天讲《中庸》和中庸之道，来的听众很踊跃，我们先请深圳大学文学院院长、国学研究所所长景海峰先生来给我们破题。

景海峰： 谢谢，刚才这位朋友讲的跟我原来想象的是有些距离的，因为我想一般的听众一说"中庸"，可能马上就会想到过去的一些印记。过去的印记大概"中庸"就是指和稀泥、骑墙派、墙头草，没有原则，这当然也就谈不上符合现代的精神，而是负面的意义比较强。往往过去讲到"中庸"的时候，大不了就是说这个人是个老好人，一般老百姓对"中庸"概念最深的印象大致就是这样。这实际上是在一个反传统时代或批判儒家很强的风潮当中，在我们大部分人的心目中留下来的印记。所以刚才这位朋友的回答还算好，没有过多地把对"中庸"的一些负面印象或一般人的理解讲出来。所以，我们今天讲的《中庸》和中庸之道，实际上就有一个矫正的意思在里面。这种负面的印象可能跟《中庸》的某些方面有些瓜葛、有某种牵连，但这样简单化甚至是妖魔化地来理解"中庸"，把《中庸》里面所包含的中国文化的伟大精神贬低成这样一种形象，那就大错特错了。所以我们今天讲《中庸》和中庸之道，实际上就是想把中华文化或儒家思想里面非常重要的这个观念来重新梳理一下。

  首先我们来看《中庸》这本书，刚才这位听众讲到的是"中庸"的概念，而就这个文本来说，它最初是《礼记》里面的一篇。《礼记》是在汉代形成的儒家经典系统中的一部很重要的著作汇编，属于"三礼"之一。当时传礼学的有三家，大、小戴和庆普，而后来传世的是《小戴记》。《礼记》实际上是先秦儒家著作的一个汇编，这里面收集了很多孔门"七十子后学"的著作，而这些作品的著者是谁，他们的身份和传承又如何，这些问题根本没办法搞得特别清楚。《礼记》里面的很多篇目，其背景是很复杂的，它形成的过程及作者等问题，都很难考究定论。就拿《中庸》这篇来说，从汉代以后，人们就一直认为是子思的著作，而子思是孔子的孙子，从年代来讲是在孟子之前，因为孟子从学于子思之门人，所以《中庸》应该比《孟子》还要早。但这个说法实际上在学界一向争议颇大，《礼记》留下来的这个文本不一定是那么早的，这在现代学术研究里面讨论得非常多。甚至有学者判定《中庸》这篇很晚，可能迟至西汉，跟战国中期的东西有很大距离。这些研究在《中庸》的身份问题上就留下了很多话题，我们今天先暂不细说这些。总的来讲，《中庸》这一篇在整个儒家思想系统里面是非常核心的东西。1993年湖北荆门出土的郭店竹简，里面有一些学界认为是跟子思有关的篇目，跟今天传世的《礼记》中的一些篇章也有关联。我们知道对先秦这些著作的系统记载有一个最重要的源头，这就是《汉书·艺文志》，在《汉书·艺文志》里面有《子思子》一书，共 23 篇，这 23 篇可能有一部分就收在了《礼记》里面，《中庸》这篇大概也有这个背景。所以从郭店简里面发现的几篇，很多学者认为是属于《子思子》一书的，而这几篇跟《礼记》中的有部分重合，这个话题在近年的学界讨论得非常多。说这些的意思是《中庸》这篇的来历实际是很复杂的，到底是不是子思的著作是有争议的，但它肯定跟子思这个人有非常直接的关系。因为宋代以后，大概才有了这个争议，而在这之前大家都认为《中庸》是子思著的，是没有任何疑问的。宋以后有些学者开始提出《中庸》跟子思的关系不一定就能完全肯定。尤其到了清朝以后，有很多学者认为这不是子思那个时代能写出来的，因为这里边的文字，像"车同轨，书同文，行同伦"，这些话感觉是秦以后的东西。而在现代学术里面，文本的年代又是一个很较真的问题，你既没有办法肯定它一定是战国时代的东西，同时也没有办法解说它为什么一定不是战国的东西，那就只好存疑或者是相持不下。所以这个文本尽管只有 3000 多字，但是留下来的历史疑案却很多。

　　这是从文献的历史来解说，另外就是它的思想。今天的《中庸》，按朱熹的编法是 33 章，实际上中间的结构是什么样的，也很难说，因为当时那些竹简的缀合，到底是从哪个地方开始，这个段落是到什么地方，有时候可能是很偶然的。因为朱子的工作对"四书"的成型影响很大，33 章之分就成了一个定论，我们今天的《中庸》就是按照这个 33 章之分来讲的。但仔细琢磨，这 33 章在结构上实际又不是一个很完整的文本，缺乏我们今天思想脉络的系统性，里面的一些内容可能就不是同一个本子的东西。今天很多学者认为它可能是当时的两篇文字，前面是讲"中庸"，后面是讲"诚"，讲"诚明"的部分和前面的主题明显不同，应该是两篇文章才对。因为在《汉书·艺文志》里，除了著录有《子思子》23 篇之外，还有一个《中庸说》，是上、下两篇，历史上有人就把这两种都放在一起来理解。所以不光是从文本来讲，就是从内容、结构来讲，它是不是一个完整的东西，也是有很多争议的。为什么文本问题这么重要？因为它牵涉到我们今天怎么去理解它里面的内容和思想，比如跟孔子的关系、跟孟子的关系、跟"儒分为八"之后各儒家流派的关系等。像钱穆先生，他在《中庸新义》里说《中庸》是受了道家的影响，这是现代学者研究得出来的新见解，如果是受道家的影响，那跟《庄子》的思想也是有关系的，这都是非常复杂的问题。所以《中庸》这个文本中的每个段落，还有每个主题，这些思想到底跟当时的儒学发展有何关联，这在今天还是一个值得研究和不断解释的问题，不能说就已经非常确定。当然大家也有一个大致的理解，但里面细部的东西还是非常复杂的。

以上是从文本来看，而从思想上讲，《中庸》是儒学发展非常重要的源泉。后来朱子编定"四书"，将它和《论语》、《孟子》，《礼记》中的《大学》合起来，这在宋以后，可以说是整个儒家思想的中枢，在中国文化里面扮演着核心的角色，"四书"甚至超过了"五经"。宋明理学创造的很多文化理念差不多都是从这几个文本来的，尤其是《中庸》,《易》、《庸》可以说是整个宋明性理之学的奠基石。为什么这么说呢？就拿北宋来讲，当时理学的创始人都是在掘发《中庸》的思想。像张载，他少喜谈兵，给范仲淹上书，为取洮西之地而谋划，后来范仲淹给这个青年回了信，说"儒者自有名教可乐，何事于兵？"就劝他好好地去读《中庸》，果然后来张载思想里面《中庸》的养分是很重的，他的著作《正蒙》有不少都是在发挥《中庸》的思想。不光是张载，包括像周敦颐的《通书》，二程的"识仁"篇，司马光讲的"中和"等，都与《中庸》有关。整个理学体系的建构，《中庸》起了非常重要的作用，它不光是先秦的重要著作，对宋以后儒学的发展和新形态的成立可以说至关重要，所以我们说《中庸》的思想是博大精深、影响深远。在"四书"里边，甚至也包括《易传》这些文字，《中庸》的思想可以说是最为深刻的，其哲理的精粹性和不断去挖掘的可能性，在整个儒家文献里边也许是最有代表意义的。历代很多人不断从《中庸》里面去找话题，形成了非常丰富的思想，也很深刻，所以我们今天来探讨《中庸》，讲"中庸之道"，可能就会牵涉到众多的问题，远不像刚才前面讲的"中庸"只是一个很简单的粗俗化之后的那种理解。具体的内容我们后面再细细剥离。

王绍培：

下面请深圳大学文学院的王立新教授。

王立新： 刚才绍培先生和景海峰教授把《中庸》的一些情况说了一下。《中庸》确实是像景海峰教授说得那样，非常深邃，异常精粹，有无限可开发的潜力，可以跟康德哲学媲美的东西，整个中国后来儒家思想的哲学化在很大程度上是由《中庸》这本书导发出来的，朱熹他们能有那么深刻，在很大程度是对《中庸》研究得好。前次我来说过《论语》，有的朋友还记得这个事情，《论语》这个书看起来就很简单，《中庸》却显得很深邃，也很艰涩，理论性很强。所以我完全同意景教授刚才的说法。《中庸》这本书，尽管它可能出现在汉代，但是到汉唐这一段时间，还是作为《小戴礼记》中的一篇放在里面，没有被提出来。到了北宋的时候，才和《大学》一起，被从《小戴礼记》里面"提"出来，单独成书。3000字这么一本小书，竟然有那么大的威力。而且很奇怪的是，《中庸》的重要性，竟然是首先由一位和尚发现的，和尚把它推荐给宋真宗看，真宗皇帝亲自手抄了一遍《中庸》，把它送给当年的科举状元，从此《中庸》就出名了。当然这是一个简单的事情。我不讲景教授刚才说的，我就谈我对《中庸》的整体的感觉，我是做宋明理学研究的，《中庸》这关我没有过好，所以我宋明理学的功夫不到，但是比较熟悉。按照我的想法，《中庸》这本小书大概是讲什么呢，我觉得它的来路很可能在《论语》的第六篇"雍也"篇，"雍也"里面有一句话，子曰："中庸之为德也，其至矣乎，民鲜久矣。"说"中庸"作为一种道德的完美的状态和境界，已经达到了人所能达到的极致，老百姓远离这个东西太久了。大概《中庸》这本书的出处，最早的源头应该是由对孔子这句话的理解慢慢延伸出来的。

《中庸》，主要可以从这么几个角度来理解：第一个，它是人生道德最高点，这个点叫"中庸"，也是人生道德最完满的状态。"君子之中庸也，君子而时中"，就是《中庸》里面的话。孔子说"君子无终食之间违仁"，每一时每一刻、时时刻刻都踩在"中庸"的节拍上。刚才我们景教授也说了,"文革"期间我们把"中庸"理解成为一种没有原则的老好人的哲学,这是当时普遍的一个看法,当年我们也没有读过古书,顺着社会宣传的指挥棒走,就把《中庸》的名声给糟蹋坏了,说中庸的意思就是没原则,无坚守,跟着大家一起和稀泥。其实中庸是最高的原则,是道德最完满的极高状态。这是理解中庸的第一个角度。同时,中庸是一种理想的人格目标,《中庸》里面也讲"诚者,天之道也,诚之者,人之道也","诚",诚实的"诚",诚信的"诚"。当然比我们今天的诚实和诚信要深邃得多,作为人的安身立命的最基本的要旨就叫"诚"。诚是什么东西?就是天给我们的做人的基本要旨,"诚之"就是由我们努力再把它找回来的上天恩赐给我们的"仁"的原初"始基"。我们在社会上生存,生下来以后,为了吃、为了穿,朝夕忙碌,跟各种人打交道,为了生存,我们把这些"诚"丢掉了,"诚之"就是通过努力,再把它找回来,到达原来上天所赋予的"诚"的状态。就是人之道。天道是本然,人道是应然。应然就是应当回到本然。《中庸》里面讲"君子择善而故执之",选择善,然后坚守下去,这就叫"诚之"。这是君子之目标。从这个角度来讲,《中庸》,"中庸"是一种有关修养功夫、修养过程和修养目标的学问。跟《论语》、《孟子》等有异曲同工之妙。

  第二个角度的理解,可以把中庸看做是一种最高的境界,道德的、审美的和人生的最高境界。《中庸》最后一章(第三十三章)最后一句话,叫作"上天之载,无声无臭。至矣!"前面八个字"上天之载,无声无臭"是《诗经》里面的话,后边的"至矣"就是最完满无缺,最无与伦比的至高无上的境界的意思。什么叫"上天之载,无声无臭"?就是说真正的大君子,人生最完满的那种状态就像上天一样,上天循道而动,你听不到声音,你看不到形象,但是它无时无刻不在发挥着润化万物、养育万物的功能。养你的道德,养你的善性,"追逼"着你让你回到"诚"这个至善的天性上来。但我们不能把它理解为一个比较静止的尤其不能理解为僵死的状态,千万不能把它当成已经不许再动同时也真的不动了的状态。"上天之载,无声无臭",不是静止不动的状态。《中庸》里面也引用《诗经》的话，把这种状态叫"鸢飞戾天，鱼跃于渊"。鸢飞戾天，鸢就是鹰，北方都叫老鹰。清朝有一个人写了一首诗，叫作"儿童散学归来早，忙趁东风放纸鸢"，就是放风筝，风筝做成鹰的样子。"鸢飞戾天"，就是老鹰在天上随意地飞，高声地叫；"鱼跃于渊"，就是鱼在水里面欢蹦跳跃，用朱子的话说，就是叫"活泼泼"的状态。这种状态就是最高的境界，人生的自由自在的、无拘无束的境界。其实审美的状态到最高境界时，也是这种状态；道德的最高境界，还是这种状态。这个状态不是完成了以后就不动了，更不是一个固定的、静止的状态，而是一个生命的本能得到最大程度的发挥，状态也是最佳的，创造力是最强的，是活泼泼的状态。无论道德、审美、认知，还是人生本身，最高的境界都是自由无碍的这种状态。这种状态不是不遵守规矩，而是孔子讲的那种"从心所欲不逾矩"的绝佳状态。"规矩"已经化了，化在行动之中了。

还有一种方面或者角度，也可以用来理解中庸，就是事物的最佳点，就像哲学上的关节点或者数学上的优选法一样。

我只是从理解中庸的角度谈点个人的粗浅的感觉。从境界心态理解中庸，从理想目标追求角度理解中庸，从存在的最自由、最完满的那种状态理解中庸。当然这是不全面的，但是不容易打散，要不然你随便看这句话是这个意思，那句话是那个意思，整体上可能就糟了，因为它表达深刻艰涩，容易使人迷失。我先简单说到这里。

王绍培：

刚才景院长主要介绍了《中庸》文本的来龙去脉，王教授主要介绍了一下《中庸》的主要精神，他们两个人是专家、是学者，我是媒体人，我不是做研究的，我是道听途说的，也是一个围棋爱好者。记得吴清源先生写过一本书叫《中的精神》，吴清源是今年还是2014年去世的，活了100岁。他说最好的围棋是什么样的围棋呢？就是你下一步，我下一步，我们都下得很好，最后以很小的差距分出了胜负。而且好的围棋就是每一步放到的位置都是恰到好处的。所以像吴清源那样的棋手，跟现代年轻的棋手不一样，年轻的棋手他们是要想一着就把对方下死。但是吴清源这个人是有哲学的、有境界的，所以他讲围棋不是一般凡夫俗子能讲出来的，他讲"中"的精神，他用围棋来诠释了中庸的哲学精神，他的围棋为什么那么好呢，除了他是一个天才之外，他真的是求道派。

《中庸》的哲学按我的理解，或者"人生规划书"，从根本上来讲的规划书，人是从哪里来的，你应该成为一个什么样的人，你有没有可能成为这样一个人，你怎么做才可以成为这样一个人，它讲的是这个。跟我们后来学的关于人生的一些文章和一些教材相比来得要更加的透彻、更加的根本，而且它的见地更加的深刻。比如讲"中庸之道"，中庸之道其实就是中和之道。所谓"中"，天地之大本是"中"，天地的本体是"中"，这个"中"可能有两个意思，一个是内在的、没有生发出来的状态，就是一个"中"的状态，"中"就是内在的意思，我觉得有这个意思。还有一个"中"就是均衡的意思，一开始就是处在初级的、和谐的状态，这也是"中"。"和"就是生发出来的，生发出来的、不过分，全都是有分寸的、恰到好处，这个就是"和"，把这中和之道加起来，就是中庸之道。我们每个人生下来之后，跟天地一样，我们有一个本体，这个本体跟天地是同体的，因为天地是合一的，把我们内在的状态即所谓的内在规定性实现出来你就是一个君子，你要朝一个君子、一个圣人的目标去努力，你就把你的全部内在规定性实现出来了，"中"的状态把它呈现出来就是"和"，就是"发而皆中节"，我们内在的东西生发出来了，都那么合乎分寸，都那么恰到好处，很和谐的状态，就像自然在运行，这个就是所谓的"中和"。君子的意思就是我们要有这样一种意识，《中庸》里面有很多地方讲到"慎独"，不管有没有人的时候，我要知道，我要有这种哲学意识，我要知道我跟天地是一体的，我要知道作为一个人我有这种使命，我要把人的全部东西都发挥出来，实现出来。过去上大学的时候，很多同学学西方哲学"自我实现"，有人说你怎么可以搞自我实现呢？我们要是从《中庸》的角度来讲，当然每个人都是要自我实现的。因为每个人生下来之后，你要把你所有的才华，你所有的规定性，都要实现出来，《中庸》讲的是这个意思。《中庸》的基本的精神是这些。我们请景院长再来给我们做详细的解读。

景海峰：《中庸》确实非常难懂，在儒家著作里面应该说是思想最为深刻的，也是可解释性最大的，所以历来对《中庸》的理解，在不同的时代或者不同的大哲，他们的一些说法也是伞状的、开放的，不是说只有一种解释，而是有各种各样可能的理解。比如说"中庸"这两个字，"中庸"中的"中"，这个中如果按照《易传》的说法，就是"天地人三才之道"，"大中至正"，是天地间一种平衡的要求，是天地得以和谐运行的基本依据。所以"中"这个概念有空间的意义，今天汉语中说的中心、中央，居于中间的位置，相当于是一个枢纽。而从人格的意义或典范来讲，它又是一种"正"，和所谓"邪"、"不正"、"不当"是反义的。在《中庸》的理解里面，这种情状实际上是跟儒家的教化和礼义要求联系在一起的，因为"中"不仅只是空间的状况，它实际上是礼义教化的一个全副呈现，只有体现了礼义教化，其实现的状态大概才能达到所谓"中"的要求。关于"庸"呢，刚才那位听众也讲了，所谓"不偏不倚"，这是小程子的意思，朱子解为"平常"。不偏不倚可以说是恰到好处，合乎一种"发而皆中节"的要求，是把握到了一个最好的临界点，这在今天的自然科学理解上也可以这么去解释。"不易"就是说它不是一种流变状态、让人眼花缭乱，没有办法理解，而是一个可以去确定、可以去把握的东西，有所谓"常"的面相，所以后来朱子讲"庸"就是"常"。至于"中庸"，一般来讲就是一种很自然的、很平和的，没有什么很离奇、没有办法去说明，或者没有办法去做、去达到的东西。因为这种平易性，恰好就是我们人伦日用或者日常生活状态里面的东西，不管是我们的生命意识还是我们作为一个人在现实生活中的行为，它最恰当的方式就是平平常常。如果是追求一种很离奇的、"素隐行怪"的东西，那并不是儒家所理解的人生，儒家所追求的人生就是一种平平常常的、非常中和的、合乎自然的状态，这种状态是每个人都可以做到的。它不去追求一种奇怪的东西，而这恰好就是儒家对于人生的最高要求。

这个"庸常"，或者"庸言"、"庸行"，说来简单，但在《中庸》的意思里面，你要真正做到，所谓"达"或者"至"的境地，也就是得到一个很高的、圆满的状态，那是非常不容易的，可以说是难乎其难！所以在《中庸》的开篇一段讲过之后，接着大部分都是引用孔子的话，大概有八九段，那些话里最主要的意思就是在反复强调"中庸"之难，做到"中庸"之不易。一个人要做到中庸、合乎中庸是非常艰难的事情，等于是对你整个生命的最大的挑战。因为"中庸"的状态在你的人生中是一个过程性的，从你的幼童开始，整个的一生，人生的每个环节都要去努力做。因为它是历程性的、是一个动态的，所以"中庸"不是一个僵死的、终结性的东西，它是一个不断在变化、活动的东西，而在这么一个变动不居的状态里面，怎样去把握你的人生，怎样始终都能做到平平和和，这实际上是一个最大的挑战。人这一辈子在这么一个千变万化的社会环境和生命历程中能始终做到平平和和，实际是一个很难的事情，也可以说是最艰难的事情。所以《中庸》里面讲"天下国家可均也，爵禄可辞也，白刃可蹈也，中庸不可能也"，就是说这些荣华富贵都可以舍弃，可赴汤蹈火去冒死，但要真能做到"中庸"这样的境界，却是难乎其难的。因为它不是只做一个动作的事情，它实际是伴随着整个的生命历程。"中庸其至矣乎！民鲜能久矣"，就拿颜渊来说，《论语》里面讲颜渊是孔子最欣赏的学生，说他符合"仁"的标准，也只是"三月，不违仁"，但颜渊对"中庸"的渴望是"择乎中庸，得一善，则拳拳服膺弗失之矣"，他最向往的就是能有中庸这样一个境界。可见在夫子的心目中，"中庸"对一个人或对一个生命过程来讲是何等的重要，它是一种具有终极意义的生命理解，这种终极性是和对整个宇宙自然、天道性命的理解联系在一起的。所以这样来把握生命的意义，它大概就能符合儒家所讲的"人"，这个人是一种日常生活状态中的、非常自然的形态，能够达到一种很平易而高远、所谓"极高明而道中庸"的人生，这和宗教对人的理解不一样，而这恰恰是儒家最基本的思想。

所以《中庸》一上来就讲"天命之谓性，率性之谓道，修道之谓教"，这差不多是《中庸》的一个纲领。这三句话的深意是在给"人"下一个定义，或者说是给天人关系、人与自然的关系做一个根本性的哲理的定位和理解。什么叫"天命之谓性"？"天命"本是西周以前最早的一个观念，它是跟原初的巫史文化联系在一起的，讲人的生命的由来，后来儒家思想从"天命"过渡到"性"上，讲"性"就带有了人文或哲学塑造的含义，而不仅仅是从自然生发的意义来讲。"性"在整个儒家思想里面有一个极大的发挥，从孟子开始，到后来的儒学发展，大都是围绕着"性"来解释人的，一直到今天我们讲的人性。"天命之谓性"，就是说人的存在和自然是一种内在的融洽关系，人是自然的产物、是自然的有机组成部分。"率性之谓道"有两解，一个是说"率"就是随顺着性，"循"是朱子的讲法，就是顺着那个性，按照那个本性来做，就是"道"，就合乎道。还有一种解释，"率"就是统领，统率的意义，就是更强调把这个"性"要有一个好的安排，因为人有七情六欲，呈现出各种各样的复杂性，如何能把"性"规范在一个好的状态里面，这大概就是我们要求的"道"。这两解在后来的儒家里面便反映了两派的差别，一个讲"性即理"，一个讲"心即理"，也就是理学派和心学派，这个辩论有很多。"修道之谓教"，就是儒家讲的如何做人，人生除了"天命"和"性道"这些问题之外，实际上要落实到每个人的生命形式中，落实在一个个具体的情景里面，它就要通过"学而时习之"，通过不断的道德践履功夫以求符合道，所以"修道之谓教"也可以说是一个知识成长展开的过程。历来对这三句话的解释非常多，可以说是儒学的一个大纲，所以《中庸》一开始，就把儒家讲的何为人、天人之间的关系、修与学的意义，还有"性命"这些问题都讲出来了，这等于给儒学奠定了一个基本的话题框架，后来就是不断去深化、不断地诠释其意义。所以《中庸》一开头就给儒家思想所包含的非常深刻的哲理开了一个局，故非常重要。

王立新：我听景教授刚才讲的，我想起了我上中学的时候学数学，就是这个"中"字的解法，数学老师虽然不懂得"中庸"，但懂得"中"，我们当年学华罗庚先生的"优选法"，就是 0.618 法，比如 1 米这么长的距离，用大约 0.618 米这个点上分开是最好的分割，这叫黄金分割。老师给我们讲的其实就是中庸。一般经验丰富的演员在舞台上站着的时候，他不是站在正中间的 0.5 这个地方，站在这个地方不好看，要站在稍偏一点，站在 0.618 这个位置是最好看的，视觉效果最好。我的老师当年讲数学的时候，他是讲什么叫"优选法"的黄金分割点，他举例说：比如一个女孩子，如果她长得再黑一点就黑了，如果她长得再白一点就白了，如果她长得再胖一点就胖了，如果她长得再瘦一点就瘦了。正好就是不胖不瘦，不黑不白这么个关节点，被她长着了，那就是长到位了，又不过火。我今天再添一点儿，如果一个女孩子长得再难看一点就丑了，如果长得再好看一点就妖了，那个点就叫"中庸"。我是觉得景教授刚才说的"中"字，就像刚才我举的那个例子一样。《中庸》难啃，因为它是一部真正深邃的哲学著作，它是揭示天地奥妙的著作，揭示天和人合一的沟通的内在关系的著作，尽管才有 3000 字。我这顺便插一句闲话。

王绍培：

《中庸》是 3544 字，我们经常写一篇文章就是 3544 字，但是很少文章能够经得起推敲的。我刚才说吴清源说好的围棋是要符合"中的精神"，中国文化里面很多东西都是围着"中"来做文章，比如"中医"应该是有三个意思，一个意思是中国的医学叫"中医"，一个是有病不治是"中医"。什么叫有病不治是中医，就是我有了病，我不治，它可能不会有最好的结果，但是往往也不会有最坏的结果，可能是一个中间的结果，有病不治，我扛一扛，虽然可能没有那么快好，但是也不会马上就死，所以呢，有病不治是中医。还有一个意思，"中"的意思就是和谐的意思。金观涛写过一本书，大概是谈控制论的书，他说一个物体能够存在必须要有一个内稳态（内在的稳定状态），你内在的稳定状态没问题，这个物体就存在。我们的生命也是这样的，我们有一个内在的稳定的系统，有一个正反馈调节，如果有什么要破坏内部稳定系统，我们会自我修复，达到一个平衡，这个平衡的内稳态的状态其实就是《中庸》里面说的中的状态，因为有这个中的状态我们才能活，才能存在。中医就是靠这个来治病的，中医说你太虚了，太实了，太寒了，太湿了，这所有的说法都是不中或说非中，然后我给你吃药也好，给你按摩也好，给你针灸也好，给你刮痧也好，就是让你回到那个中点上去，回到中点那个状态上去，也就是回到那个内稳态。当你回到稳定状态，第一你能存在，你能活下去。比如我们的体温36.5℃，高了就不是你的内稳态，低了也不是你的内稳态，都不是"中"的状态。所以"中"是指天下之大本也，天下的一切都是有这样一个内部稳定状态，就是这样一个状态，就是这样存在的。中国的文化、中国的很多东西以这个哲学精神来指导，中医有一种说法叫哲医，因为它是哲学加上经验系统，两者一结合，还挺有效的，它的经验系统全部是朝着"中"的精神去的。像吴清源下围棋一样，按照"中"的精神来下，下出一手非常和谐的在当下是最恰当的一步棋。如果每一步棋都是当下最恰当的，这个棋我就会赢。他追求这个，他追求的不是我战胜你，追求的是在一个盘面上，我要找到最好的一个点。其他的比如说像中国的音乐也是这样的。过去中央音乐学院的瞿晓松，早期的中央音乐学院他们读书时候的所谓的"四大才子"，他在西方学了好多年的音乐之后，回到国内觉得还是中国的音乐比较厉害，因为它好像是突然就来了，没有什么由头音乐就开始了，没有什么铺垫音乐就结束了，整个音乐跟天地、自然是非常和谐的，那个调性、那个韵律是非常统一、非常一致的。尽管瞿晓松可能没读过《中庸》这本书，他也未必理解中国的哲学，但是中国文化的精神、这种神韵他是深深掌握了，所以一旦到了某个年纪的时候，了解了中国文化的精髓后，他认为中国的音乐确实是很好的。它为什么好呢？因为它符合了"中"的精神。我们平时烹饪做菜讲究五味要调和，"五味调和"就是把不同的味道放在一起的时候，它们都是恰当的，盐不要那么多，醋也不要那么多，所有的味道都恰到好处。有的时候我们刻意把各种调料味道都减掉，让自然的本味能够呈现出来，这个也跟"中"的精神有关系。当然这个"中"的精神不一定完全是从"中庸"来，但哲学上的精神差不多是一致的。

景海峰：你刚才强调的是恰到好处、找某个平衡点，这当然很重要，这是"中"的哲学里面很重要的一个基点，就是寻求一个最佳的状态，不管是人生，还是对自然节律的把控，都求得一个最佳状态。但从儒家思想的整体背景来讲，它实际上又不是单纯地强调一种静的状态。比如说一个画面或一个动作在那个节点上可能是达到了某种最佳的效果，但儒家对这个"中"的理解往往强调的是一种动态，这里有两个概念可以把"中"的动态意义再深化一下。

一个是《中庸》里面讲的"中和"的问题，刚才绍培也提到了"中和"。"喜怒哀乐之未发，谓之中"，这个"中"就是中处，即有那么一个东西，我们每个人都有七情六欲、有各种各样喜怒哀乐的情绪，"未发"强调它是一个人的天性、是本有的。"发而皆中节，谓之和"，那个中处者肯定是要发的，因为喜怒哀乐不可能总是潜隐的状态，它一定要在情绪上有所流露、有一定的表现。那表现出来，我们如何去把握它？或者是达到一种最好的效果？因为人都是有感情的，他不是块然之物，一定有各种情绪的表达，而这种表现在儒家看来不是说它好还是不好，而是说你表现出来要有一个节度，要表现得恰如其分，要符合你所处的场景，符合你表达的身份，以及符合具体事情的道德要求，而不是一种野蛮的、没有理性的状况，这就叫"中和"或"中节"。然后讲我们如何做能达到君子呢，这就是"致中和"，就是要去追求这种"中和"的道理和效果，达到一个"中和"的状态。所以"致中和"是一个很高的目标和要求，它除了平衡的意义外，是把整个人生作为一个历程来看待，因为七情六欲随时随地都可能发生，并且表现得非常复杂，各种各样的心理情绪充斥着日常生活的每个环节，当我们面对每个事情的时候，可能都有各式喜怒哀乐的表现，怎样能做到一种理性的、有教养的、合乎礼节的要求，这是最大的问题。所以"致中和"是成就一个君子的最高目标，也是最大的挑战。后来"中和"问题在宋明理学里面讨论得非常多，如何"致中和"就成了功夫论的核心议题，这不仅牵涉到日常道德实践活动的要求，也包括人生的困顿，在艰难、危急的关头，你怎样把控你的情绪和行为。大事临节，君子的高尚人格怎样去效仿，即便是日常生活里的一些琐碎事、一些小节，怎样做才能符合"中和"的道理，这实际上就是一个很复杂的功夫论的问题。

除了"致中和"以外，另外一个重要的概念就是"时中"。《中庸》里面说"君子中庸，小人反中庸"，君子的中庸就是"时中"，而小人反中庸，便肆无忌惮，就是没有节律、没有规则，缺少一个做人之方，可以随心所欲，造成对别人的侵害，完全是一种自私自利的，这就是"小人"。而君子的"中庸"表现为一种"时中"的道理，"时"这个概念，对理解儒家讲的君子的意义非常重要。君子不是僵固的、一成不变的、以不变应万变的那种道学先生，不是刻板的、标准化的东西，他实际上在每个时代、对每个事物都有一个很好的判断和把握，并且能够处理得很恰当。这个"时"，实际上包含了你的心智，有你的智慧、知识、能力、道德水平等，等于是一个人全副身心的修养所最后能达到的一种力量，所以要把握"时中"是非常难的。我记得《孟子》里讲了四种圣人。有所谓"圣之清者"，清者就是今天讲的不与流俗为伍的清高姿态，这个世界太污浊了，我不跟你打交道，躲得远远的，我的风格多高尚、人格多高，不跟你们这些凡夫俗子打交道，这是一种隔离式的方式，就是躲避、遁世。所谓"圣之清者"，孟子举的例子就是"不食周粟而死"的伯夷，这个故事大家都很熟悉。特点就是有意躲避、与世隔绝，这个世道太污浊了，我跑得远远的。我想很多宗教，像佛教的出世主义，像道家、道教的远遁山林，都有点这个味道，不跟你打交道，可以保持一种很好的人格，显得很高尚，孟子管这叫"圣之清者"。第二种是"圣之任者"，就是儒家讲的担当、责任，这个很有担当感，要入世、要做事，把天下的道义都担起来，做很多事情，这应该是儒者很重要的精神，孟子是以伊尹为例，这是非常著名的人物，是"圣之任者"的典范。第三种是"圣之和者"，这个类型在《中庸》里面也讲到了，就是"素其位而行"的君子，即"居易以俟命"的意思，到哪个山唱什么山歌，现在是什么状态就按照那个状态任劳任怨地做好就是了，不要老觉得不如意或不得志，要有这种适应能力，可以跟任何人打交道，在任何环境下都可以做比较技巧的处理，代表人物是柳下惠。孟子讲的第四种是"圣之时者"，就是孔子的形态，这是最高明的，也就是《中庸》里所讲的"时中"的意思。这种圣贤，他们对世界的理解、把握和处理的方式是与时俱进的，可以根据每个事物的情况，本着儒家的君子理想和人格原则把它处理得恰到好处，所以"圣之时者"应该说是儒者的最高理想。这个道理也就决定了后来的儒家为什么几千年能够流传下来，如果它是一个非常僵硬的东西，随着时代的迁移就会被抛弃掉。为什么儒家每到历史发展的重要关头，都会有一批伟大的思想家出来，有一个新的创造，使得古老的思想又焕发出活力，能够一直在我们中华民族的文化里扮演主角，就是因为它是一种与时俱进的、具有一种创造性和创新性的思想力量，这大概就是所谓"时"的意思，就是"时中"。所以，我们从以上两个方面来对平衡或者临界点、恰到好处的意思再做一个补充性的理解，儒家所说"中"的意义就更全面体现出来了，它应该是一个非常宏大的系统，里面的很多环节都考虑到了。

王立新：景教授说得非常好，我给大家解释一下景教授最后说的一个问题，景教授说孟子说"孔子是圣之时者也"，意思是孔子能与时俱进，这个话语大家不要简单地理解成是我们江泽民总书记发明的话语。这个话语在中国典籍里面经常出现，最接近的词汇就是《周易》里面出现的"与时俱偕"，"偕"，就是相伴而行的意思。"与时俱进"，是我们当代的中国共产党的领导人继承中国传统，对中国传统进行创造性转化的收获，而不是单独的发明。在座的朋友们可能没有看过很多中国的古代典籍，所以我要说明一下。我大学毕业以后，在东北一所大学当老师，那里有一位教授是从"文革"期间过来的，他有一天看到我在读二程的语录——北宋时期两个大哲学家，程颐和程颢兄弟两个，学生们把他们两个老师讲话的东西整理出来叫"语录"，就是把二程说的话语记录整理出来。我的那位同事教授一看，就说原来"语录"是这个小子发明的。他经历了"文革"的全过程，以为语录就是从《毛主席语录》开始才有，好像语录是从"文革"才发明的一样。当他发现我读的二程的书也叫《语录》时，才忽然获得了新知识一样，说了上面那句话语。走出"文革"误区，又进入新误区，以为语录是宋代发明的，其实他又错了。《论语》就是语录，分类以后的语录，所以叫《论语》。刚才绍培兄说吴清源是人类历史上的棋圣，其实围棋是中国文化最高的智慧之一，也是人类智慧体现在游艺中的最高智能形态。中国的围棋，西方的现代足球，都是人类的最高的游戏的艺术形式，围棋里面充满了中庸的精神。绍培兄的围棋一定是很厉害，啥时间闲下来跟你手谈一局。我现在这里接绍培兄说中庸跟围棋：吴清源先生的围棋，跟现在韩国的世界围棋的冠军李昌镐的围棋完全不一样。李昌镐天下无敌，所有的各种"杯"和奖金都被他拿去了。但是严格意义上他不懂围棋的精神，他只懂得输赢，大家可能不太理解我刚才这句话的意思，比如说练武，中国人讲什么呢，以无法为有法，以无限为有限。这是中国武术的最高境界。中国武术的"武"字是"止戈为武"，阻止、制止战争的意思。围棋也是一样，吴清源先生的围棋，下得非常平和，非常舒缓，非常悠远，非常优雅，那才叫围棋，只是拼命地厮杀，拼命抢地盘，那不叫围棋。所以李昌镐的围棋，离中国围棋的基本的"中庸"精神很远。我是借着两位的深邃的理论和巨细的指引，说点跟大家生活能够贴点边的话。刚开场的时候，绍培先生作为主讲人和主持人，首先问大家念过《中庸》这本书没有？这本书虽然短，但是真的好多人没有念过。如果没有念过这本书的话，有关中庸的话语真的就比较难懂，比较难谈。所以景海峰先生和绍培兄在这费尽心思转弯给大家说，如果大家看过一些，那就更方便交流了。我先说到这里。

王绍培：

刚才景院长讲了"时中"的概念。"时中"的含义，其实还有一个是权中，就是权衡。比如我们称一个东西，称的东西很重的话，秤砣一定要放在很后面去。这个不断找平衡过程就是一个权衡的过程，也就是"权中"。一切以时间、地点为转移，所以"中庸"不是一个僵化的东西。当然，任何一种哲学思想和体系在流传和传播的过程中，都会变得简单化、概念化、教条化，好处就是变得每个人都可以理解，坏处是成了一个死的东西。南怀瑾说年轻人要稳重一点就比较厉害了，到人老了之后就应该冒失一点，因为老的时候自然是稳重的，老的时候欠缺冒失，欠缺冲动，欠缺勇气，而年轻人天生就是有勇气，所以他倒是应该稳重一点。所以这里面有一个调和，可见一个东西的好坏也不是书本上的、概念上的。关于中庸，给大家推荐一本书，杜维明的一本书叫作《中庸洞见》，他用英文写的，前几年，大概2007年、2008年的时候，武汉大学哲学学院的段德智老师把它翻译过来。杜维明认为像《中庸》这本书看起来好像是有很多很多的格言警句荟萃而成，但里面其实有一个非常严整的、严密的体系，有一个结构，他们把前面的19章，朱熹的分法分成了33章，那么19章拎出了君子来谈，讲一个人怎么样成君子之道；第20章是讲的政，讲的是一个人怎么样在社会中跟其他的人发生关系，他也把这个"政"叫作"信赖社群"。最后面的13章主要谈"诚"，"诚者，诚之者"，"诚"体现出道德的形而上学，《中庸》这本书的宗教精神和宗教性给挖掘出来了。

景海峰：杜维明先生应该是当代学者里面从诠释学的角度对《中庸》做阐发而颇有洞见的第一人。因为这本书是他30多岁时写的，也就是20世纪70年代的中期，那时候他还在加州柏克莱当教授，后来才去了哈佛。他能够把《中庸》的思想层面打开来讲，先是谈"君子"的问题，这跟"诚"的德行有关，从君子的人格塑造、道德功夫、思想境界这个角度讲，大家都比较熟悉。然后说"政"的方面，就是所谓的"信赖社群"，引入现代观念来分析，从社会结构做剖析。因为《中庸》不光是讲境界，它也涉及仁、义、礼、智、信"五常"，讲"达道"和"达德"。五达道，"道"就是至道，是最高的典范，便是仁、义、礼、智、信；三达德，就是知、仁、勇。而仁义礼智信"五常"和知、仁、勇"三德"就有一个社会结构的问题，牵扯到社群关系，包括人际、人伦等，五伦、五常恰是儒家道德的核心。第三个层面讲道德形而上学问题，这可以说是他对《中庸》解释最大的贡献，是从宗教性来阐发儒家思想。一般讲儒家好像只是一些道德教化，而不是宗教，因为它没有宗教的终极意义和关怀，杜维明在这本书里，特别讲《中庸》相当于中国人的圣经，它里面的宗教性或信仰层面是儒家非常重要的一个方面。按西方人的理解，儒家只有世俗的一面，它没有超越性，像西方的宗教，在凡俗的世界之外有另外一个世界的描绘，儒家跟宗教两界划分的方式是不太一样的。通过《中庸》这本书来理解，我们恰恰能明白儒家讲的宗教性是什么，或者说人的终极关怀和信仰依托何在？这不是上帝，跟外在的偶像神灵也没有关系，它是把一种自然的、宇宙的整体性和人的生命存在结合在一起来理解。所以，我们需要进入到第二个话题，这就是"诚"的概念。

如果前面我们是围绕"中庸"或"中"的概念来探讨《中庸》的价值，那下面我主要讲一下"诚"这个概念。"诚"这个概念，就像我们一开始讲"中庸"的概念，它有一个比较平面化或通俗的理解，好像就是诚实，只是一种品格，比如我们今天用的"诚"字，说这个人很诚实、有诚信等。确实在儒家伦理里面，"诚"是非常重要的品格，是为人做事的基本要求和分寸，当然有这个意思。但"诚"这个观念在儒家思想里面又有非常特殊的价值和意义，这就是它是所谓"天人合一"的枢纽性概念。关于"天人合一"，我们今天都挂在嘴上，讲中国文化，讲儒家思想，最高的一个理想就是天人合一，但何为天人合一？这实际是很复杂的，我们就通过《中庸》"诚"这个概念来看看天人合一如何可能？什么才叫天人合一？《中庸》21章以后，有十几章是专门讲"诚"的，从"自诚明，谓之性；自明诚，谓之教。诚则明矣，明则诚矣"那段话以下，整个的内容都是围绕着"诚"这个概念来展开的。它大概讲了这么四层意思：

第一就是"至诚尽性"。"至"就是最，达到一个最高的境界，或者"达"，就是得以、到达。"至诚"不是一般的诚，不是一个简单的道德品行，按照《中庸》的理解，它是天地的最高属性，我们能够去理解和把握的东西就是天地的"至诚"，天地的这种精神便是"至诚"两个字。我们的祖先，当他们面对大自然的时候，如果不是从原始宗教的神灵意识进入，很自然便要考虑到天地运行的节律，比如说早上太阳从东方升起来了，晚上太阳下山，月亮出来了，有春夏秋冬的四时更替，一年的季节会有变化，气象上有风霜雨雪，有各种不同的自然景象，从一种很朴素的理解和把握，就会认为这些是天地最根本的东西，它呈现给我们，我们能够去理解和解释天地自然这些最根本的东西，我们把这个东西把握好，就能够与天地相和谐，可以合乎它的节律，按照它的节拍得到一种最好的、最佳的结果。我们农业民族的这种观念是非常强的，它要和天地自然有一种融洽感，有一种亲密感，我们今天讲生态，工业社会对生态意识破坏得非常厉害，现在再去做些修补，而中国古代的思想就是最生态的，可以说是天然的生态主义。人存活在世间，和自然万物打交道，他就要考虑如何融合的问题，不光是去索取，要有一个交互的关系，这在《中庸》里面是非常重要的思想，就是所谓的"至诚"精神。"至诚尽性"，就是从对天地的理解，对天地的把握，去发挥人能，去尽人之性，把我们的能力发挥到极致。孔子说"人能弘道，非道弘人"，就是说人生天地之间，在天、地、人三才之道里面扮演特殊的角色，有特别的担当，他和自然万物是不一样的，是天地中最有灵气的存在，是万物的精灵。所以人生天地间，尽管我们也是自然的一部分，但人是一个非常特殊的角色，需要尽人之性，发挥人能，来尽物之性，赞天地之化育，则天地位、万物育，达到"与天地参矣"。这可以说是人的生命意义的最高表现，怎样能够在宇宙自然当中把人的能力发挥出来，这是儒家的理想，所以不管是君子人格也好，或者是儒家对社会的期望也好，就是要参天地之化育，这是它的理想。这是第一个意思，就是要"能尽其性"。

第二是"至诚能化"。《中庸》里面讲了"致曲"的概念，就是天地万物很不平常，你不要把任何事情都想象得那么简单，我们对天地的理解和把握，是一个去体会"至诚"的过程，它充满了各种各样的挑战，会面对各式各样的问题，是一个艰难曲折的过程。所以，"致曲"的复杂性，由形著到变化，大概就是说世界不那么简单，人生也不那么简单，任何事情都是皱褶的而不是平面的，所以要以至诚起化。这个"致曲"而化的意识在《中庸》里面有充分的表达，这是第二层意思，"至诚能化"。

第三，"至诚如神"。可以说是儒家对于鬼神的理解，后来宋明理学里面也讲鬼神的问题，都是沿着这个思路。儒家一开始就是"准无神论"的，孔子讲"未知生，焉知死"，"未能事人，焉能事鬼",他不信鬼神那一套,只是存而不论。《中庸》也讲"前知"、预言这些,但更重"以德配天",对鬼神的理解,相当于在天地之间或人与天地相合之后的某种神妙的表现,不是外在的偶像性存在,而是贯注于人自身的精神世界当中。所以"至诚"可惊天地、泣鬼神,和人的存在息息相关,这样对鬼神的解释有其宗教性,但非偶像崇拜,实际上表达的是人的精神状态,所谓"至诚如神",神鬼这些东西都是"至诚"的某种表现、某种状态。

第四就是"至诚无息"。关于"至诚无息",《中庸》里面讲了很多天地化育万物的过程,这些思想和《周易》是相通的。《易》谓"天行健,君子以自强不息;地势坤,君子以厚德载物",《中庸》说"天地之道,博厚高明",都强调日月经天、江河行地、宇宙千变万化,均是"至诚"的表现,是一个必然的东西。"至诚"的精神所含范围是非常广的,天地万化、生生不息的状态都是"至诚"的一种表现,所以《中庸》里面对天的意向的描绘不是把它塑造成一个上帝,而是体现着"至诚"的精神。这种精神显然与人有直接的关系,也可以说是人的想象的一种投射,是从人的存在状态来理解天应该是一种什么样的形态。反过来,又从天的这种"至诚"精神来解释人,塑造形而上的世界,表达某种宗教性。这里面当然有信仰的成分,因为你面对这样一个天的时候,就有一种"戒慎"、"恐惧"的心情,需要保持一种敬畏感,不能随便造次,更不能随心所欲。你的行为要符合它的节律,符合起码的要求,这就是敬畏感,这与我们今天讲的对大自然的敬畏是相通的,这实际就是中国人的一个"形而上"的信仰世界,在冥冥中有这样一个东西制约着我们人类,我们要面对这样一个"天"。但这个"天",我反复强调它不是西方宗教讲的上帝,它跟人之间的关系实际上是一种互通的关系,所以《中庸》里面讲了天的"至诚"精神之外,接着就讲人的问题。后面几章就是从君子、从圣人,尤其是从孔子的一些道德理想来讲人应该怎么去做,而人的这些行为恰恰是和刚才讲的天的"至诚"精神有某种契合性的,就是不违背天的"至诚"精神,这样才能够达到与天的"至诚"精神有一种相合的状态,也可以说是"至圣"的追求。所以天人合一不是简单的人与自然的和谐,没有那么简单，这里面是从道德、心灵、意志、情感，然后到知识、教养、行为，我们人类的全部活动，包括社会制度的安排都在里面了，它是一个非常复杂的东西。从"至诚无息"的道理看，儒家理解的天是什么，人是什么，天人如何相合，这里面的问题和环节非常多，它并不是简单说人与自然相处好就可以了。还有就是人在这个动态的结构之中，怎样发挥人的主观能动精神，能够参天地之化育，成就一个美好和谐的宇宙。而这个宇宙同时也是一个信仰的世界，不是纯物质意义的，它有某种抽象性，但它又是具体的，天地日月星辰，山水草木鱼虫，我们都看得见，这跟西方的上帝形态是不一样的。但这种信仰又不是一个所谓纯自然状态的，不是万物有灵论，不像原始宗教那么简单，它要经过一个人文化的塑造过程，是按照人的精神想象或可理解的精神世界的要求，给自然的意义赋予了某种灵气，这种情况下才能讲所谓的"天人合一"，它实际上是一个文化创造的结果。

王立新：景教授讲得透彻，真精彩。中国古代的"天人合一"，真的不是我们今天人想象的那个意思，比如有的人说天是一个意志，人按照执行之类的，都属于今天人的想象。开始景教授说《中庸》论"诚"的那个开场，说得很好，但这一段比他前面讲得更精彩。前面那段主要介绍具体的场景，这一段有关"天人合一"，是我们中国哲学的核心的内容，也是中国人自觉不自觉地追寻的目标。其实我们每个人都在追寻这样一个目标，但要想达到，真是很不容易。我非常赞赏刚才景海峰教授讲的，我们要达到的天人合一的天，实际是已经被我们人塑造过了。大家不能把"天人合一"的"天"，简单地看成是自然之天或者意志之天。首先，天给了我们恩惠，我们感谢天，来回报它、来祭祀它的时候，我们又还了它一份情感，天和我们已经通起来了。然后我们又按照我们的人文理想、人生理想赋予天以另外的意义。我们说天惩恶扬善，老天爷呀，你为什么不睁睁眼睛？其实这是把我们的目标赋予天了，万一它真的打个雷，把一个坏蛋咔嚓掉了，那就说天不得了啊。其实这些都是我们赋予天的善恶裁决的情感。在这个过程中，天和人的关系，不是绝对的单向的关系。天和人处在互动之中。但不是天以什么方式跟我们互动，我们自然地就顺着它，跟着它互动。我们在跟它互动的过程中，它就进入到我们的生命中来了。所以中国的天，是在我们的心里面的，中国的人是生活在"天"中的，"天"也同时就在我们的心中和生活的世界里。所以刚才景海峰教授说，宋明理学所讲的鬼神，和孔子所讲的鬼神，其实都是我们人造的。因为中国的鬼神，如果没有中国人的参与的话，它就不是一个对人可以发挥作用的鬼神了。我们把我们的情感、我们的理想、我们的意志等等各种东西都赋予它了。当然，有关这个话语，刚才景海峰教授讲得比我严谨多了，我以具体的例子帮忙他给大家一个说明。比如说我们中国有很多动物，都被我们赋予了文化的精神。我们跟动物应该保持一种什么关系，过去中国人把动物都给封官了，不是说现在放羊的叫羊官，锁门的叫门插官，不是这种官。我们有很多很多的动物真被"封官"或者加"尊号"了。比如驴叫什么官？鸡叫什么官？鹅叫什么官？驴都有美名叫"长耳公"，受到了人的尊重；我们管母鸡叫司晨，那是官，就是管早晨的官。我们赋予了很多动物以人的灵性、理想的灵性、美学的灵性。魏晋时期有个名士叫王子猷，就是王徽之，搬到一个新地方住，先要在庭院里面种竹子，没竹子就难受。种了竹子后，就吼了一嗓子："何可一日无此君！"没有竹子我还能活吗？这是人跟植物的关系。当然我们现在人没了这种心境，也想象不到这种"与竹子共生"的审美需求究竟有多重要。苏东坡说"宁可食无肉，不可居无竹。无肉使人瘦，无竹使人俗"。连植物都被人文化、都被精神化、都被美学化、都被理想化了，我们跟自然界的天人合一的关系，不是一般的简简单单的使用的关系，说自然是我使用的对象，它可以给我提供资源，可以帮助我们增长财富，或者哪怕仅仅是情感交流，比如现在我们很多人养宠物，说跟宠物有感情了，不只是这样简单粗浅。其实我们把我们自己的人生理想，还有我们的文化理想，以及社会改造的理想等，全部付托到天地万物的身上，然后再通过它的昭示来执行。总之，天人合一的过程太复杂也太美妙了。不能把天和人分成两个东西，否则就享受不到"天人合一"的快乐和美感了。

王绍培：

景院长讲到对"诚"的解释，王教授对"天人合一"的解释，很精彩。"天人合一"是哲学上的一个概念，天人的本体是一样的。我对于"诚"有一个理解，"诚"跟修行有关系，古代经典可能都有非常深厚的修炼的体验，这个"诚"是什么意思？人和天合一有一个道路，有一个方法，而"诚"讲的是这个方法论，怎么样才能够让天人合一，方法就是"诚"，它就是它，没有什么欺骗，比如说一个花的种子开出来就是一朵花，花呈现出来的它说我就是一朵花，它不说它是别的，而且就是这朵花，这个叫"诚"。还有一个就是纯粹，这里面没有什么妄念，比如修行的人修到一定的程度就有很多妄念，有很多幻想，如果你被这个幻想牵着走，你就无法回到天地之本原，这个也不"诚"。还有一个"诚"的意思是我既然有这样一个规定性，我就一定把它实现出来，我成就它，这个大概也叫"诚"。所以说这里面跟个人的修行有很大的关系。我们讲"天命之谓性，率性之谓道，修道之谓教，致中和，天地位焉，万物育焉"，我们怎么能够把所有这些人身上的规定性实现出来，我觉得"诚"是一个非常重要的途径。

景海峰： 讲得非常对，"反身而诚，乐莫大焉"，这是《孟子》里面特别发挥的思想，在这一点上，我们经常讲"思孟学派"，就是子思和孟子在战国末期已经被捏到一起了，认为他们属一个系列，是一个学派的。孟子的"反身而诚，乐莫大焉"主要是从道德层面对"诚"所做的发挥，《中庸》里面的"诚"更多是和天的问题联系在一起的，所谓"至诚无息"可以上借于天，下也可以跟我们日常的道德修养联系起来，它在沟通天人方面，意义是一气贯下的，既有"形而上"天道的问题，也跟道德修养的功夫是连在一起的。除了刚才讲的形而上的宗教意味之外，在《中庸》里面对知识的意义和价值也有高度的肯定，"至诚"、"致曲"的过程实际就是知识展开的过程。我们最为熟悉的就是"慎思明辨"的问题，"博学之，审问之，慎思之，明辨之，笃行之"，这是一个非常完整的系列，从知识的理解和接受开始，到最后把它怎么样落实和下放到我们的日常生活和我们的每个行为中，这个过程，《中庸》有一个充分的展开。这种意义就是"尊德行而道问学，致广大而尽精微，极高明而道中庸"，《中庸》的思想在儒家文献里面确实是极其高明的，这些哲理需要不断去思考，因为它非常深邃，讲到了天道、性命的很多问题；但它又不是始终悬浮在空中的，它有一个下放实践的可能性，和我们日常的人伦日用是接通的。所以它讲的道理一方面非常高明，但又很平实，是我们体会日常生活的最基本的道理。

王绍培：

我们剩下来的时间做一些互动，看看听众有些什么问题，我们跟嘉宾交流一下。

听众：三位老师好，我想问一下，我来这里听了很多课，大家都提到"文革"这个词，我想问一下，就"文革"期间，有哪些人表现出中庸的精神，大家说中庸就是不偏不倚老好人，那个时代有没有人表现出中庸的精神或者中庸是什么样的一类人，我们日常生活中要怎么样处理具体的事情？我们在具体的生活中怎么样去做，是不是做老好人不偏不倚，对一件事的看法就让它过去了？第二个问题，我想问一下王教授，二战后那些战犯被宣判之后在牢房里面好像喊过"诚者天之道也，思诚者人之道也"，我就想问一下，他们当时的心情是什么样的？他们想表达出什么意思？谢谢大家。

王立新：他们喊这句话之前没有请示我，所以我不知道他究竟是怎么想的。（笑）但是有一点，日本人强调武士道精神，日军侵华的时候也是强调武士道精神，武士道精神是日本在自己本土文化神道崇拜的基础上，吸收了中国的宋明理学的精神，尤其是王阳明哲学的一些精神，可能他们误以为忠诚就是效忠日本的天皇，所以是他们也用"诚者天之道也"这一套，但是他们陷入了自己设置的误区里。因为这个世界是诚的，天是诚的，人是诚的，但是不是你说你诚，你就是诚了。到底是不是真正的"诚"，上有天，下有地，中有数万只诚心的眼睛。第二个，你刚说的问题，说老好人哲学是一个什么状态？其实也不一定非得有一个具体的什么人作为代表，我们生活中这样的事挺多的，不想招灾，不想惹祸，不想碰钉子，不想得罪人，不想担责任，你问"这个行不行"，他说"行"；"那个行不行"，还是"行"。就像《三国演义》里的那位高人水镜先生，有人问他，"我去办一件事情好不好"，"好"！"孩子升学了好不好"，"好"！"老婆死了好不好"，"好"！他自己的夫人说"怎么人家老婆死了，你还说好？"他说"好，你说好的也好"。就是不管什么都说好，叫老好人，这样不得罪人，不碰锋刃。中国人有这种智慧，叫作出头的椽子先烂，你不坚持，你就不受打击。老好人只是出于一种自私的自保心理，这种人不必要举具体的例子，其实生活中很多。当然《中庸》里面讲的，还有孔子讲的中庸，正好是这种老好人的反面，他一定是有坚守的，一定要有智、有仁、有勇的，具备三达德，才可能达到此种境地。我们距离此种境界，都还相当遥远。我想说的第三，就是刚才景海峰教授讲的话，虽然讲的都是高明的事，但是做起来也都很平常，就像咱们吃饭、喝水、睡觉一样，这才叫"极高明而道中庸"。这样的境界，孔子这个人的一生基本上是达到了的。我刚才的说法，不算对你的回答，因为你的那个问题，刺激我多说了几句话。

景海峰：我觉得还是刚才一开始的话题，一说"中庸"，可能一般人的脑子里就是老好人、和稀泥，容易和这些联系起来，我们一晚上讲了这么多的意思，就是要跟这个东西划清界限。就像孔子讲的"乡愿"，他的表现就是讨好两边，表面上头头是道，好像也很招人喜欢，但那是君子吗？那显然不是夫子心目中的君子。因为君子做人做事是有道德底线的，这是最起码的要求，然后还要有一种人格境界，有他做人的高标准，并不是无原则，遇事就是滑头主义，那绝对不是儒家的君子。所以我们在理解"中庸"的时候，可以把这作为一个参照，"中庸"绝不是一般所说的和稀泥。而恰到好处、临界点这些问题，只是理解这个思想的一个角度，不是说事事都要找平衡，好像不要有什么冲突，那跟"中庸"的宽广精神也是相去甚远的。《中庸》里本身也有一个对比，说"君子居易以俟命"，就是刚才我们讲的"时中"的道理，而"小人行险以徼幸"，就是刚才说的小人是肆无忌惮的，没有什么原则。所以无原则恰恰是小人的表现，就是冒着一种侥幸的心理，不计后果，也不顾及周围，完全是自私自利的。"行险以徼幸"，那是儒家坚决反对的，儒家讲的"勇"不是冒险，它有一种基本的尺度和要求，就是"三达德"知、仁、勇中的那个"勇"。实际上我们仔细想一想，这是一个非常高尚的道德，并不是讲冒险，这是两个概念。

另外就是你刚才讲的第二个问题，我也说两句。《中庸》这部文献问世后，因为思想的深邃性，影响所及，不光是限于儒家，或者中华文明。佛教传入后，包括唐代以后的很多和尚，对《中庸》都非常感兴趣，入宋以后的儒、释、道三教合一或者融合的过程，《中庸》是一个很重要的桥梁，它里面的很多道理，佛教要发挥一些哲理想打动汉地本土人的心灵时，就用《中庸》的一些道理来讲，和佛教的义理结合起来。佛教里面有很多高僧，他们对《中庸》的注释很有名，也非常精彩，像宋代的契嵩，还有明末时的几个高僧，都有注解《中庸》的专著。《中庸》后来的影响，不光是在儒家里面，它也影响到了其他的学说，而且也把这些资源拿过去发挥。同样的道理，后来儒家文化走出中华大地，对整个东亚社会影响很大，成为这个区域非常重要的思想源泉，尤其是宋以后，实际上儒家思想已经是国际性的了。按照我们今天的说法，它已走出了国门，在很多地区都有流传，包括日本人，可能对《中庸》的概念是非常熟悉的，像日本的知识界、文化界，包括企业界，可能讲到《中庸》、《大学》这些文献的时候，他们是非常熟悉的。一般的日本老百姓，对这些概念也不会很陌生，这些思想对他们的文化是有深刻影响的。所以，你说的这件事只能从这个方面去理解。

听众： 第一个问题，请问两位教授，古代以来到近代以前，出现那么多个经典人物，那么多博大精深的文化，为什么古代到近代的社会现象那么动荡不堪，打打杀杀，打打闹闹的，这与博大精深的传统文化是否会相冲突？第二个问题，请问主持人王老师，传统文化对当今社会有什么重要意义？是不是道德品质或道德下降，用传统文化来整理一下人的道德品质和道德风尚的问题。另外我还发现一个有趣的现象，每次其他的活动，门都是关着的，还要刷卡进来，唯独这个南书房夜话是敞开的，这是不是与传统文化的教养深入人心还有一段的距离呢？希望王老师谈一下这个问题。

王绍培：
后面这个问题我觉得可以先回答，门开着就是欢迎大家来，本来南书房夜话是一个开放的空间，门开着就是欢迎大家进来。毕竟谈传统文化还是比较高大上的一个话题嘛，具体的我不太清楚。前面两个问题请景院长先回答。

景海峰：这实际上是一个理论和现实的关系问题。因为一种文明形态或一种文化总要树立些正面的价值，包括一个人如何做人，你总得有些好的目标，不能说一开始就往最坏的地方想，盯着那些坏人去学，包括教育子女总得有一个好的榜样。一个社会也是一样，一个大的文明形态也是一样，它要树立一个正确的典范，我想这个道理大家都能接受和理解。但所谓正确的典范，这些理论学说，这些非常高远的理想，它要落实到一个个具体性上，实际又是很复杂的，不是说你想得很好的东西，它一定在现实表现中就按你想的来，一定是很好的，那样这个社会就太简单了。社会的复杂性就在于理想和现实是有差异的，一些正确的目标和具体的呈现中间往往有很大的距离，所以我们今天讲儒家的这些思想，讲儒家的道德和理想，我想它最大的意义，不是说社会的现实就都是这样，然后我才讲它，而恰恰可能是因为社会的现实距离好的理想太远，所以我们要不断地呼唤。我们明白了这些道理，然后你才能想想这些道理里面有没有可以对我们有启发、有借鉴的东西，然后我们再来改变现实，包括你所说的打打杀杀。

王立新：我基本不需要补充了，景海峰教授说得非常好。其实我们中国人在很大程度上不大懂得儒家大道理的意义，所以才总是打打杀杀的。要经过一个过程，《中庸》不是说先博学之，然后审问之，然后再明辨之，然后慎思之，所以历史是有一个过程的。我们经常犯一个基本的错误，以为好的要在这个世界上落实，坏的要在这个世界上除掉。如果是这样，那我们就活得太美了。太美了，那这个世界反倒没意思了。这个世界如果没有老鼠，没有苍蝇了，都是蝴蝶和蜜蜂了，那蝴蝶和蜜蜂也就不再是蝴蝶和蜜蜂了，跟老鼠和苍蝇是一样的了。正因为这个世界丰富多彩，好的才显得更好，精的才显得更精，才更有凝聚力，更有感染力，更有感召力。绝对的"好"没到来，我们才更有奋斗的目标。真来了以后，恐怕你还活不起劲来了。你没发财的时候，你老想挣钱，你一旦发财了，都不知道怎么活了；所以我们的快乐和奋斗的理想，都在过程中，当它没有成为现实的时候，正是我们需要奋斗和发挥热情的时候。

王绍培：
　　刚才前面那一个问题，中国有这么博大精深的思想，为什么政治上老是打打杀杀？有一个更宽泛的回答就是，西方也有很多博大精深的思想，但是两次世界大战都是以欧洲作为主战场，所以说理想与现实之间有出入。当然我理解他问题的意思不在这，他问的是什么呢，他问的是为什么我们有那么多好的思想，为什么我们的政治不是民主政治呢？大概有点这个意思在里面。就是我们在政治的文明性或现代性上为什么是不够的？我觉得这个问题可以具体回答，其中一个原因是我们中国文化在根本上的见地是非常够的，但是在具体的操作层面上还是有一些问题的，跟我们后面的知识体系的发展、知识体系的传统是有关系的。比如拿开会这件事情讲，迄今为止，中国人是不是很会开会？我们对开会的精神非常了解，开会的重要性我们都知道，怎么开会我们不是很清楚。而西方人在方法论上研究得比较透彻，不光是有一个宏大的目标，有一个美好的愿景，怎么样实现那个愿景，怎么样能够恰到好处地命中这个目标，西方人在这一方面可能比我们做得要细。第二个问题，现在我们为什么要讲传统文化，是因为道德沦丧了。原因有三点，我现在只说其中的一点就是我们在那么复杂的人生里面行走，我们要活下去，就像我们开车一样，一定要有一个全球定位系统，传统文化是我们全球定位系统之一，不是唯一的，也不一定是最好的，但是它有很重要的现实意义，而且是有价值的，而且比我们现在碰到的很多要好很多，如果你把传统文化的某些东西领会透了，作为你的人生的全球定位系统，它有助于你知道你在什么地方，也能够帮忙你去到一个什么地方。至于还有身份认同这些，还有帮助和满足我们宗教的情感的问题，这个先不说，现在谈比较实际的一点，它就是一个人生的全球定位系统。好，最后一个问题。还有提问的吗？

听众：《中庸》给我们提供第一个方法论，包括愿景，无论是对社会，还是对个人，那么它对于天命的范围是怎样的论述，几位老师有没有什么心得？

景海峰：《中庸》的意义，最重要的就是标志着中华文明有一个人文化的转折，因为"天命"这个概念在殷商时代或更远古的时候，可能是原始宗教的信仰对象，就是冥冥中主宰人的行为和各种观念的力量，而且是一个绝对的力量。"天命"是一种罩临在人类头上、你要去服从的对象，殷人所谓"尊天事鬼"，它是跟信仰连在一起的。儒家后来之所以崛起，成为中国文化的主干，绵延2000多年，就是因为它实现了一个大的转折，就是把这样一个具有神秘性的或原始宗教意味的"天命"，转换成了天人合一的那个"天"。这个天实际上就有了人文化的色彩，就是把人的精神灌注在了里面，把道德理想、人格境界这些东西跟天融合了起来，这个天就不再是一个跟我们悬绝的、外在的东西，或者是一个令人恐怖的东西，而是跟我们的存在有一个紧密无间的契合意味。这也就是我们经常讲的，儒家的出现或周代礼乐文化的崛起，对整个中华文明大的转折所做出的贡献，即所谓"人文的觉醒"。这个"人文的觉醒"就是"天命"的意味跟远古时代的"天"不一样了，成为我们今天所理解的带有精神性的一个东西。因为你问得比较专业，所以我只能从一个比较理论的侧面来回答。

王立新：景教授刚才回答的中国的天，是有一个从至上神，外在的善恶的惩罚掌握者这样一个身份，转入人文的富有亲切感的过程。我非常赞同。你刚才的问题就是《中庸》里面怎么样讲"诚"和"天命"的关系，实际上在整个讲述过程中，景教授已经说得比较明白了，可能你来得迟了一点，没有完全听到。"诚"和"天"的关系，一是天本来就是诚的；二是诚本来也就是天的，说起来很复杂，其实也很简单。比如天地养育各种万物，就是天之诚，万物按自己"诚"的规定生长就是天，反正就是说既高明又实在的东西。《中庸》的力量，就在于把平时的东西说得很高明，从而使中国传统儒家具有哲学性的倾向，同时又把极其高明的天落到平时的生活中，又让人感觉中国传统儒家哲学是亲切的，我们每迈一步都是天，都是诚，都踏在坚实的土地上，其实"诚"就在我们心目中，我们心中有"诚"。但是只要我们一不"诚"的时候，天就不再帮助我们。我们都得天助，得天佑，只是因为有"诚"在心中。一旦不"诚"，一旦想离"诚"而去，或者更进一步，想做鬼去，想欺诈，天就不会再帮助我们。

王绍培：

我把两位教授的回答通俗化，"天命之谓性"，就像手机一出来，它的出厂设置就是天命，都已经设置好了，这个就是天。什么叫人，我们后来加进去的，把各种操作程序加进去，这就是人，后来干的。人一生下来，你父母的遗传信息都已经在你的身体里面，这就是天，有的时候你就变不了，比如你长得跟你父亲或者母亲像，乃至于你的情商、智商跟他们很相近，或者比他们好一些，它都有一种规定性，这个规定性就是与生俱来的，这就是天，就是天命，大概是这样。好，今天的南书房夜话到此，谢谢大家。

南书房夜话第十六期：诗教之美，《诗经》漫谈

张丰乾　子　张　王绍培（兼主持）
（2015 年 7 月 25 日　19：00—21：00）

王绍培：

《诗经》是中国最古老的文本之一，大概是公元前 11 世纪到公元前 6 世纪期间的"诗歌"的一个结集。学界通常认为是一个叫尹吉甫的思想家、诗人收集的，后经过了孔子的订正。《诗经》作为中国最早的诗歌集，大家并不陌生。但是《诗经》到底是一本什么样的书，这个大家未必能说清楚。有很多人讲《诗经》是中国人的圣经，这个观点值得商榷。当然中国有很多经典著作有类似《圣经》的价值，比如我们上次讲的《中庸》，就有人说它是中国人的圣经，《周易》也有人说它是中国人的圣经。我们今天晚上请到两位嘉宾，一位是中山大学哲学系教授张丰乾；还有一位是子张先生，在深圳普及《诗经》文化或者恢复中国传统文化做了很多工作，是一个热心且有韧性的人。首先请张丰乾老师给我们总体上讲一讲《诗经》这本书。

张丰乾：谢谢王老师。很高兴能有机会跟大家分享一些读书的心得。我首先要向深圳图书馆表达敬意，我很早就知道有这个活动，订阅了"深图"的微信号，也到现场来过。以往的嘉宾景海峰、问永宁、王立新等老师都是我们非常尊敬的同行。接着刚才王老师讲的话题，就是中国有没有"圣经"？我们现在讲的"圣经"，一般意义上是基督教《新约》、《旧约》的合称。其实，在中国文化中，经典的圣神性很早就被确立了。不过，如果说中国有"圣经"的话，

中国的"圣经"不止一本，王老师刚才也讲了不止一本，为什么是这样的？我是觉得中国文化从它的源头开始就有一个非常明显的特征，这个特征可称之为"一体多元"。社会学家费孝通先生曾说中华民族的特征是"一体多元"，我个人比较认同他的观点。

传世的《诗经》有300多篇，分为"风"、"雅"、"颂"三个部分，实际是中国早期文化的一个结晶。其中既有官方的作品，也有民间的作品，周朝有专门的"采诗官"到民间去采访或者收集整理这些资料，这是它多元的方面。为什么说它又是"一体"的呢？大家可能知道孔子讲过的话："《诗》三百，一言以蔽之，思无邪"，这个"思无邪"就是出自《诗经》当中的，等下我们会讨论到。这样一个概括说明这么多篇的思想主旨有相通之处。但这种概括又会引起另外一种误解。《朱子语类》中记载了朱熹讲过的话，大意是说有人读书，《周易》64卦的名字都说不全，你问他《周易》的主旨，他就说是"体用一元，显微无间"。《诗经》呢？可能没有读几首，也会说"思无邪"。也就是说，我们可能会习惯于概括性的说法，而对它本身很多的诗篇和背景以及具体含义可能了解得不是很多。

在中国先秦的时候，最重要的经典有六种，它们排列的次序是"《诗》、《书》、《礼》、《乐》、《易》、《春秋》"，称为"六经"，后来因为《乐经》没有流传下来，"六经"成了"五经"，先秦时期《诗》是排第一位的。"《诗》三百"是孔子对古代诗歌整理之后形成的经典，开始是用于教学。孔子去世之后，《诗》已经有齐、鲁、韩三家的分别，收录的诗篇和诗句有出入。在西汉时期，《诗》逐步成为官方认定的经典。有专门的博士（现在的博士是一个学位，中国古代的博士是一个官职），博士下面有弟子员，一起来研究和讲解《诗经》。

今天我们的主题是叫"诗教之美"，"诗教之美"这个题目我觉得很好。古人在采集、整理、讲解《诗》的时候，最重要目的就是教化。"教化"不是光教化百姓和平民；同时也教化帝王诸侯，教化大家如何顺应天命，如何修养德行、听取批评、顺应民心，等等。比如《诗经》里面反复出现的"民之父母"，说"恺悌君子，民之父母"，对于现在的中国人，有些人觉得说官员是老百姓选出来的，你怎么可能成为我的父母呢？父母不就意味着你可以主宰我吗？可以把小孩的东西拿走吗？不仅这样子，还要对你感恩戴德，是不是这样的？其实不是这样的。在中国古代的时候，为什么说"恺悌君子"是"民之父母"呢？恰好就是讲老百姓就是小孩子一样，他处于弱势，他可以乱发脾气，但是君主或者大臣就应该像父母对待孩子一样，无条件地去爱护他们，为他们提供安定的生活，为他们提供好的教育。所以我们讲到诗教的时候首先要明白，教育的对象是上至天子，中到诸侯大臣，下至百姓，这是第一个。第二个，诗教之美体现在什么地方？在《诗经》中诗篇写诗的手法有美有刺，"美"就是歌颂、称赞，"刺"就是讽刺。小时候在课文里学过的《硕鼠》，就是讽刺统治者贪得无厌，当然其中也包含比较委婉的劝诫。

在情感的表达方面，如孔子所概括的那样："哀而不伤，乐而不淫。"比如说像《关雎》中说"窈窕淑女，君子好逑"，是说淑女和君子很匹配。可是君子怎么办呢？是不是像现在我们大学生一样在楼下摆999朵玫瑰，或者写一个什么标语或者大喊某某某我爱你等？不是这样的。古代的君子是什么样的？是"钟鼓乐之，琴瑟友之"，就是文化修养很好，用很美的手段表达爱慕之情。求之不得，辗转反侧，也很苦恼，但是他把这种感情会以一种非常美的形式表达出来。所以我们再进一步想，假如我们经常读《诗经》，像子张这样，自己读，还带领大家读，包括投入很多的精力去推广，当然会起到美化自己的德行，美化自己的外表和言行举止等效果。

但是现在读《诗经》的时候面临很多障碍，第一个障碍就是文字上的障碍，就比如《关雎》这篇"君子好逑"，常常被理解为"君子赶快去追求淑女"，但"逑"是匹配的意思，不是追求的意思，我们不能望文生义。另外《诗经》里面还有召公，应该读 shào 公，不应该是 zhào 公，这都是一些最基本的文化常识。

在中国古代，诗、乐、舞是一体的。子张先生推广《诗经》，也结合念诵、音乐、舞蹈，深圳图书馆为他提供平台，都是很好的。另外，我们面对经典的时候，除了像钱穆先生说的那样，对经典要有温情和敬意；同时，也应该"知难而进"，就是说首先要知道有很多的问题，就需要去查字典，查注解，请教专家，不要想当然地望文生义；另外一个方面，碰到问题不要退缩。否则，就会错失很多的机会。

王绍培：

子张一向认为《诗经》就是中国人的圣经，他对《诗经》是特别有话说，一切话题都可以回到《诗经》，一切话题都可以从《诗经》开始，现在请子张讲讲他所理解的《诗经》。

子张：大家好，很多面孔都是每个星期天上午在这里听我们讲《诗经》的读者和市民，非常感谢今天晚上大家到这里来一起分享《诗经》之美，诗教之美。其实刚才主持人王绍培老师提到我是一个诗经迷，我是读者子张，也是虔诚的诗教徒，所以想和大家分享一下诗教。我对于《诗经》的理解是源于短期的在英国的高管培训，是一个 MBA 的课程。有一个礼拜天，我们去大英博物馆参观，去之前我读了很多古希腊、古罗马的书，我对西方充满了憧憬和一种好奇的心理，所以我想去古希腊、古罗马好好看一下，但是一进到大英博物馆，我就看到了中国馆，中国馆里面的琳琅满目的宝贝，我一下子就惊呆了，所以我就钉在那里就不走了，到后来等大家都出来的时候，发现我还在中国馆。这次经历让我开始重新认识中国文化的价值。经过大量的阅读，我下意识地在中国著作中寻找有没有类似《圣经》的著作，于是 2006 年开始就是这样的一个寻找中国圣经的历程，其实像佛经和道经我都有研究，最后我才发现中国《诗经》才有条件能够跟西方的《圣经》媲美。西方的《圣经》第一部分《创世纪》的亚当夏娃，我们看中国《诗经》第一篇《关雎》篇，"关关雎鸠，在河之洲，窈窕淑女，君子好逑"，所以开篇我们是君子淑女，西方文化是从亚当夏娃开始，而中国文化是从君子淑女开始，所以我说中西方文化不仅不对立，而且从源头上说的都是一样的事情，都是从男女开始。我们看其他的经典，像《易经》，据说也是孔子写的，《易传》里面说先有男女，然后有夫妻，然后有兄弟朋友、君臣这样的说法，所以这样就更坚定了我觉得中国《诗经》是中国圣经的信念。我去看历代的关于《诗经》的著作，特别是明清，从宋以后，我看很多大家，包括文学大家和国学大家都说这些经典是神圣经典，有的人直呼圣经，所以后来有一段时间我去看传播史，到了特别是关注民国前后的传播史，我就发现原来我们在1912年前后做了两件事，造成了我们对中国文化的误会。1912年，民国政府宣布了两件事，我觉得深深影响了中国的文化历史，一件事就是用耶稣纪年来替代中华纪年。大家知道今天是2015年7月25日，这个时间是西方耶稣的诞辰时间，我们知道就在1911年，我们还叫辛亥年，所以这件事把我们的日历改了，我觉得这是非常要命的一件事，让我们对传统的节日全部都颠覆了，现在的年轻人都知道西方的洋节，因为日历上都会相应显示西方的节日，而中国的节日都在下面很窄的那一部分才能看到，很多人都不去看中国下面的农历。1912年做的第二件事就是第一任教育部长蔡元培先生宣布中国所有的学堂废除读经。大约1912年元月23日。对于这两件事，一个是从日历上来修改，第二个是把自己的经给自己废掉了，这影响了我们这100年的进程，所以现在很多人都不知道《诗经》。我们有一次一个朋友聚会，一个新朋友介绍我是《诗经》传播者，那个女的老板说啊，你是搞湿巾的，就是我们用的擦脸的湿巾，你是做湿巾生意的，我想这些误会是怎么形成的，就是从1912年开始，我们就自废文化，自己把自己文化废掉，然后我们1949年以后，前30年我们学习俄国人，我的母亲就是学俄语的，在80年前后，突然教育局来通知我妈妈说要到县里面教育局组织学英语，所以我母亲就从俄语老师变成了英语老师。从80年代到现在，又是30年过去了，所以我们对西方美日的文化也有接受和训练，所以经过这样100年，用中国人的话说，30年河东，30年河西，差不多是3个30年我们基本上几乎就不知道我们祖宗的面貌是什么样了。所以在谈《诗经》的时候应该把这个背景给大家介绍一下。我想《诗经》刚才张教授也提到了它的传承史，我想提醒大家《诗经》在孔子时代和宋朝以后和朱熹以后是不同的，朱熹老先生给"四书"做了注疏以后，就改变了中国经典传播的方向和重心。在朱熹之前，应该是五经为重心的，朱熹以后就逐渐变成了以四书为重心了，那么在这里，要给大家说一下我的观点，"四书"是用来解读"五经"的，刚才我们已经把《论语》、《孟子》、《大学》、《中庸》排在前四位讲过，我想要表明我的立场就是，这些"四书"一直在引用"五经"，特别是《诗经》，比如说《论语》引用了十几处，而且非常重要，《孟子》引用了35处，《大学》引用了12处，《中庸》引用了15处，另外一部经是《尚书》，比《诗经》少一些，但是其他的经里面我们几乎看不到被引用，所以我想在今天开始分享之前，把这样一个背景给大家做一个交代。谢谢。

王绍培：
子张的交代可以说是宏大叙事，讲得非常的远，也可以说很重要，也很必要。我曾经在我微信朋友圈转过一篇文章，是一个西方人写的《美术史的概论》，范景中给这本书写了一个序，其中有一个意思就是说，一个国家的美术史如果不够发达的话，那么它的学术史是无法超越过去的那种高峰的，他的意思这样突然说出来其实我们可能不太清楚他讲的是什么意思，不懂，不能够理解，那这个是什么意思呢？就是如果你没有好的美术史的学习，你没有通过美术史建立一种美术精神的话，你是没有办法进入到精神的知识的领域里面去的。因为精神的知识的领域需要一种非常纯粹的、类似于像审美精神一样的东西，你完全是纯兴趣的。这个我们可以回过头来讲《诗经》，你像子张这样的话，他讲《诗经》是希望把《诗经》重新塑造成中国人的圣经，当然这个也有他的道理，我们在讲到我们民族文化的身份认同的时候，这是一个角度，我觉得他的说法跟这个角度是有关系的，但其实还有一个角度就是，把《诗经》这本书作为我们文化的来龙去脉的最早的一个文本，比如我们中国人为什么是现在这样的一种中国人？比如我们为什么会有儒家？儒家为什么要强调诗教？什么是诗教？温柔敦厚是诗教。为什么我觉得温柔敦厚很重要？我们讲君子，君子的很大一个特点就是温柔敦厚，温柔敦厚的君子风范是哪里来的？跟《诗经》有关系，为什么跟

《诗经》有关系呢？因为《诗经》里面的风、雅、颂，最早"颂"是祭祀的时候一些祝祷之词，祝祷的这些人是什么人呢？是巫师、祭师，大巫师、大祭师，他们来祝祷的时候讲的话是"诗"，最早的诗是从这里来的，而这些巫师和祭师通常来说是什么人呢？他们是阉人，他们是被阉割掉的人，为什么把他阉割掉呢？因为阉割掉了之后他们就会温柔敦厚，他们成了一种中性人，这种人往往看起来比较干净，比较清洁，有一种莫名其妙的神性，所以最后的"颂"是他们说出来的一些话，这就是"诗"的最早的起源。"风"是民间的谣曲，民间的一些风俗的文学化的表达。"雅"是介乎两者之间的诗歌作品。后来的儒家跟阉人有关系，跟早期的巫师有关系，而巫师之所以是温柔敦厚的，是因为他们要服务君王，也就不能显得雄性太强，你就不能显得太有阳刚之气，所以一般要阉割掉。中国的儒家跟它有很深厚的一个关系。西方20世纪的时候，有人提出了人格的理想型，就是中人的人格理想，我们现在讲一些中性化的人，西方20世纪的时候有人讲中人的理想，什么叫中人？就是看起来不那么男性化。为什么会把这种不那么男性化的人当作一个人格理想，是因为另外一个需要，就是在社会活动中为了人与人之间便于合作，雄性化的东西、进取性的东西要消磨掉，要去掉一些，合作起来会比较方便。而中国文化有3000年的历史是在进行中性化的一种塑造。在今天的社会来看的话，它也是一个文化资产，因为我们要进行大规模的社会合作，人的雄性化的那一面被消磨掉，反而是一种文明的表现，我们可以想象在3000年前的时候，一个男性可能在相当程度上像一个雄性的动物，他的男性的性征是非常强的，那个时候我们没有文化来教化他，我们可能会直截了当把他的雄性去掉、阉割掉，然后用这种人来呈现一种人格理想。我们要知道这里面的来龙去脉，我们就知道中国文化为什么是现在这样一个形貌。我们现在请张教授系统给我们讲讲《诗经》。

张丰乾： 刚才讲到一个非常有意思的问题，如果一个人要温柔敦厚一定要改变他的生理结构，改变他的荷尔蒙分泌，这是个非常残酷的事情，儒家恰好是希望通过教化的手段来实现。确实在中国文化中，历史上经常有宦官后妃作乱的情况，所以我们看一下《关雎》这篇。现在常常把它的主题理解为男女爱情，男女爱情为什么可以作为诗篇呢？《周易·序卦传》讲到有天地，然后有男女，有男女然后有夫妇，有夫妇然后有君臣、父子，一系列的社会关系。因为夫妇是人伦关系的源头。

而人伦关系有各种可能，会受各种因素的影响。"君子之德风"就是说君子可以率先垂范，影响到很多人。所以《诗序》说"用之乡人焉，用之邦国焉。风，风也，教也。风以动之，教以化之"，你可以在周围的社区里面或者整个诸侯国，乃至天下的范围都发挥教化的作用。

"诗"是什么意思呢？为什么我们把这种文体的作品称之为"诗"呢？从字面来讲，"诗者，志之所之也，在心为志，发言为诗"，你心里面有想法，通过特定的语言表达出来，这叫作诗，这个诗是"情动于中而形于言"，是一定有真情实感的，用语言文字表达出来，不是无病呻吟的，好像那个辛弃疾的词里说的："少年不识愁滋味，为赋新词强说愁"，"强说愁"就是说还是要勉强说出个愁来。"情动于中而形于言"，但是语言能力有限的，"言之不足，故嗟叹之；嗟叹之不足，故咏歌之；咏歌之不足，故手之舞之，足之蹈之也"。

《诗经》的功能是什么呢？是"正得失、动天地、感鬼神"。"正得失"就是可以作为你人生的指南，促进你的道德修养，当然也会给你一些方法论；"动天地"是人在天地之间，可以感动天地，或和天地之间有互动，这就需要有一个好的中介，而最好的中介就是诗；"感鬼神"，这是传统中国人的超越性观念。我们的前世、我们的来生怎么样，也可以通过诗来表达。刚才王老师讲到了《诗经》中"颂"是表示祭祀方面的，这个就是"感鬼神"的方面，没有比诗更切近的。

教化实际是很美的，刚才王老师提到，它是一种美感，是很享受的；这个教化不是硬性强求的，不是反复灌输给你，也不是引诱你去读我的书，我给你什么好处。它不是主张一夜之间改天换地，而是潜移默化中使社会风俗变得醇厚，人际关系变得和谐，我们的生活变得美好。

孔子在"《诗》三百"成为经典的过程中起了什么样的作用呢？我们刚才讲到《诗》三百，其中有一部分是在孔子之前已经成为经典，是官方认可的，具有崇高的地位，有一些是民间采集而来的，孔子把它作为教材，这个教材不光是教学生懂得一些我们现在意义上所谓的文学知识，而且内容非常丰富，"子所雅言，《诗》《书》《执礼》，皆雅言也"，就是孔子经常讲到的话比较文雅的，比较讲究的。在《论语·泰伯》这一篇里面孔子讲到"兴于诗，立于礼，成于乐"，所以中国古代的文化是礼乐文化，礼和乐可以教化别人，可是礼乐的基础是由诗来兴起的，或由诗来启发的。在《论语·子路》里面孔子说到"诵诗三百，授之以政，不达，使于四方，不能专对，虽多，亦奚以为？"我们刚才讲到对《诗经》的了解不能太笼统；但是如果你对《诗经》很细节的方面都非常了解，可是在现实生活中，在国家的政治中、在外交场合下，你不能够有针对性地、很好地引用《诗经》，虽然熟记很多诗篇，又有什么意义呢？在春秋时期各种外交场合，有一种现象是"赋诗断章"，也就是断章取义；而且断章取义在那个时候是常态，被断章取义最多的就是《诗经》，同样引用一句诗，你取这边的含义，他取另外一个含义，这是非常高明的一种外交的艺术。

孔子要求学生："小子何莫学夫《诗》？"为什么要学会读《诗经》呢？孔子回答："诗，可以兴，可以观，可以群，可以怨，迩之事父，远之事君，多识于鸟兽草木之名。""兴"是什么意思呢？就是可以启发思维，引出话题，激发情感等；"观"是什么意思呢？可以观察，观察古人的生活，观察古人的智慧，观察天地万物之间的各种奇妙的现象；"群"，就是因为《诗经》我们会成为一个文化的共同体，这个在子张老师的身上体现得比较多，以《诗经》为基础，汇聚了一群人。还有一个非常重要的功能就是"诗可以怨"，钱钟书先生写过一篇非常著名的文章，题目就是《诗可以怨》。

我们刚才讲到《诗经》有教化的功能。这种教化是双向的，就是说百姓和官吏，包括学生和晚辈，不是被动的。有不满意的地方可以用《诗》来表达自己的怨言；我们刚才讲到《诗经》中包含了

"刺"的诗篇,有讽刺的功能,也是用艺术的形式表达埋怨的意思。

我不赞同把《诗经》看成是中国唯一的圣经,好像只能服从,理解的要执行,不理解的也要执行,这和中国经典本身的宗旨是相违背的。在《诗经》里面,对上帝也可以质疑。所以为什么讲《诗经》是一体多元的,就是它可以起到凝聚我们民族的认同感,形成一个文化共同体的时候,同时也可以有很多选择的余地。

依孔子之言,学习《诗经》的意义,从近的角度来说可以学习如何和自己的父亲相处;远的方面来说,怎么样和自己的君主相处;在知识的方面,也可以多识于鸟兽草木之名,所以有一部分专家专门考证《诗经》里面提到的鸟兽草木的名字,还出版了画册,非常精美。所以,即使从知识的角度,《诗经》的内容也很丰富,像是一本百科全书。

子张:刚才张教授提到的"诗可以兴",其实诗在过去的作用,刚才说"兴于诗,立于礼,成于乐",我经常在《诗经》传播的过程中说要唱,《诗经》本来是用来唱的,风、雅、颂305篇所有的篇章全部是在各种礼仪上边配乐来唱的,所以我今天想拿其中的一首来给大家唱一下,大家知道有一首非常著名,《郑风》里面的子衿,这个子衿叫"青青子衿,悠悠我心,纵我不往,子宁不嗣音",翻译过来的意思就是说青青的你的衣领牵动了我的心,我不去找你,你干吗连个短信都不发给我?所以这样的一首诗后来被曹操引用到"短歌行"里面呼唤贤才,据说在赤壁大战的前一天晚上,立在船头横槊赋诗来跟将士们把这首诗的两句话引用在里面了,是这样唱的,"青青子衿,悠悠我心,纵我不亡,子宁不嗣音;青青子佩,悠悠我思,纵我不往,子宁不来;挑兮达兮,在城阙兮,一日不见,如三月兮,挑兮达兮,在城阙兮,一日不见,如三月兮"。所以我想,本来我们这个民族就是礼乐文明,从古至今,我们的琴棋书画、诗词歌赋都是源于《诗经》里面的风雅传统,刚才两位老师也提到了,诗经的渊源,"雅"这个字我们要看过去考古的这个字的来历,我们看"雅"实际是一只鸟,鸟卧在很高的地方,所以我们说高雅,所以它一般是在宫廷里面,官员们在各种礼仪上面唱的,各诸侯国之间、国君之间跟士大夫一起唱的。风，我们看繁体字里面一个虫，其实虫是在地上爬的，鸟是在天上飞的，所以可以想象"雅"和"风"代表的含义。"颂"呢，是国家的王（周朝的那时候没有皇帝，秦朝以后才有皇帝，之前就是王）和王身边的二公九卿们祭祀天地、祭祀祖先，所以颂的渊源是这样的。我们看《诗经》，孔子这边也提及了，跟他儿子说你不去读《周南》、《召南》，你就像面对一堵墙站在那里，什么都干不了。《周南》和《召南》为什么这么重要呢？我们看《周南》11篇，《召南》14篇，加起来25篇，我劝大家如果没有时间看305篇的话，一定要从《周南》、《召南》25篇开始。《周南》、《召南》就是刚才教授上一篇翻到的从夫妇开始，家庭婚姻开始，所以过去《大学》、《中庸》里面才有"家国天下"的概念。《诗经》从关关雎鸠开始，说到夫妇、男女，才会有后来的家国天下，按我的观察，《大学》、《中庸》就是后儒们，也就是孔孟之后的儒家的子弟们去读《诗经》写的心得体会。比如说，《中庸》开篇说，"天命之谓性，率性之谓道"，最后一句话引用《诗经》"上天之载，无声无臭，至矣"，所以我说《中庸》是写天道的一部经典，那《大学》是写德的，"明明德"，所以你们如果去读了《诗经》，再去读《大学》和《中庸》，就会发现《大学》中间引用了六七段的《诗经》，《中庸》最后大约7段引用了《诗经》，很多老师就是从字面翻译就完了，但你们要去看每一首诗背后是从哪里来的，按我的理解就是谈的三件事，就是天地、祖宗和夫妇。我们常常和国学界包括喜欢西方文化的朋友在一起讨论，他们普遍有两个话题，第一个就是中国文化断了，100年都不用，这是一个观点，第二个观点就是中国文化已经不适应现代社会了，就跟不上西方了，所以这两条我觉得都不值一驳，让我说中国文化没有断，原因在哪里？一个证据就是我们的经典还在这里，大家看我们南书房是《四库全书》全套的影印件都在，所以即便在"文革"期间，我们国家图书馆这些经典也没有烧毁，所以我们四大文明古国其他三国的文化都丢了，只有我们这个还在，所以我们的文化没有断。我们看另外一个证据，就是每个人都去参与过结婚的场面，结婚有一拜天地，二拜高堂，三是夫妻对拜，所以我觉得中国文化就在这里面，所以这三条真的是上天保佑我们通过老百姓婚礼的形式把我们的中国文化，我们的中国信仰和符号给保存下来了。我为什么要提这样的一件事呢？因为《诗经》就是讲的这三件事，就是天地、祖宗和夫妇的关系。天地之道，我最近在几个场合讲解《诗经·大雅》的第一篇文王，开篇就说"文王在上，於昭于天"，这首诗就讲到了天地和祖先的关系，再回到《关雎》篇，从《关雎》一直到《周南》和《召南》里面，都是在讲家庭婚姻，所以我说我们中国人不仅有信仰，而且是源源流淌到现在，《诗经》的风雅颂三部分的排列很有意思，《周南》、《召南》指的是南这个层面，有关南的层面，可能有很多人会有不同的看法，但是我觉得"南"首先是指南方，就是周公、召公治理的差不多到了武汉、汉江、长江这样的流域，因为《诗经》里面像江汉篇很多都提到了在武汉地区和王一起打仗的事情。我们看第一篇，"邶风"其实就是北风，就是北边，所以这个排列很有意思，从南北东西，因为王的首都是在镐京，所以从东西南北这样的方位以及春夏秋冬这样的轮回，我们对天地的认识其实大家都注意到天时地利人和，为什么把"天"和"时"联系在一起？因为对天的崇拜就是对春夏秋冬的崇拜，过去农耕时代，大家都会去关注春夏秋冬，而春夏秋冬的特点就是天的特点，我们去崇拜天是有道理的，所以大家如果来读《诗经》的话一定要从这样的角度来切入，就是从天地、祖宗、夫妇这样的角度来切入，其实延伸到后面就是家国天下，而家国天下这样的词汇在《诗经·大雅·思齐》篇说得也很清楚，就是"刑于寡妻，至于兄弟，以御于家邦"，所以我们很多初学者可能只知道我刚才讲的《子衿》篇，还有《关雎》篇，还有"所谓伊人，在水一方"那样表达爱情的，其实《诗经》里面包含着中国的信仰和中国的文化。

张丰乾：我觉得读《诗经》可以从任何一篇你感兴趣的读起，为什么一定要从那一篇开始呢？完全没有必要的。我刚才讲的"一体多元"，就从最打动的、最吸引你的或者说你觉得最困惑的地方去读，再去切入就好。我觉得子张有误导的嫌疑。子张提到的《子衿》这首诗，这个诗非常有意思，这个诗篇幅不长，"青青子衿，悠悠我心，纵我不往，子宁不嗣音"。"子衿"是什么呢？"子衿"就是古代书生穿着青色的衣服，"子衿"是年轻的读书人。"悠悠我心"，这显然是爱情的表达，而且是从女子的角度来进行的，即使我没有去看你，你为什么不写信过来呢？子张刚才讲的发短信是有一点不太对，有点问题，在那个时候没有那样的问题，你非要用我们现在的元素去读，你不知不觉就会喜欢这个东西，我觉得这个不太对头，因为我们现在的短信可能跟古人的写信是差很远，我们现在的短信是为了方便交流。这里面接下去讲到"青青子佩，悠悠我思，纵我不往，子宁不来"，刚才也很感谢子张唱给我们听。我在这里面要跟大家补充的是毛亨在《序》里面写到"刺学校废也"，年纪轻轻的学生不好好学习，思念他的情人，女孩子不仅不鼓励她的情人好好学习，还怪他没有写信来，这个《毛诗序》认为"刺学校废也，乱世则学校不修焉"，说在社会混乱的时候，学生都不好好学习，我们现在学生早恋也确实是很大一个问题，这是齐鲁韩三家都没有异议的，"青青"是读书人的代称。朱熹说，这首诗的主题是"淫奔"，就是乱搞男女关系，然后要私奔，偷偷地写信，没有正当的渠道，等不到对方书信的人就非常着急。我们现在看一下，显然朱熹在男女关系的问题上非常的紧张，这就说明一个什么样的问题呢？就是说我们在面对经典，不同的时代，立场不一样，对事物的判断是不一样的，当然从我们自己的角度来看，是一首很优美的诗篇，比如后面讲到一日不见如三月，虽然只有一天的时间，可是为什么感觉时间已经过了好几个月，这就非常形象表达了那种在分离的时间内的持续焦虑。《论语》开篇说"有朋自远方来，不亦乐乎？"朋友从很远的地方来，一定也是意味着很长的时间没有见面，所以非常开心。

　　《鸡鸣》这首诗记载了一对新婚夫妇之间的对话。清晨鸡叫了，男子不肯起床出门，妻子反复催促，丈夫找借口说是苍蝇在叫，不用理会。他的妻子就说你散朝赶紧回来，但如果上朝迟到，别人会怪罪我。这是妻子对于丈夫的劝谕。所以我觉得看诗篇我们一再要强调它的"一体多元"性，你一定说《诗经》只有这样的功能，或者你只能这样读，这个是误人误己的，我是不同意这样的观点的。

王绍培：

刚才张教授把孔子讲的很多跟《诗经》有关的话把它罗列出来，其实还有一句很重要的话，就是"不学诗，无以言"。木心在他的《文学回忆录》里面专门讲到一句话，就是什么叫"不学诗，无以言"？你要是不学诗的话，你没有读过《诗经》的话，你讲不出有文采的话，这是木心的解释，他的这个说法是一个非常浅近的解释，其实孔子的话可能比这个要更有深意。比如，日本有一个美学家叫今道友信的，他讲"诗三百，一言以蔽之，思无邪"这是什么意思？"思无邪"，他说就是思维的垂直起飞，讲的是我们思维的超越性，他说"思无邪"的意思就是我们的思维超越了我们世俗的、现实的层面，垂直起飞进到了一个想象的精神领域，这个叫"思无邪"。当然这个说法可能我们中国学者不以为然，但我觉得今道友信的这个说法非常好，非常有意思，他"有意思"就有意思在他是用了自己的想象力，用了自己对整个精神世界的把握来读孔子的话，用这样一种精神去读《诗经》，所以他说"不学诗，无以言"，不是说不读诗，你讲出来的话就没有文采，而是说不读诗你就说不出有超越性的话，你只能讲一些日常生活的世俗的话，你不可能讲一些很有想象力的话，你就不能把一些你看不见、听不到的那个世界的那些消息传达出来，这就叫"不学诗，无以言"。所以这个"言"在这个地方不是一个简单的话语，而是一个有超越性的、有想象力的话，这个意思不仅很准确地讲了"不学诗，无以言"是什么含义，而且可以作为我们读《诗经》的一个指南针，我们读《诗经》这本书，我们也不妨跳开我们见得着的很多流行的说法，我刚才也说了我们为什么要学美术史，就是我们尽可能地有这样一种美学精神，我们要把这样一种想象力还原到、进入到当时的那个世界。比如像孔子讲的"兴于诗，立于礼，成于乐"，什么意思？按我们一般的解释就是说，我们听到诗，我们就兴奋了，但是我们要在社会上能够成为一个人要站立得起来，我们要符合社会的规范，懂得很多很多的礼节，我们实现了目标和目的之后，可能会觉得很快乐。但是对孔子的话不妨进行想象，因为孔子是处在"礼崩乐坏"那个年代，在孔子之前有漫长的历史是社会上充满了祭祀的活动，有非常非常多的祭祀，比如"风雅颂"大量都是在祭祀活动中留下来的，孔子是很怀念他之前这样充满祭祀活动的那个年代的，他是很向往那样一段历史的，所以孔子的《论语》里面有很多话表达了他对那个时代的想法，所以他说"兴于诗，立于礼，成于乐"，很有可能是对祭祀活动的一个想象、一个说法。什么叫"兴于诗"？就是我们参加一个典礼活动的时候，我们听到祭师开始讲话，他的话就是诗，那是最开始、最正宗的诗歌。我们听到这种声音或这种话语出来，我们马上眼睛为之一亮，我们的精神一下子就振奋出来了，我们就从一种很世俗的、现实的层面里面超脱出来了，这个就叫"兴于诗"。什么叫"立于礼"？立于礼，就是我们听到他的话语后，我们就跟他一起来做一个祭祀活动，整个活动里面有很多祭祀的规范，有很多礼节，有很多礼仪，有很多仪式的规定性，我们在这个活动里面维持了一个相当长的时间，大概是这样。什么叫"成于乐"？我们做了这个活动之后，我们感觉到我们跟一个神秘的一个神的世界，跟一个天的世界进行了沟通，乃至于说实现了天人合一，达到了天人合一的境界，就完成了我们这样一个想象和目标，然后我们陶醉在音乐声中，所以这个可能是孔子讲的"兴于诗，立于礼，成于乐"的原意，他很有可能是对那样一个祭祀活动的还原。当然我们后来讲的可能就把它拆开了，但是也是讲得通的。孔子非常有可能讲的是祭祀活动中的一个完整的过程，听到了大祭师在那边开始念起了祝祷之词，于是跟他一起从事祭祀的活动，然后陶醉在这个活动带给我们的满足中，以至于"三月不知肉味"，很有可能讲的是这个东西。这种还原、这种想象对我们理解什么叫《诗经》、《诗经》是什么意思、对我们怎么理解像孔子对《诗经》的很多很多说法是有帮助的，这就是我一开始讲的，为什么要学美术史呢？就是要有一种想象的精神回到他当时的年代去。所以说"不学诗，无以言"，就是你要是不读诗，你没有这种想象精神的话，你讲出来的东西就没有意思了，你讲出来的话就是你自己的理解误会。

张丰乾： 我们接着王老师的讲，大家看看《论语》中的这一处

"陈亢问于伯鱼"的文献。伯鱼是孔子的儿子孔鲤,陈亢问他:"子亦有异闻乎?"就是说你有没有听到你父亲特意对你讲什么东西啊?孔鲤回答:"未也。尝独立,鲤趋而过庭。"孔鲤说,没有呀。有一次,孔子在那里站着,孔鲤就在那里经过,孔子就叫住他,说"学诗乎?"他回答说没有,所以孔子说"不学诗,无以言",这就是"不学诗,无以言"的出处。"言",刚才王老师讲了语言的功能,不是简单意义上我们现在讲的讲话。假如你熟读《诗经》,你讲的话,你写的文章跟没有读诗是完全不一样的,这个"言"可能是广义的。然后说"鲤退而学诗",开始学诗。"他日,又独立",又是同样的情景,孔子问他"学礼乎?"他说也没有学。孔子说不学礼无以立,就是你没有学到礼的话,就不能在社会上有立足之地。为什么这样说?因为礼是生存社会的地位,首先给你一个地位,你对别人的社会身份进行认同,所以才能立,然后"退而学礼,闻斯二者",这是我从我父亲那里听到的这两件事情,印象最深。陈亢说"问一得三",得了什么呢?听到了诗的功能,又讲了礼,原来君子非常重视诗,非常重视礼,由此我们也应该重视诗和礼,最重要的是什么呢?"又闻君子之远其子也",这个"君子之远其子"是什么意思呢?就是说,君子在承担教育的使命的时候,不应该仅仅局限于自己的孩子,这是一点。另外一点,我们现在看孔子问伯鱼的时候,问他有没有学诗,有没有学礼,就是把他当成一个文化传承人来要求他的,而不是说把他当成自己的儿子,但也不是说因为是自己的儿子,教给他儿子的东西跟教给其他的弟子的东西不一样,所以是"君子之远其子","远其子"是什么意思呢?就是父子之间要有距离,这个距离就要保证孩子的独立性,同时要保证父亲不能够局限于这种狭隘的父子之情,是这样理解的。后面讲到的《周南》和《召南》,刚才子张也讲到了,如果不了解的话,是正墙面而立,比如走到这个地方碰壁了,找不到门径。

子张:《诗经》,刚才两位老师从学理上论述了,子张主要是从传播和推广上。《诗经》其实最初的时候我对它发生兴趣,真的像当年追女子一样,把它研究透了,诗和经的两个字的来历我要把它弄清楚，我想这两条是拿来作为传家宝的话，可以给孩子们说，读《诗经》是未来无论是找工作，还是找恋爱对象很好的法宝，因为刚才老师也说了"不学诗，无以言"，刚才上一篇也说到了孔子跟他儿子说，"诵诗三百，授之以政，不达，使于四方，不能专对"，就是说内政外交你都不能好好运用这个《诗经》三百首，那学了它干什么。我有一次给南山北师大附小的孩子们讲课的时候，说《诗经》就是训练表达问题，不仅训练你的口头表达能力，而且训练你的文字表达能力，特别是言，更多是文言，所以如果你把《诗经》读好了，这个语文，大家知道语是口头的，文是文言，是书面的，语文就非常好了，所以古代从孩子很小的时候，我们说饱读诗书，而读诗书都是从《诗经》开始的。《诗经》两字是怎么来的，我特意去查了《古代汉语辞典》，我想了解"诗"的来源，后来我经常在诗歌群里面或别的群里面说"《诗经》之后再无诗"，有很多人吐槽，说你这个话那些诗人听了都不高兴了嘛。但确实是这样，诗是怎么样来的？我们看繁体字的"詩"，言字旁一个寺，我们很容易会去联想到寺庙的文化，但是寺庙作为佛教在东汉以后才传来的，而《诗经》是在3000年前就已经在用了。"寺"这个字，我去查了《古代汉语字典》，它说"寺"是官署，就是官员办公的地方，特别是三公办公的地方，这就明确了，实际是官员们，特别是在王公里面，三公九卿办公的地方说的话，所以叫"诗"，所以才会有《周南》、《召南》的诗篇在里面，还有"雅"和"颂"，都是为了官方用来教化后来的官员，准备做官员的人，也就是孔子所谓的君子，以及教化百姓，这是"诗"的来历，这个"诗"就跟现在的诗人完全不一样。"经"是怎么来的？"经"的繁体字"經"，我也有去查了，原来在3000年前的时候我们男耕女织，女人去织布，那个织布机纵线叫经线，横线叫纬线，所以如果经线没有拴好，你就不可能织出完整的布，所以"诗经"是这样来的，它的重要就在这里。《诗经》在孔子时代几乎成为统一的教科书，因为那时候没有《论语》，孔子去世好多年后，才把他的课堂记录编成《论语》，所以孔子在的时候，我们把孔子作为老师，老师手上的教科书是什么，就是《诗经》、《尚书》，而《礼》、《乐》因为我们要到户外去演，到各种祭祀场合去演，所以只有在特殊的场合才可以演，所以在屋里、在私塾里面来读的教科书全国人民都用的就是诗书。

张丰乾： 我有另一个看法。孔子所教的，绝对不是"全国人民"。"诗"字的左边是一个言字旁，右边是一个"寺"，这个寺主要是用来表音的，表意的是言，我们不能望文生义说这个寺就是官署，大理寺什么寺，寺在中国古代确实是官署。在古代更早的时候，在"诗"这个字的当中更主要的是用来表音的，因为汉字是音形一体的，我们不能望文生义看到一个字就说它怎么怎么样。

《论语》里面讲得非常清楚，"子以《诗》、《书》、《礼》、《乐》教"。《论语》中引《诗》比较多，但你不能说《诗》是唯一的教材，而且还说是全国人民的教材。什么叫全国人民的教材？那个时候"国"的概念是指齐国、鲁国等诸侯国，是周天子所分封的。孔子和他的学生一开始是一个非常小的团体，还有很多人都嘲笑孔子，墨家非常激烈地批评孔子。但墨家对《诗》也很了解，所以《诗》是诸子百家的一个共同的文化资源。我觉得你现在有一点"《诗经》原教旨主义"的意味。按照这样的思路讲《诗经》，很危险。你把《诗经》当成唯一的"圣经"，就意味着其他的经典都有可能被你忽略掉，或者被贬低。全国人民只读《诗经》，而且要按你的方式读，这是一个很可怕的事情，对不对？

为什么我们说把这个书称之为"经书"呢？就是你绕来绕去都是绕着它转，你不管绕多少，什么颜色的、什么形状的，都绕着它转，它本身就是不变的，所以这个"经"本身有神圣性和稳定性。你如果增字改经，这个地方添一个字，那个地方减一个字，在中国古代也是非常大的罪过。在中国古代还有"今、古文经学"的分别，这是什么意思呢？一直流传下来的，按照通行文字抄录的经典是"今文经"，研究这些经典，就是"今文经学"。而从地下出土或者在某个隐秘的藏书处发现的，用早期文字，如篆书抄录的经典就是"古文经"，相关的学问称为"古文经学"。两者哪个更可靠，哪个可以立于学官？这是涉及研究经典的学者和他的学生之间生死存亡的问题。

再回到《诗经》，我们看《论语·八佾》中孔子讲到《关雎》时说："乐而不淫，哀而不伤。"就是表达快乐，但是不是很过分；也表达悲哀，但不至于造成伤害。就爱情来说，《论语》中也讲过"爱之欲其生，恶之欲其死"，喜欢一个人，这个人不幸去世了，恨不得他死而复生；仇恨一个人，他活得好好的，就去诅咒他，恨不得他立刻死掉。这种强烈的、片面的感情造成了我们人生疑惑。这个疑惑在《诗经》当中是怎样处理？那就是"乐而不淫，哀而不伤"，很喜欢那个女孩子，或者见到后很高兴，但是不会沉溺于男女之情中。这就是为什么说，男女之间的爱情的前提是男女之间都有独立的人格，我不会成为对方的附属品，也不会让对方成为我的控制对象；另外一个就是"哀而不伤"，我见不到对方，或者是分手了，我可能心里面很悲哀，可是这个悲哀是有节制的，是可以调节的，不至于伤害了别人，也伤害了自己。现在时不时会有这样的情况，因为两个人爱情关系发生破裂后，就弄出互相伤害，乃至你死我活的事情，这是非常悲惨的。

　　下面我们看一下《诗经》对我们其他方面的影响。我刚才讲过《诗经》有这样那样的功能，其实《诗经》也告诉我们很多学习的方法，就是具有方法论的意义。以子贡和孔子的对话为例。子贡问孔子说："贫而无谄，富而无骄，何如？"子贡是一个喜欢思考的人，他说我现在比较贫穷，可是我不去讨好别人，如果有一天我富有了，我也不骄傲，这样怎么样呢？孔子说，可以呢，不错，但是比不上什么样呢？比不上"未若贫而乐，富而好礼者也"。就是说，不仅仅是"贫而无谄，富而无骄"，而是"贫而乐，富而好礼"，也就是"安贫乐道"。我们立刻会想到谁呢？立刻会想到颜回，颜回是"居陋巷，一箪食，一瓢饮，人也不堪其忧，回也不改其乐"。颜回吃的东西很简单，住的地方也很简陋，别人都不堪忍受，而颜回却始终没有改换他的乐趣所在。他的持久的快乐在什么地方？我们日常生活中有一个说法叫"穷快乐"，"穷快乐"是什么意思呢？就是不依赖于很多物质基础，很多附加条件的快乐，所以"穷快乐"可能是真正的快乐。可是真正的快乐来自于哪里？就是来自于这种对于自己的德性、修养，对于美好德性的追求，对于文化使命的承担。

另外一方面是"富而好礼"。对待富裕，也有两个极端，一个是炫富，就是挖空心思地炫耀财富；另外一个是仇富，就是仇恨拥有财富的人。解决这些问题应该怎么办？就是要"富而好礼"，物质富有，同时爱好礼仪。子贡是孔子非常喜欢的学生，他善于思考和表达。子贡到这里没有结束，而是说："《诗》云：'如切如磋，如琢如磨'，其斯之谓与？"为什么这样子讲呢？因为他自己只是讲到"贫而无谄，富而无骄"，可是孔子上升到"贫而乐，富而好礼"这个高度。子贡进而把这个过程概括为"如切如磋，如琢如磨"——也是引了《诗经》。但是我们再看一下，为什么孔子是伟大的教育家呢？孔子没有就此打住，而是继续说"赐也，始可与言诗矣"，子贡的突出特点是懂得触类旁通，"告诸往而知来者"，你告诉他过去的事情，你会知道未来的事情怎么样。可见，讨论《诗经》也需要一些条件，除了必要的知识积累外，也要看领悟能力怎么样。如果有切磋琢磨，成效更大。

"如切如磋，如琢如磨"出自《卫风·淇奥》篇，"淇"是古代黄河的一条支流，源出河南省淇山。"瞻彼淇奥"，就是去看淇水岸边崎岖的地方，"绿竹猗猗"是用"兴"的手法，引出君子。"有匪君子，如切如磋，如琢如磨。"切磋是把骨头一类的东西做成器皿，琢磨是加工玉石一类的原料。"切磋"与"琢磨"都需要来来回回，精益求精。"如切如磋，如琢如磨"形容这个君子的形象从内到外都非常良好。但是在孔子和子贡的对话中，子贡把它转变成一种学习和讨论的方法，不是老师告诉你什么，跟你讲了什么事情，要么鹦鹉学舌，没有自己的体会；要么挑三拣四，胡乱发挥。所以关键是精益求精，切磋琢磨。比如现在，我们三位的观点有很多不一样的地方，表达也很坦率，乃至尖锐，但是我们为什么没有拂袖而去，也没有面红耳赤，是因为我们在切磋琢磨的过程中。

子张：《卫风·淇奥》这首诗，我认为它是君子之歌，也是在多次的讲座里面讲这首诗。这首诗分为三章，第一章刚才老师说，如切如磋，如琢如磨，就是读书做学问时候的状态；第二章"充耳琇莹，会弁如星"就是做官在宫廷里面处理政事的状态；第三章这里说"如金如锡,如圭如璧",像金和玉一样,"善戏谑兮,不为虐兮",还能开玩笑,非常风趣幽默但是又不过分,所以这样三章加起来就是一个很圆满的君子形象,读书做官出使四方,很完整的形象,所以我很看重这首诗。我就补充两句,谢谢。

张丰乾：接下来看看读《诗经》的一些方法论。孔子在《论语·为政》里面讲到"诗三百,一言以蔽之,思无邪"。"思无邪"出自《诗经·鲁颂·駉》。怎样读诗,实际是很有讲究的。《朱子语类》记载了朱熹关于"学者观书"的方法,大家注意,这里的"观书"不是"看书","观"更强调的是立体性、透彻性。"学者观书,先须读得正文,记得注解,成诵精熟",经典的主旨是什么,相互连接的地方在哪里要一一认得,一直到什么样的程度呢？就好像这篇诗是你自己写出来的一样,"方能玩味反复,向上有透处",假如不是这样的话,只是"虚设议论,如学业一般,非为己之学",如果你把读诗当成一个职业、一个谋生的手段,这样的话,并不是真正地对自己的生命负责。就像我刚才讲的,程颐"曾见有人说诗",有人在讲《诗经》,问他《关雎》这篇,"于其训诂名物全未晓",就说8个字："乐而不淫,哀而不伤",如果再添加三个字"思无邪"的话,就是11字,就是一部毛诗了,"其他三百篇,皆成渣滓矣"。显然这种贴标签式的方法是要避免的,而"切磋琢磨"才是比较好的方法。

王绍培：

读诗的方法很多,我们的后人在很多地方已经超越了前人,因为有考古学的发现,有很多人类学的研究成果,所以我们现在的研究,比朱熹的研究要深入。我们对孔子之前的了解比孔子之后的很多古人了解得要深刻、要透彻、要广泛。我们今人不能妄自菲薄,既然我们有了这么多新的学科和知识来丰富和开阔我们的视野,我们对《诗经》的阅读可以跟古人有所不同。比如刚才我们说诗,诗到底是什么意思？其实可以有我们自己的一个想象,在孔子之前是祭政合一,办公的地方也是祭祀的地方,这种地方不仅仅是官员了,主祭的是祭师，他是在进行沟通天地、人神的活动，他讲的话，就是最早的诗。诗歌是一种想象性的产物，它是一种超越性的产物，这个意思非常重要。还有一个意思是"诗言志"，说诗表达的是自己内在的一些郁积的、一些想说的话，其实这个"志"与"寺"是一个意思，就是"诗为寺人之言"，诗言志，诗是寺之言，这个"寺"跟那个"志"是一个意思。我们后来的解释就是"诗"讲的是我们内在的一种情怀，我们内在的一种感触，这个也是对的，但是不够还原，还原到那个时候，诗就是在进行人天沟通的时候所讲的话，这些话就是诗歌。从孔子的时候开始，就是天慢慢地淡出我们的日常生活，神从我们的日常生活慢慢消失，想象的世界，精神的世界，从我们生活里面淡出了。所以为什么诗人在今天很重要的？因为诗歌或诗人是把我们从庸常的、沉闷的日常生活当中拯救出来，让我们振奋起来，让我们进到一个想象的精神世界，在那样一个精神世界里面去陶醉，去想象，就像孔子说的"兴于诗，立于礼，成于乐"，它讲的是一个审美活动，这种审美活动又不仅仅是一个我现在所说的我们听音乐，我们跳舞，或者我们看艺术品等，而是我们作为一个人能够从一种日常的生活中解放出来，这是哲学的一个伟大的作用，也是诗歌的一个根本的作用，所以我们读《诗经》，固然要看它具体的每一首诗、每一句话写的是什么，主旨是什么，意思是什么，但是它还有一个根本精神，这个根本精神就是唤醒我们重建超越性的精神世界。这样一层意思，在孔子之后很多人都不一定意识到了，反而是到了现在，因为我们有更广阔的哲学文化视野之后，我们能还原到那个情境中去，这是我们读《诗经》的时候应该重视的地方。

子张：刚才王老师提到了读《诗经》的方法，我今天特意带了几本书，其实子张读《诗经》是非常小儿科的，我一般是在书城那里的儿童书架边或站在那里或蹲在那里很久很久，所以我所有的入门书籍，像这本《诗经全本305篇》，我都给它读烂了。中华书局还先后编了好几本大字拼音《大学》、《中庸》，这些书我也经常会买到，拿到家里随时翻，我觉得有两种方法，如果你想做硕士、博士，那你就回到大学，像跟张教授这样的老师去读学位；第二种作为普通的老百姓，要想提高自己的表达能力，想了解祖宗的经典，我想给大家指一条路，就是跟子张一样，去到儿童读物书架，像孩子一般，就是刚才说的"思无邪"，有的人说子张你不像你的年龄那么老，我说原因是思无邪，所以今天我将给大家展示一下我读的书就是这样的，所以也给大家指一条读《诗经》的窍门。

张丰乾：市面上流行的所谓普及性的注疏良莠不齐，要注意比较和选择。我是觉得并不是你读了儿童读物就能够保持童心，你为了保持自己的无邪之心，专门去看小孩子读的书，我觉得是未必如此。入门的书我这里有，这本《诗经注析》的作者是程俊英和蒋见元，他们两个人都是一辈子研究《诗经》，这个丛书是叫《中国古典文学基本丛书》，这个里面交代了诗的背景，字注的音，也解释了意思，比较可靠。

我们接下来看一下《论语》中这段非常著名的"孔子谓季氏"。季氏是鲁国当时权臣，"谓"是评论的意思。孔子评论说："八佾舞于庭，是可忍也，孰不可忍也。"古代从天子到诸侯，一直到大夫，你用什么样的规模的乐队都是有严格的规定的。八佾就是64人的乐队，天子才能够用。季氏只是一个诸侯国的大夫，他在自己居住的地方用天子的乐队规模，是非常严重的僭越。孔子说这样的事情都做得出来，还有什么事情做不出来呢？

"三家者，以雍彻"，是说祭祀结束的时候，用《周颂》之中的《雍》作为结束。孔子就评论说，"相维辟公，天子穆穆"，说这是天子才能做的事。中国古代非常重视祭祀的对象，祭祀的方式，因为祭祀涉及天地、神灵、祖先等，意义非常重大，不可以随便举行。

这是我结合《论语》中所记载的和《诗经》有关的一些章节，向大家报告一下粗浅的心得，谢谢大家！

王绍培：
我们下面进入互动环节。提问的可以举手。

听众：谢谢三位老师。我从三位老师讲的过程中知道了《诗经》是多么重要，且在我们生活中指导我们的言行举止，我们在建立审美精神和精神世界的时候，它可以指导我们如何做人、如何说话，那么在建立自我本身、完成自我本身的角度来看的话，它具有什么样的指导意义？

张丰乾：我觉得这个问题非常好，我们读《诗经》要了解它在历史上有广泛的大的背景下的历史意义，在每个人读《诗经》的时候意义是不一样的。我想从我自己结合起来，我为什么来研究《诗经》？一个是刚才子张讲到的在《大学》、《中庸》里面有很多引诗篇的。要么引诗篇来总结自己的思想，或者以诗篇中的诗来作为自己的立论根据。《大学》、《中庸》里面有一个非常重要的概念就是"慎独"，慎独是什么呢？通常的理解是"恐惧乎其所不睹，戒慎乎其所不闻"，对自己听不到看不到的东西保持恐惧和警惕。朱熹在解释慎独的时候说，"独"是"人所不知而己独知"之地，就是只有你一个人在的时候，你做什么事情别人都不知道，就是把"独"解释成独处，但我自己不断追寻这个观点，包括出土文献里面。出土文献里面讲到"慎独"的时候，引用了《曹风·鸤鸠》，其中讲道："淑人君子，淑慎其身"，"淑慎其身"就是"淑慎其独"，就是说你对你自己的独立的个性应该非常看重。看重到什么程度呢？就是你这种感情表达应该是非常真挚的，如《诗经·邶风·燕燕》里面"燕燕于飞，差池其羽，瞻望弗及，泣涕如雨"所描写的，送一个人送得很远，走得很急，像是要起飞的燕子一样，一直追到看不见对方的时候，泪如雨下，这个里面也是讲"慎独"，这个"独"是什么意思呢？就是他这种最为真挚的感情，在没有别人在场的情况下，才表现得非常充分。大家在网上可以看到我写的"慎独新说"的文章，对"君子慎其独"有一个比较系统的考察和解释。

在中国经典中，"慎独"和"乐群"是并行的，"慎独"就是尊重和看重你自己独立的人格、独立的精神。"君子之德风，小人之德草"，"风"是什么意思呢？当然是有它的独立性。为什么是小人呢？就是因为他可能因功名利禄，被他人影响，变得没有独立性了。但是另外一个方面，讲"慎独"如果过分强调其独立性，过分强调人的个性的时候有可能会造成一种道德优越感，或者道德的自负感，把自己当成是天下的救世主，或者有道德洁癖，大家都要按照我的要求来做。所以在儒家经典里面，提到了"敬业乐群"，就是你做什么事情，你对这个事情本身要有敬业精神，不单单是作为养家糊口的差事，要尊敬自己的事业，把它认认真真地做好；同时，和周围的人，你在群体生活中享受着快乐，跟别人相处很愉快，所以就是"慎独"、"敬业"、"乐群"，如果这三方面的关系都处理得比较好的话，我们自己的独立的人格和日常比较愉快的比较幸福的生活实际是可以实现的。

王绍培：

我的看法是，我们在想用《诗经》指导我们怎么做人之前，我们应该知道《诗经》是一本什么样的书。我们今天的主题是诗教之美，温柔敦厚就是诗教，什么叫温柔敦厚呢？传统文化里面的人格的理想，就是谦谦君子，儒家很多的美好人格的想象都是这样的，温柔敦厚的，而这个温柔敦厚从文学上追溯上去的话是从阉人来的，就是被阉割掉的人，那些人他们是温柔敦厚的，他们已经不那么男性化了，你要知道有这样一个出处的话，你就知道其实中国文化的发展是很有意思的。儒家文化的渊源之一是从阉人那个地方过来的，然后就知道在这个文化的演变传播过程中，有很多的发挥，也有很多的误解，很多时候我们都根据我们自己的理解，根据后来的时世和环境对它进行的一个误解，当然这种误解在某种意义上也可以理解为一种创造。比如我们复兴儒家文化，你就要知道儒家文化提倡的很多东西有两面性，比如谦谦君子有两面性，温柔敦厚也有两面性，尤其是当一个字面上的美好的人格理想具体到了一种现实的社会环境、政治环境当中的时候，它往往变成了另外一个东西。比如过去我们讲儒家文化是服务于君王，服务于专制统治的，真的有这一面，因为你温柔敦厚，你就没有反抗性了，这个跟儒家文化确有关系。好，下个问题。

听众：今天非常荣幸，因为我之前在微信上有看过国学的，但是一直没时间，今天我听了三位老师的讲座，我特别喜欢子张老师。因为可能对我自己来说，我不是学术性的，也不是其他方面的，我觉得张丰乾在学术方面特别有造诣，而且讲解特别深刻，但对于我一个初学者来说，我觉得需要有一个人传播和指导，让我进入《诗经》里面，让我们去发现《诗经》。所以今天我想问子张老师，能不能多举一些例子，讲一些生活的案例让我发现《诗经》的美，让我发现《诗经》的领域，等我发现了之后，我会去循着张丰乾的步伐，达到自己的造诣。

子张：首先，我完全不赞同王绍培老师最早是阉人传播《诗经》，这个他可以表达他的观点，我来说我的观点，我说是高级官员，特别是王宫里面三公九卿从各地搜集上来，以及在宫廷里面，包括祭祀各种场合的一个册子，就叫"三百篇"。刚才说的温柔敦厚是什么特点，其实跟英国人、美国人打交道，我有很多好朋友，他们很多人也是很温柔敦厚，我们即便是实行了西方的民主，国人的特点也是温柔敦厚，并不是说，我们具有什么，就会怎么样，所以温柔敦厚是一个优点，并不是一个缺点。第二，我们刚才说到《诗经》怎么样能够让你发生兴趣？1.《诗经》是中国人自己的情商手册，对你将来选择伴侣，谈婚论嫁有帮助，现在西方传递了很多培养情商IQ的方法，我觉得中国人不需要，中国人几千年来，情商手册就是《诗经》。2.《诗经》是一本升职手册，每一个人都会关心晋升到中级部门经理，晋升到老总一级，把收入增加，其实孔子三千门徒没有给他搞修身养性，我觉得他主要是培养做官，有的人说我讨厌官员不想去做官，但是无论做什么事，你就是扫大街也有在一个团队里面，团队就需要培养管理意识，在《诗经》里面，家国天下这个概念是源于《诗经》的，如果说五常的理论"仁、义、礼、智、信"源于《论语》，那么五伦的"家国天下"就源于《诗经》，当你每天早晨晚上反复吟诵同一首诗，就是刚才我说的君子之歌，我相信你将来的管理能力会大幅度提高，孔子在《论语》里面第一篇是为学篇，第二章是为政篇，所以我们"文革"的时候批判"读书做官论"，我说批得对，批到点子上了，就是培养你做官，培养你的管理能力。

王绍培：

最后一个问题。

听众： 我个人听完了几位老师的谈话，我个人觉得国学经典现在特别热，我学的时候，一定要注意避免两个倾向，一个是把它简单化，把它作为一个可以谈谈朋友的这种想怎么谈就怎么谈，这种简单化没有层次，你可以通过技术，从古到今，有那么多学者名家进行著述，我个人不太赞同简单化，完全为了市场普及的需要进行一种曲解，当然每个人有每个人的看法。第二个倾向，我们没有必要为经典做一个至高无上的东西。我们的问题是对于经典的学习，我们避免两种倾向，这个态度对不对？第二，在孔子开始学习后，比如他的那个时代，这几部经典的各自的特点，及内在的联系和各自的功用能否给我们解释一下？

子张： 这个问题，我想我有几句话是一开场就要说的，其实我今天来是犹豫半天，是到底穿汉装还是穿这样的服装，因为每周星期天上午10点到12点到这里出现我是穿汉装的，而且家里还有好几套汉装，我想提醒大家我今天这个上衣是在日本买的，这个T恤是英国产的，这个裤子是美国人的牛仔裤，但是大家没有注意到我脚下是北京布鞋，其实经过1912年的三四十年，从1945年开始，前30年读俄语，后30年读英语，我们在座的各位，包括我们的父辈都忘记了作为中国人的特质，我想告诉大家，除了我们脚下踩的是中国土地以外，我们现在还有哪一种是中国人的特质，你吃的是麦当劳、肯德基，你每天坐的车所有都是洋品牌，你喝的饮料也是洋的，所以我很迫切地希望有能绕过几千年来这些解读五经的导游，一骑绝尘直奔目的地去拿五经出来，我们这个民族的神圣经典就在五经里面，以《诗经》为代表的，去看看到底五经在说什么，朱熹以后他们用四书来解读五经，大家只知道《大学》、《中庸》，却不知道《大学》、《中庸》是从五经之一《礼记》里面摘出来的两篇文章，它不是经，所以如果你还没有触摸到五经，不叫触摸到中国经典，你没有读中国经典的经历，你不叫堂堂正正的中国人。

张丰乾：我想起了孔子的告诫："学而不思则罔，思而不学则殆。"你有很多的想法，可是思而不学的后果是比较危险的，我是想提出来我们共勉，并不是说我就做得多好。这个方面，我们思想界和学术界有很多这样的人，有一些人只热衷于扯大旗，喊口号的。所以我觉得有必要用孔子的话跟大家共勉。理想的情况是"学思并重"，或者"学行并重"。因为我们有很多行动当然是非常可贵，但是在学术方面的修养，包括对于前人的尊重之心，也是必需的。其实孔子已经告诉我们如何面对古人和同时做好自己，就是"温故而知新"。"温"是什么意思呢？就是你不要对传统文化抱着冷漠的态度，批判它、嘲讽它、遗弃它；但是也不要做得非常的偏执和狂热，比如现在有些人说只有孔子才能救中国之类的，这只是意气之争，实际是有害无益的。

子张：其实老师刚才提到的庄子、老子我也很喜欢，所有经典我都翻了一遍，可能没有精读，所以我一定要回到我们祖先时候的状态，周王朝老子是在国家图书馆，据说是做馆长，有一天把辞职报告往桌子上一摞，烦！老子不干啦，然后骑一头青驴西去（笑）。孔子是在山东省做高级人民法院司寇，也就是法官，我想这两位读书人一定是通过读书才做了官员，我想他们共同的教科书就是《诗》、《书》、《礼》、《乐》，后来演变成五经、六经，所以我说孔子、孟子、老子、庄子、诸子百家都是喝《诗经》奶水儿长大的。孔子在山东省做官员只做了3年，所以他周游列国去求职，一直想要卫国聘用，但是没有求到，所以到了六七十岁的时候回去开始把宫廷里的诗书礼乐引向民间并传播，这个只有孔子可以做得到，那时没有后来大量印刷的书,只有很少的竹简版本,因为鲁国是跟其他的诸侯国不同的,它有一套副本,除了王宫里面配有五经,老子能看到,另外一套副本在鲁国,因为它是周公的封地,只有鲁国可以使用周王室的礼乐,所以孔子才有条件把这些经典推向社会,这样的话,大家才能够了解当时的经典,所以孔子不是独家垄断,而是所有的诸子百家都读这套教材,别无选择。

张丰乾:我有些不同的看法。为什么这样子讲?他讲的一点是对的,《史记·老庄申韩列传》里面讲到了,老子是周王朝的守藏史。他所管理的有图书也有文物,相当于图书馆馆长兼博物馆馆长。老子为什么隐居?《史记》说他"居周之久,见周之衰",所以他把历代存亡的经验教训做了总结。有一个传说是他到函谷关的时候,看守这个关口的官员要求他写下自己的思想。在子张刚才的言辞中,把老子说成一个愤青一样,不干了,还自称"老子",他会讲那么粗俗的话吗?老子他是姓李名聃,为什么说他老呢?一个是说他长寿,一个是道教里面的传说生下来的时候就很老了。为什么叫"聃",因为他耳朵特别大,为什么说他"老",一般认为是他寿命非常长。所以"老子"的称呼和我们现在有些人自命不凡,言语粗鄙,以"老子"自称是完全不一样的。所谓鲁国有《诗经》副本的话完全是臆测,为什么这样讲呢?《诗》是有官学、有民间的,而且孔子对诗经集进行了整理,这个诗篇都是在民间口口相传的,有不同的版本,但没有所谓"副本"之说。为什么秦始皇焚书的时候,《诗经》没有被焚掉呢?就是因为它是口口相传的,流传到后世,再被记录为文字。

所以我现在也和子张兄共勉,我们讲话的时候要谨慎。孔子说"一言以为知,一言以为不知"。孔子非常注重"慎","慎"的体现是什么呢?不光慎独,也要慎言和慎行。

王绍培:

好,今天晚上的南书房夜话到此,谢谢。

南书房夜话第十七期：儒家文明与中国的历史观

吕文郁　牛鹏涛　王绍培（兼主持）
（2015年8月8日　19：00—21：00）

王绍培：

　　深圳学人南书房夜话，这是一个系列的活动。我是主持人王绍培，我是媒体人。今天的两位嘉宾呢，一位是吕教授，还有一位是牛教授。牛教授现在是深圳学院文学院的老师，吕教授现在是退休了，但住在深圳，现在也在深大国学班、国学研究所上课，两位都是专家。今天我们的话题是"四书五经"，"五经"中的一本《尚书》（《书经》）。钱穆先生有一篇文章讲，"四书五经"中的四书属于必须要读的，"五经"可读可不读；四书要读，加上《老子》、《庄子》要读，还有《近思录》、《传习录》要读，还有一本就是《坛经》要读，他认为这9本书是要读的。我们要了解中国的文化，要了解中国文明的来龙去脉，"五经"我认为还是应该了解的，尤其比如说《诗经》，《诗经》很美，还有比如《易经》也是一部很有意思的经典。再比如像《礼经》和《书经》，我们今天要讲的《书经》也是很重要的一本书。先请吕教授介绍一下《尚书》是一本什么样的书？

　　吕文郁：我先来简单地介绍一下《尚书》这部经典。《尚书》在先秦时代，就叫《书》，并没有"尚"字，有时在《书》的前面加上时代名称，如《虞夏书》、《商书》、《周书》等，用以区别《书》的不同部分。秦汉以后，这个《书》的前面加上了一个"尚"字，就是高尚的"尚"。古代高尚的"尚"和上下的"上"这两个字是可以通用的，所以《尚书》顾名思义就是"上古之书"的意思。《尚书》是中国古代最早的一部历史文献汇编，其中有好多是相当于现在说的政府文告或领导人的讲话、训示之类的内容。这部书是一部非常重要的上古文化典籍，对于研究我国上古时代的社会历史、思想文化有极为珍贵的史料价值。《尚书》是中国古代留传下来最早的一部史书，它里面的第一篇从尧的时期开始，篇名叫《尧典》。大家都知道尧舜禹是中国古代传说时代的历史人物。《尚书》的篇目从尧时代开始，一直到春秋晚期结束。这么长的历史跨度，所积累起来的历史文献都汇编在一起，其史料价值可想而知。《尚书》这本书有一个最大的特点，就是难读、难懂。唐代有一位散文大家，也是唐宋古文运动的领袖，大家都知道就是韩愈，韩退之。他曾经写过一篇很有名的文章，题目是《进学解》。我稍微说明一下，韩愈曾经当过国子监祭酒，那时候的国子监祭酒相当于现在的北京大学校长这个职位，就是最高学府的主持人。他在《进学解》这篇文章中说过这样一段话，"《易》奇而法，《诗》正而葩"，然后说"周《诰》、殷《盘》，诘屈聱牙"。所谓"周《诰》、殷《盘》"，是因为《尚书》里面有八篇诰文，诰就是言字旁加上告诉的"告"，古代以上告下谓之诰，它的含义实际上跟现代汉语中告诉的"告"是一个意思。《尚书》中的八篇诰文，都是西周文献，故称"周诰"。"殷盘"就是指《尚书》中殷商时代的《盘庚》篇。《盘庚》分上中下三篇，记载殷商有一个王叫盘庚，他要迁都，遭到了当时王公大臣的激烈反对，于是他就做了多次动员工作，反复地说明为什么要迁都，迁都会有什么好处，最后劝说这些王公大臣听他的话，跟他一起搬迁。所以"殷盘"就是指《尚书》中殷商时代的《盘庚》篇。韩愈在这里是用"周《诰》殷《盘》"来代称《尚书》。实际是说《尚书》里面的这些文献都特别艰深晦涩，难以理解，读起来又特别的拗口。所以"佶屈聱牙"这四个字是很生动也很形象地说明了《尚书》这本书的一个特点。也正是因为它太古老了，又特别难读，所以我们一般的读者对《尚书》可能接触的机会不多，能够把《尚书》各篇都读懂、读通的人在座的可能不多，包括我在内。这些年我在《尚书》研究上也花了不少的工夫，但不敢说《尚书》

里面的主要内容都理解了。这不是我谦虚的话，确实如此。也不是只有我这样，民国时期有一位国学大师叫王国维，他是研究甲骨文和商周金文（即商周时代青铜器铭文）的专家，同时也是研究中国古代典籍的一个权威专家。他曾经写过一篇文章，题目叫《与友人论〈诗〉〈书〉中成语书》，这篇文章后来收入《观堂集林》第二卷。他在这篇文章中说：《诗经》这样的书他有十之一二读不懂，而《尚书》这样的书他差不多有一半读不懂。这不是王国维故作谦虚，也实在是因为《尚书》太难读了，读起来太费力气。连王国维这样的大师都说自己对《尚书》有许多地方读不懂，一般读者就更不用说了。王国维解释了为什么《尚书》这么难读，就是因为《尚书》的时代距离我们现在太久远了，那个时代的词汇、人们的语言习惯跟后世相差太大了，再加上流传过程中多有讹阙，所以后世的人读起《尚书》这样的典籍来就觉得特别的困难，有如读天书一样。当然《尚书》这部书虽然读起来比较困难，要把它读通、读懂非下苦功夫不可，但是这部书太重要、太珍贵了，它在历史上的影响太深远了。现代的考古学和地下出土文献又证明《尚书》的史料价值太高了，这个我们后面再给大家做具体的分析。有关《尚书》梗概的情况我暂时先说这么多。

王绍培：

众所周知《尚书》有《今文尚书》和《古文尚书》，有这个方面的情况请牛教授来讲一下。

牛鹏涛： 好，吕老师刚才介绍了《尚书》的性质和内容，以及在后世的一些影响。我们提到《尚书》的时候，绕不开的一个问题就是"今古文"，这牵涉到文献在流传过程中发生的变动。中国典籍一方面有非常久远的传承，同时又遭到过各种劫难，前人总结有"十厄"。其中第一次大的影响，就是秦始皇焚书，它背后的历史背景不用多讲了。先秦的书跟今天的书不同，在纸质文本之前主要是写在竹简上的，上面的文字在汉代人们已不太认识。汉人称战国文字为"古文",而称当时使用的隶书为"今文",这个"古"和"今"都是站在汉人的标准上做的一个定名。

经过秦代"焚书"政策之后,大部分《诗》、《书》、诸子百家语等文献在民间不能再流传,政策是很严厉的。但当时也有私藏的情况。到了汉初的时候,需要重新恢复文化,开始废除挟书律。这个时候除了有口耳传授、隶书记录的典籍系统外,还发现了秦时偷藏起来的版本,是用战国文字书写的,汉人就称之为"古文经"。《尚书》是经典中最重要的一部,在汉初主要是济南的伏生传授下来,由孔安国用隶书记录成书,这是一个版本。古文版本最有名的是"孔壁中书","鲁恭王坏孔子宅欲以为宫,而得古文于坏壁之中"。它的发现时代其实文献上是略有争议的,有记载说是武帝时,也有记载说是景帝时,实则应是在景帝末到武帝初这个时间范围。鲁恭王是封在曲阜的汉景帝之子,要扩大自己的王室,把孔家老宅拆掉了,在这过程中发现墙壁里面藏有战国古文经典,包括《尚书》、《论语》、《礼记》、《孝经》等。可惜的是这个古文版本的《尚书》后来又失传了,现在看到可信的《尚书》只是今文版本。今天存在的"伪古文《尚书》"是东晋时梅赜所献,这是根据当时搜集到的资料编写而成的,并不是《尚书》原本,但也有它的价值。清代时学者判定它是伪造的。新中国成立后曾有学者感叹说现在出土资料虽多,可古文《尚书》却未能再现。

在这种背景下,2008年清华大学入藏了一批战国竹简,经过研究发现这批简的价值实在是太重要了,里面是焚书以前的古文经典,最引人注目的就是《尚书》,当然还有别的,比如与《诗经》、《竹书纪年》、《周易》等类似或有关的一些文献,对文史研究而言是有推动作用的大发现。刚才吕老师谈到的民国大学者王国维,他有一个著名的理论"二重证据法"。我们今天怎么样来研究古史和古代文献呢?应该有一个理性的态度。历代流传下来的文献版本,和地下出土的早期文献版本,二者需要对比互证。这是一个简单的概括。

吕文郁: 什么是今文,什么是古文,牛老师已经说了,我在这里简单补充一下,就是刚才牛老师提到的孔壁发现的古文经。所谓孔壁就是孔子住宅的墙壁。孔子住宅现在我们叫孔府，即山东曲阜"三孔"（孔庙、孔府、孔林）之一的孔府。刚才牛老师提到了汉景帝时有一个鲁恭王，名字叫刘余。鲁恭王是汉景帝的14个儿子中的一个。汉景帝14个儿子中有一个就是后来继承景帝皇位的汉武帝刘彻，其他的13个儿子都被封为王，《汉书》的作者班固为这13个王各自立了一个传，合称《景十三王传》。这13个王各有所好。鲁恭王刘余这个人有一个特点就是好大喜功，他追求声色犬马。他的封地在山东曲阜，他的王宫正好临近孔子故居。他原来的王宫地盘小，不够壮丽，他希望把自己的王宫能够修得更阔气、更宏大。要扩大王宫就得把孔子当年的旧居给推平。就在毁坏孔子的旧居时，从孔子旧居的墙壁中发现了一大批古书，其中有《古论语》、《古孝经》、《王史氏》、《礼记》、《逸礼》、《古礼经》、《明堂阴阳》、《春秋左氏传》、《古文尚书》等等。这就是刚才牛老师提到的古文经。当然，汉代发现的古文经除了孔壁图书外还有通过其他渠道陆续发现的一些。这些古文经是用战国时期的文字，或者比战国更早的文字书写成的，因此称之为古文经。刚才他提到的"伏生"传下来的《尚书》是用汉代通行的隶书书写成的，汉代的隶书大家都认识，就叫"今文"。古文有的是小篆，有的是所谓鸟书，汉代人称之为蝌蚪文，反正战国以前的文字汉代前期的学者没有认识的，所以就称这些为"古文"。刚发现的时候，大家都无法识读，后来拿着今文经相对照，凡是能够和今文对照出来的，才知道这个字相当于今文中哪个字，大概是什么意思。就这样逐渐地可以识读了，凡是没有相应的今文作参照的，仍无法读懂。这就是《今文尚书》和《古文尚书》最早的来历，今古文之争也就是由此而引起的。

牛鹏涛：秦代焚书之后，从汉惠帝开始推行"挟书律"，废除秦的禁止私人藏书和读书的政策。今天在座的各位如果生活在秦代，现在公开谈论《尚书》就是非法的，"有敢偶语《诗》、《书》者弃市，以古非今者族"，是很严重的。因为《诗》、《书》承担了很大的道德教化作用，蕴含着儒家的政治思想和社会伦理，在秦代是被禁止的。一般的老百姓不能学这些经典，可以学习一些实用技术，或是跟官吏来学法律。考古发现的秦简里面很少有经典，它们大多是秦律，这跟传世文献的记载是吻合的。像秦的这种政策是不能长久的。汉初经过反思，官方开始主动收集这些经典。古文经发现之前，官方要弘扬文化，用的版本是今文经，所以今文经一开始就得到了政府的承认和支持。在文帝和景帝的时候，《尚书》、《诗经》、《春秋》这些经典就已经在政府里面立了博士，什么叫博士？跟我们现代教育不一样，它是一个学官，是由官方选定专门的人研究这部经典并且教授弟子。到了武帝的时候，有所谓的五经博士。一直到西汉末期，今文经的地位都是很高的。从西汉末到东汉时期，古文经的地位有所抬头。

需要思考的是，我们今天发现了用战国古文书写的经典，它跟代代相传的今文经对比真的是水火不容吗？今古文之争在历史时期有我们原来想象中那么激烈吗？也不是的。清代龚自珍在《泰誓答问》里提到了怎么样对待今古文的问题："伏生壁中书，实古文也，欧阳、夏侯之徒，以今文读之，传诸博士……孔壁固古文也，孔安国以今文读之，则与博士何异？……今文古文，同出孔子之手，一为伏生之徒读之，一为安国读之，未读之先，皆古文矣；既读之后，皆今文矣。惟读者因其人不同，故其说不同。源一流二，渐至源一流百。"他这个观点是正确的。虽然我们把他归为今文学家，但是他有一个兼容的态度。虽然今古文经在版本上会有一定的出入，可这些不是最致命的。在中国学术史上形成了今古文之争，它真正的问题是对经的态度，怎么对待现实。古文家斥今文家"专己守残，党同门，妒道真"，今文家斥古文家"颠倒五经，变乱师法"，背后反映的是学术与政治的冲突。今文家在经典的解读里面夹杂了很多意识形态的东西，古文经类似于我们所说的文献学派，相对比较贴合实际，从文字、文献、历史的角度来考证它，实事求是地分析它。这个是今古文之学在后世的发展。

王绍培：

现在证明了古文是伪书，但是一般认为它还是有价值的，但是这个价值是在什么地方呢？请吕老师讲讲。

吕文郁：关于《古文尚书》，可能得多费点口舌来解释一下，否则就很难把《古文尚书》到底是真书还是伪书这个问题说清楚。因为汉代经学的"古文经"和"今文经"之间的斗争实在是太激烈了，而且持续的时间特别长，从西汉的后期直到东汉结束，这种斗争长时间存在，有时候激烈一点，有时候稍稍缓和一点，过一段时间又引起了冲突，反反复复地争斗了好长时间。现在我们见到的《古文尚书》到底是真书还是伪书，这个争论实在是很久远了。今文学家为了攻击古文家，为了打倒古文学派，他们说凡是他们能够见到的古文经都是刘歆等人伪造的。他们在西汉后期，为了实现他们的政治目的伪造了一些经典，其中《古文尚书》就是他们造的伪书之一。他们编造伪书的目的，就是为王莽篡夺权力制造舆论。所以这些东西完全不可信，古代根本没有这些书，只有今文经才是真经典，才是可信的。这种争论持续的时间很长。不过到东汉末期，出现了一大批非常有实力，而且又写出了很多不朽著作的经学家，这些经学家的特点是什么呢？就是他们不仅精通古文经，而且也精通今文经，这就厉害了。东汉后期逐渐形成这么一种趋势，今文经和古文经的界限越来越消弭了，逐渐地模糊起来，因为很多经学家既懂古文经，同时也懂得今文经，他们把古文的优长和今文的长处都吸收起来，然后写成著作，这些著作在当时和后世都产生了很大的影响。这些古文经学家们有一个共同的特点，就是博学多才，淹贯群经。他们中的很多人不仅精通古文经学，而且也熟知今文经学，堪称经学大师。如郑兴、郑众父子，杜林，贾逵，服虔，许慎，马融，赵岐，卢植，郑玄等。这些经学家之所以后来名扬天下，就是他们遍注群经，他们不再完全是清一色古文家的观点。今文经学的优长、说得好的地方他们拿过来，古文经学本来是他们的拿手好戏，他们把这两者都结合在一起，然后用这些东西遍注群经。不仅对《尚书》这么做，对先秦时期流传下来的各种儒家经典都是这样做。最后到了东汉末期，今文经学和古文经学不再壁垒森严，基本上实现了今古文的合流。两派之间的斗争不再那么激烈了，过去被今文家攻击为伪书的经典后来在社会上广泛流传。虽然古文经和古文经学家的这些著作广泛流传,可是怀疑古文经的人还是大有人在。从宋代以后,怀疑古文经是不是真的经典,怀疑《古文尚书》,还有其他的一些古文经典的仍不乏其人。如赫赫有名的宋代理学家、集理学之大成者朱熹,他就在《朱子语录》中多次讲过他对古文经,特别是对《古文尚书》是有怀疑的。他提出一些疑问,说古文经按道理说应该比今文经更难懂,可是我们读《尚书》这部书,《古文尚书》反而比《今文尚书》更容易懂,文字也更浅显,倒是大家公认的那些最为佶屈聱牙的周代八诰反而都在《今文尚书》中。这又如何解释?后来其他一些学者也提出类似的疑问。宋代有一批学者对古文经是有怀疑的。以后一直到清代,这种怀疑的声音,这种对《古文尚书》提出异议的声浪越来越高。清代康熙年间有一位经学家,就是阎若璩。他经过三十几年的研究,认定《古文尚书》确确实实是伪书。他为了证明自己的观点,从《古文尚书》和古代其他典籍中找出了128条证据,然后写成《尚书古文疏证》这样一部著作。这部著作得到了上至清朝皇帝、下到广大学者的认可,都认为阎若璩立了一大功,把千百年来大家一直奉若神明的经典宣布为伪书,给多年来争论不休的疑难问题定了铁案。因而博得很多人的喝彩。当然,那时也有专门与阎若璩唱对台戏的,有个学者叫毛奇龄,是西河人,又称毛西河,他读了阎若璩的《尚书古文疏证》后,认为阎氏之说不足信,于是针锋相对地写了《古文尚书冤词》一书,批判阎若璩,揭露阎若璩书中的纰漏、矛盾和不能自圆其说之处。阎若璩读了之后也认为毛奇龄的批评意见有的确实击中了自己的要害,不得不对自己的书进行了修改和删节。足见《古文尚书》真伪问题的复杂性。特别是到现代,出土了很多我们以前无法见到的简帛文献,把《古文尚书》真伪问题再次提了出来。我可以举一个具体的例子。比如说20世纪90年代初,即1993年,在湖北荆州有一个叫郭店的地方出了一批竹简,被称作《郭店楚简》。之后不久,上海博物馆馆长马承源先生从香港文物市场上买回来一批竹简,现在都已经整理出版了,被称为《上海博物馆藏战国楚竹书》,简称上博简。郭店简和上博简这两批出土文献中都有《缁衣》篇,《缁衣》

篇是《礼记》一书中的篇名。而出土的《缁衣》篇里面恰恰就有《古文尚书》中的词句。阎若璩等人认定《古文尚书》是魏晋以后的人伪造的，可是郭店简也好，上博简也好，都是战国中期就已经埋藏到坟墓里的古书了，这些书起码是战国中期以前留下的文献。新出土的文献《缁衣》篇里面引用了《古文尚书》的字句，你怎么可以说《古文尚书》是魏晋以后的人伪造的呢？于是阎若璩之书再次受到了挑战，它的结论能否成立？经过这样一番周折和新的发现后，大家认为，阎若璩并没有为《古文尚书》真伪的争议定铁案，所谓的"铁案"不铁，还有很多漏洞，现在还有很多人认为《古文尚书》应该是另有来历的重要文献，它应该是有很高的史料价值的，不能够轻易给它们戴上伪书的帽子。中国典籍的复杂性也就在这里，我们希望今后能有更多的地下出土文献问世，然后我们对这些新出土的文献进行深入的研究，以期《古文尚书》真伪问题最后能真相大白于天下。

牛鹏涛：《缁衣》里面有一处引用古文尚书的内容："《尹吉》云：'惟尹躬及汤，咸有一德。'"这个"尹"就是我们上古时期非常重要的历史人物伊尹，"咸有一德"一般解释为同心同德。东晋出现的伪古文《尚书》，其中一篇名为《咸有一德》，文中就有上面这一句。有人怀疑它是根据《缁衣》等资料编造出来的，有不同的争议。2010年底公布的第一批清华简尚书类文献里有一篇《尹诰》。可以知道，《缁衣》中"尹吉"的"吉"，其实是"尹诰"的"诰"字的讹形，所以"尹吉"和"尹诰"其实是可以对得上的。可对比来看，清华简《尹诰》和东晋出现的《咸有一德》全文很不一样，这透露的信息是，东晋重新出现的所谓《古文尚书》，它是在搜集资料的基础上做了加工。有很多先秦古书引用了《尚书》，后世的学者把它们汇集起来，再补充一些文句。所以对东晋以来流传的所谓《古文尚书》，我们首先认定它里面有一些后人伪造的成分，但我们也不能说把它扔掉吧，不能说它就完全没有价值了，至少是东晋时候的人在搜集古文经资料的基础上编纂出来的。应该辩证地来看待。

王绍培：

接下来我们讲讲《尚书》里面的一些观念，它有哪些重要的观念，这些观念对中国的历史造成了什么影响？先请吕教授讲讲。

吕文郁： 刚才讲的都是围绕《尚书》一般性的问题展开的，目的是让大家对《尚书》这本书有一个大概的了解。现在为了使大家对《尚书》有一个更深刻的印象，我们来讨论一些《尚书》中的具体内容。我在这里首先想向大家介绍一下《尚书》里面的第一篇。《尚书》中的第一篇篇名叫《尧典》，这篇文献是讲什么的呢？这篇开始就讲尧这个人，讲他为什么能够成为当时最权威的领导人，他具备什么样的德行，他在民众中享有什么样的威望，他个人的品格，具体的表现在什么地方，然后尧做了一些什么事。尧的时代是农业社会，农业在当时的社会生活中占有非常重要的位置。从事农业生产离不开历法。中国古代史书中记载最高领导人，包括秦汉以后历代王朝的皇帝，有一个重要的职责，就是观象授时。也就是依据对天象的观察和测量，制定出下一年的历法，然后在辞旧迎新之际向天下百姓颁布历法。只有最高领导人才有这个权力。谁来颁布历法，就意味着谁是最高领导人。它要告诉民众这一年的主要节气都在哪一天，比如哪一天播种？哪一天开始耕耘？到什么时候开始收获？一年四季都要遵循节气。《尧典》中详细记载了尧执政的时候派遣专职官吏观察天象，做下详细的记录，再依据观测记录制定历法。这个事情，过去人们看《尚书·尧典》的时候，往往有很大的怀疑，就是尧的时候能做到这些吗？当时到底能不能观察天象，观察的准确度到底怎么样？那时颁布的历法到底准不准，有没有实际指导意义？后人往往对这些事持怀疑态度。不仅如此，后世很多人甚至对于尧这个人究竟在历史上是否存在都画一个很大的问号。日本有一个赫赫有名的大史学家，被认为是日本史学界泰斗级的人物，叫白鸟库吉，他在所写的《中国传说时代》这篇文章中提出一个观点，叫尧舜禹抹杀论。他认为尧、舜、禹都是中国传说中的人物，在历史上却子虚乌有，根本不可信，尧、舜、禹这些人在历史上根本不存在。他这个观点在日本史学界产生了很大的影响，而且其影响不仅仅局限在日本史学界，因为这些日本汉学家的著作传遍五大洲，甚至反过来对中国史学界也产生了影响。从20世纪20年代开始，中国涌现出一个学派，叫"古史辨派"，后来大家称之为"疑古派"，这个"疑古派"也步白鸟库吉的后尘，说尧、舜、禹这些人物在历史上都不存在，是虚构出来的。顾颉刚在早年曾经写过文章，说"禹"在古代实际上就是一条虫。鲁迅跟顾颉刚先生曾经在厦门大学，后来在中山大学都共过事，他们之间闹过冲突。所以鲁迅在好多文章中对顾颉刚嘲讽、挖苦。他写了一组历史故事书，就是《故事新编》，《故事新编》中有一篇叫《理水》，就是写禹的父亲鲧当年治水没有治好，结果被舜给杀了，然后大禹出来了，继承他父亲的未了之志，继续治水，结果把水治好了，他写这个故事时就把顾颉刚给扯进来了。他没有点顾颉刚的名，称他为"鸟头先生"。说鸟头先生有考据癖，他考证出"大禹是条虫"。这当然是在嘲讽顾颉刚。但是早年顾颉刚确实是说过这个话，但是后来顾颉刚又把他这个话收回来了，他认为当年讲这个话不太妥当。总而言之，他提出中国古史是怎么样形成的，即越到后来人们编的故事越圆满、越详尽，其实这些东西在古代都是一层层加码、虚构出来的东西，这就是所谓古史"层累形成"说。顾颉刚不相信尧、舜、禹是历史人物。可是现在考古工作者已经把尧的故都找到了，而且在尧的故都遗址进行了十几年的考古发掘，发现了很多重要的文物。我有一个朋友叫李建才，他主持在山西陶寺这个地方进行考古挖掘，挖掘出来很多尧、舜、禹时代遗留下来的器物，其中有一个器物是个扁平的陶壶。这个壶是干什么的？是从井里往上汲水用的水桶。这个扁平的陶壶上面发现了两个字。（见图1）

　　大家知道尧的时代距离现在大约4700年。尧时代的扁壶上面的两个字是什么字呢？专家已经对这两个字进行了研究，其中有一个字是用红色颜料写成的，很好认，大家都认识，没有什么异议，就是文化这个"文"字，但是它的写法跟我们现在的写法不同，它上面好像是一个尖顶草帽形，下面是一个叉，这是"文"字，大家都没有什么异议。因为甲骨文中早期的"文"字就这样写。（见图2）

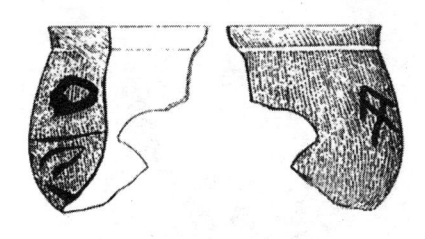

图 1　陶寺遗址出土的扁平陶壶及陶壶上面的两个文字（摩本）

这个扁壶的另一面还有一个字，这个字是怎么写的呢？上边是一个菱形，下边一横，有的专家们研究认为就是古代的"土"字，下面像一个立刀似的，实际是古代的"人"字的写法，"土"下面加一个"人"字，这个字就是"尧"字，因为现在"尧"字还有一个写法，就是上面一个"土"字，下面加一个"人"字，及三个"土"字下面加一个"人"字，两种写法都是"尧"字。那就证明从尧的故都里面已经发现有文字的陶壶，证明尧那个时代确实已经进入了中国文明的开启时代，已经迈入文明的门槛了，已经有了文字。我们大家都知道，此前发现的中国最早的文字是甲骨文，大家都认为甲骨文已经是很成熟的文字了，在甲骨文之前肯定还有更早的文字。现在从尧的故都出土的文物上发现了文字。这是惊人的大发现。当然这还不能说是最后的结论。这个出土的扁形陶壶如今陈列在中国社会科学院考古研究所文物陈列室，我亲眼见过。我顺便跟大家说一下陶寺这个"陶"字。我认为陶寺就是尧寺，因为古代的"陶"和"尧"的读音是一样的。大家都知道《尚书》中《尧典》之后的一篇是《皋陶谟》。皋陶是人名，他是舜时代的一位大臣，职位相当于后世的宰相。《皋陶谟》的"陶"字古代读"yao"，不读"tao"。出土文献上"皋陶"两字写作"皋繇"，这个繇字古代读音与"尧"也相同。现在我们在《尚书》中还把这一篇读作"皋 yao 谟"，不读"皋 tao 谟"。所以陶寺就是尧寺，就是祭祀尧的地方。后世由于好多人弄不清楚，不知道陶寺与尧的关系了。

陶寺这个地方在现在山西省临汾市附近，这个地方恰恰就是古书记载的尧的都城平阳。而且在这个地方发现了古钱，这些古钱当

图2　陶寺遗址出土的扁平陶壶上面的朱色"文"字

然不是尧时期的钱币。这个地方发现的古钱中有"平阳"两个字，这足以证明这个地方确确实实是古代尧的都城。因为尧的都城平阳在我国古代的好多典籍中都有明确记载。

下面看这个图片，这是在陶寺遗址中发现的观象台的遗址，这个弧形的东西对面有一个圆形台，这个圆台就是观象的地方。弧形是用13个墙座垒起来的，两个墙座中间有一道缝隙，这个缝隙是干什么的呢？这个缝隙就是观象者用来观测日出的。（见图3）

图3　陶寺观象台遗址发掘现场

比如太阳一出从哪个缝隙把阳光照耀出来，然后经过长时期的观察，证明哪天是立春、哪天是夏至、哪天是秋分，都能够清清楚楚地一天也不差地显示出来。看下面这个图，这个是遗址复原图（见图4）。是根据考古发现的遗址用现代的建筑用砖垒起来的。总共13个墙脚，这13个墙脚中间是12条缝隙，这12条缝隙就是站在前面的圆台上观测日出用的。然后可以依据不同的观测点实际观测得出的数据，计算出不同的节气所在的确切日期。这个遗址的发现证明了4700多年前，尧执政的时候已经有了观象台，已经在观测日出、日落等天象了。这与《尚书·尧典》篇中"钦若昊天，历象日月星辰，敬授民时"的记载是完全相符的。而且《尧典》这一篇还详细记载，当时不仅是在尧的都城观测，尧还派专职观测人员前往四方观测，比如在东方、南方、西方和北方等都有固定的观测点，将四个观测点的资料都集中在一起，然后确定历法。古代这个东西对从事农业生产的老百姓非常重要，古代不像我们现在有日历和月历，信手一翻，哪天是立春，哪天是冬至就清清楚楚。在20世纪50年代，我小的时候，农村没有日历或月历牌，就只有春节前在街上"请"的"灶王爷"。这个"灶王爷"在当时就起到月历和年历的作用，把这一年有没有闰月，每个月多少天，一年的24个节气都在几月几号，记得很清楚。《尧典》这一篇文献，过去人们都怀疑是不是尧的时候留下来的。有人说是战国时代的文献，有的说是秦汉时代的文献，还有的认为是后世史官们编造出来的。后来有一位专门研究古代天文历法和气象学的专家，叫竺可桢。他当过浙江大学校长，名气很大。竺可桢先生就根据《尚书·尧典》篇中记载的天象来推论，认为这些天象确实是远古时期的天象。这些天象绝不可能是后人伪造的，后人即便想伪造也造不出来。这就证明《尧典》中的记载是有根据的，是可信的。当然我们不能据此就肯定地说《尧典》是尧时代留下来的第一手文献。很可能是商周时代的史官依据尧时代留下的历史资料整理而成，后世的史官也可能陆续有加工润色，最后才形成了现在我们见到的《尧典》。（见图5、图6）

看下面这张图（见图7），在陶寺遗址中，图片上旁边有白字的就是陶寺观象台简介，大家有兴趣的话可以看看，证明尧的时代人们对天文立法已经有相当程度的掌握，而且比较精密了，同时也证

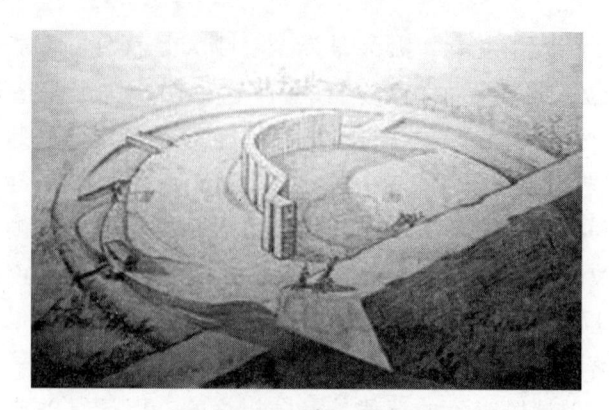

图 4　陶寺古观象台复原图

图 5　根据观象台遗址复原的观象台（圆形平台为观象者站立处）

图 6　复原的陶寺古观象台冬至观日出实景

明了白鸟库吉提出的"尧舜禹抹杀论"这些东西完全站不住脚。考古工作者对尧的都城遗址进行考古发掘，出土了那么多珍贵的文物，这充分证明尧已经是一个历史人物，是可信的，可见《尧典》有多么高的文献价值，《尧典》的内容不仅仅局限于我刚才说的这几点，其他的内容，如《尧典》中讲的禅让制度、官吏选拔制度等。顾颉刚先生就认为禅让制是虚构的，说中国古代不可能有禅让，他就认为这个思想最早来源于《墨子》，墨家时代才有禅让思想。根据现代的考古发掘证明《尧典》的可信度已经很高了，《尧典》时代的禅让制不是虚构的，是有根据的。这是以《尧典》这篇为例给大家做的简单介绍。

图7　复原的陶寺遗址观象台侧面

牛鹏涛：回到刚刚那个观象台的图片。按照学者的研究，在中间这个观测基点来看北起第九个缝隙，可以观测到冬至这天的日出点。冬至之后的其他节气也可以通过其他缝隙来观测。《尧典》中讲："乃命羲和，钦若昊天，历象日月星辰，敬授民时。分命羲仲，宅嵎夷，曰旸谷。……日中，星鸟，以殷仲春。……申命羲叔，宅南交，曰明都。……日永，星火，以正仲夏。……分命和仲，宅西，曰昧谷。……宵中，星虚，以殷仲秋。……申命和叔，宅朔方，曰幽都。……日短，星昴，以正仲冬。"羲仲、羲叔、和仲、和叔分别到东南西北找四个定点，大体位置在今天山东半岛、岭南、甘肃、陕北，取这四个点来观测天象。"日中"就是白天和晚上的时间恰好等分，即春分的时候，"星鸟"指朱雀七宿出现在南部天空。同样，

"日永"就是白天最长、晚上最短的时间，即夏至，"星火"指的是大火星，是苍龙七宿心宿的第二颗星，苍龙七宿运行到南部天空。"宵中，星虚"，宵就是夜，夜晚和白天的时长一样，即秋分，"虚"是玄武七宿之一，玄武七宿此时出现在南部天空。"日短、星昴"，白天最短、晚上最长的时候，同时白虎七宿运行到南部天空，即冬至。所以《尧典》中确定了四季和节气，尧的时候就已经对这些星象和历法有了客观认识。陶寺这个观象台的情况，不可能是随意得来的，一定是对背后规律有深入了解，才能在中心都邑造出这个观象台。它和《尧典》里面记载的尧派羲仲、羲叔、和仲、和叔到四方去观测天象是相印证的。

　　回到我们刚才说的如何看待传说与历史的关系，传说是不是历史呢？完全信古肯定是不行的，可完全疑古可不可以呢？在20世纪20年代，学界兴起过"疑古"思潮。"疑古"的极端就会变成"薄古"，我们会对古代有这样一个先入为主的印象。对于传说时代，王国维有一个非常好的见解。1925年他在清华国学研究院为学生讲授《古史新证》，在第一章《总论》中说："研究中国古史，为最纠纷之问题。上古之事，传说与史实混而不分。史实之中，固不免有所缘饰，与传说无异，而传说之中，亦往往有史实为之素地，二者不易区别，此世界各国之所同也。在中国古代已注意此事。……而疑古之过，乃并尧、舜、禹之人物而亦疑之。其于怀疑之态度及批评之精神，不无可取。然惜于古史材料，未尝为充分之处理也。吾辈生于今日，幸于纸上之材料外，更得地下之新材料。由此种材料，我辈固得据以补正纸上之材料，亦得证明古书之某部分全为实录，即百家不雅驯之言，亦不无表示一面之事实，此二重证据法，惟在今日始得为之。虽古书之未得证明者，不能加以否定，而其已得证明者，不能不加以肯定，可断言也。"值得注意的是，1925年正是疑古思潮在学界盛行的时代，王国维先生在清华的主张，事实上是提出了重建古史的方向和方法。可以说，在"疑古思潮"盛行的同时，"超越疑古"的工作就在开展了。我们今天是站在大师的肩膀上，时代给我们创造了有利的条件，考古发现的大量文物和文字资料，可以拿来印证古史。

现在考古学界已经基本承认了临汾陶寺与尧都平阳的关系，不仅如此，我们再补充一条跟大禹有关的考古资料。顾颉刚在最极端的时候根据文字学知识提出大禹是一条虫，当然这个观点他自己很快就放弃了。这跟《吕氏春秋·察传》记载鲁哀公问孔子"乐正夔一足，信乎"的典故很有点相似，乐正夔本人与单足的夔龙不能混为一谈，大禹本人与禹的文字学本义也是同样，《察传》早就对这种态度批评过了。《尚书》中有一篇《禹贡》，开篇谈道："禹敷土，随山刊木，奠高山大川"，这个"敷"是一个通假字，我们把它读为"布"，意思是治理。什么叫随山刊木？历代学者有不同的理解，《史记》中理解为"行山表木"，即根据山的地形行走，立木以为标志。《尚书序》里面说"禹别九州，随山浚川，任土作贡"，也说到了"随山"。2002年保利博物馆入藏了一件青铜器遂公盨，学者或读为豳公盨。这是一件非常重要的青铜器，开头就提到"天命禹敷土，堕山浚川，乃畴方设征"。这个"堕山"就是文献中所说的"随山"。通过这个铭文可以理解大禹怎么治水的，"堕山"就是要把阻挡河流的山体挖开，"浚川"是要疏导河流。《左传》哀公七年说："禹会诸侯于涂山，执玉帛者万国。"禹通过治水，使当时天下的部落形成一个大的部落联盟，他作为首领进行了一次大型盟会，盟会的地点在涂山，参加这次盟会的有万国，当然这是一种泛称，可见影响之大。古人对于"涂山"的地望，有一个观点就认为在安徽蚌埠。非常巧合的是，在今天蚌埠西郊涂山南麓有一个禹会村，这个名字很容易让人觉得这是一种附会。从2006年起考古工作者在这个地方展开了发掘工作，发现了一处距今4100年左右的祭祀和集会的建筑基址。这个时代刚好就是大禹的时代，地理位置和文献中记载的涂山也是吻合的，性质是一个大型盟会的场所。考古学者根据研究判定，禹会村遗址是大禹涂山之会所在地最重要的考古学证据。尧、禹这些人物在过去被认为都是传说，今天的考古工作直接挖出了与他们相关的遗址。这样的例子中外都有。西方的《圣经》考古学，将西亚、北非的考古工作与《圣经》中的记载进行对照，取得了极大的研究进展。德国考古学家施里曼甚至根据荷马史诗发掘出特洛伊城遗址。

这提醒我们如何看待传说跟历史的关系。"传说之中，往往有史实为之素地"，传说不等于神话，是有历史的东西作为衬底的，不管怎么样进行加工，都是有基础的，这个基础就是历史。"史实之中，固不免有所缘饰，与传说无异"，我们今天知道的古史中会有一定的加工成分，但我们不能因为这个加工就认为所有的记载都是假的。徐炳昶先生在《中国古史的传说时代》中就说："传说与神话是十分相邻近却互有分别的两种事情，不能混为一谈……很古时代的传说总有它历史方面的质素、核心，并不是向壁虚造的。"我们今天有更好的条件来认识传说和历史的关系。在史前阶段（prehistory）和历史阶段（history）之间还存在一个原史阶段（protohistory），如五帝时代。它的历史更多是通过口述相传，和历史时期存有大量一手文献不同，它的文献不足，大概会受到我们的怀疑，需要通过考古学和文献学的结合来印证。我们对这种特殊性要有辩证的认识，不要走极端。

王绍培：

今天前面一小时主要是讲今文经、古文经的真伪问题，后面不到一小时大致讲了一下现在的考古发掘，证明《尚书》里面的记载是靠谱的，尧典的说法是靠谱的，所以考古学是一个很有意思的学科。我看泰国史里面说他们的青铜器大概有6000年的历史，他们的青铜器是全世界最早的，比中国还早2000年，当然这个没有得到国际学术界的承认，但是这个东西是出来了，能鉴定是历史很悠久，所以考古学家的发现会带来很多新的观点和新的联想。我看阿城写的一本书，讲稻作文明区，在冰河时期，中国和日本之间的海有可能是陆地，海平面比较低，这部分地方可能是很温暖的地区，这个地区可能很早就有人在那里耕作了，但后来因为冰河时期过去了，海平面上升了淹没了，然后人类就撤退，如果我们有机会到海底发掘的话，可能人类的文明史又会往前面迈进一点点，这是一种想象，有这种可能性，因为从古代的气候学的方面来研究的话，可能人类的文明史不是像我们现在说的五六千年，有可能是很多年，这是阿城的书里面说到的观点。现在进入到了互动的环节。看看哪位先来。

听众：想请问老师秦朝的焚书坑儒在焚书的时候是不是有具体的分类？还是统统全部书都焚毁？

吕文郁：的确，秦始皇焚书坑儒不是把天下所有的书都烧掉，他烧的是什么？他不允许普通老百姓保存《诗》、《书》、《礼》及百家之书。至于皇家的图书馆的书，还有秦朝的时候已经有了博士官，博士官们掌握的书，都不在焚烧之列。如果把中国典籍遭到毁灭都归罪于秦始皇，是有失公平的。因为秦始皇那时候的皇家图书和博士官的书非常完好地保存下来。后来楚汉相争时项羽攻进了咸阳，一把火烧了阿房宫等建筑，秦朝的皇家图书典籍才荡然无存。至于后世丢失，那跟秦始皇就更没有关系了。秦始皇是不让普通百姓保存百家之书和《诗》、《书》、《礼》、《乐》这些书的，因为他们保存这些书对他的统治不利，所以他采取了这个极端的专制主义的措施。至于科技、工艺、卜筮之类的书，也不在焚烧之列。

听众：有人说"人生是一场修行"，我觉得南书房的老师们不仅为我们指路，也为我们开路，我今天的问题是《尚书》这本书对中国历史观的形成有什么样的影响和作用？谢谢。

吕文郁：简单地回答你的问题。按我们的设想，本来还要再展开些，涉及《尚书》的其他篇章，因为没有时间了，所以不能再讲了。你提的问题确实是一个很重要的问题，我可以这样来回答你所关切的问题。比如说我们现实社会提出德治问题。我今年4月份到贵阳孔学堂，他们孔学堂4月上旬召开了一次学术辩论会，辩论的主题就是法治与德治的关系问题。关于德治问题，《尚书》中有许多非常有说服力的证据，最突出的就是《尚书》"八诰"，这些篇多数都跟一个历史人物有关，这个历史人物是谁呢？就是周公。周公是西周初年一个卓越的政治家和思想家。周公特别注重德，为什么他注重"德"呢？他总结了殷商灭亡的历史教训，他说殷商文化那么发达，有数百年统治经验，结果一个早上就被武王率领的军队给推翻了，最后纣王自杀而亡，这个惨痛教训说明什么问题呢？不在于国家有多少军队，力量有多么强大，在于统治者有没有德。他说殷纣王太没德了，也就是说他缺德，因为他没有德、缺德，而丧失了民心，大家都不拥护他，结果众叛亲离。他那么残酷地对待老百姓，只知道自己享受，不顾老百姓死活，不听群臣劝告，等等，所以他的灭亡是必然的，早晚都有这么一天。这个思想不是在一篇两篇中贯穿的，这是在《尚书》"八诰"中几乎每篇都重中的，要明德，要慎罚。后来儒家的典籍《大学》篇开头就说："大学之道，在明明德。"这里的"明德"就是从《尚书》来的。周公反复强调：统治者、王公大臣们都要注重提高自己的德行，加强道德修养。有了好的道德，才能够把来之不易的政权稳固下来，才能够避免重蹈殷纣王的历史覆辙。在《尚书》中的好多篇都贯穿这个思想，我认为这个思想对中国后世的封建社会，乃至当前的治国理政都有很重要的借鉴意义。

牛鹏涛：刚才谈到儒家对德的重视，我们要强调一点就是对儒家思想来源的认识。我们今天常常有一个不好的现象，中国的发展有什么毛病，我们就会立马得出一个结论，是儒家造成的，不管怎么样认为都归到儒家身上。事实上一方面我们要如实理解儒家，另一方面我们要思考儒家思想是从哪里来的。它不是孔子自己全新的发明，它是从西周的礼乐文明，也就是政治社会的治理经验中发展而来的，所以孔子说过"郁郁乎文哉吾从周"。《汉书·艺文志》谈到儒家的起源，说儒家是"儒家者流，盖出于司徒之官。……游文于六经之中，留意于仁义之际。祖述尧、舜，宪章文、武"，所以儒家研究的对象是六经，可是它关注的是仁义，是背后的道德内涵和政治思想。"祖述尧、舜，宪章文、武"，要以尧、舜和周文王、武王作为自己思想的源头。所以我们今天要关注儒家的来源和出处，要对上古特别是西周的文化、政治观念有一定的注重。怎么样去重视西周，那就要通过我们的经典，《诗》、《书》、《礼》、《易》、《春秋》反映的就是周代的政治思想。

王绍培：

这个话题跟我们今天的主题关系比较密切。日本《讲谈社·中国的历史》一书里，它讲了"德"的来龙去脉，最早的德是什么，德是一种灵力，我要去征服你的时候，我宣称我自己有德，我分享了、我获得了这种灵力，所以我可以去打你。这里有两个意思，一个意思是我有这种合法性，我打你是因为我有灵力，我为什么有灵力？是因为我跟上天、神灵有非常好的沟通，我获得了它送给我的灵力，我有这种力量。为什么我能够获得？是因为我是一个非常有德行的人，所以上天的德，它的力量给了我，我就可以去征讨你。最早的德是一种行动，后来慢慢演化了，演化成了一个德的姿态，我说我要打你，我要征讨你，但是我不去采取这个行动，我要用这样一种姿态，用我的德的威慑力让你知道我可以打你，你应该被感化，但是我不会打你，我要去感动你、感化你，我要对你很好，这个时候叫德化，这个时候就不用打人，你听我的我可以对你很好，这个"德"其实是有这样一个渊源的，有这样的一个解释。

牛鹏涛： 关于这个德字和王老师互动一下。传世文献和出土文献中对"德"字都有大量的记载，简单来讲，在古人的观念中是"得之于外曰得，得之于内曰德"。什么意思呢？"得"就是得到外物，字形的本义是在路上走的时候，用手捡到财物，就是有所得，它和道德的"德"是有区别的。道德的"德"从心从直，这个直是表音的，在上古时期"直"和"德"的读音一样，右下角这个心旁表示字义，是跟我们内心有关。它是指仁、义、礼、智这类道德观念，真正形成于我们内心深处的状态。所以"德"一定是道德标准形之于内，而不仅仅是被某种行为规范驱使去做的。儒家的很多观念甚至说中国传统文化的很多观念，其实是非常注重我们内心的体悟的，从这个角度也许更好理解一些。当然王老师刚才讲的是一个非常有意思的补充。

王绍培：

牛老师的解释其实跟日本人的说法不冲突，因为我说的灵力是一种精神性的东西，是通过我们的心来体现、来得到，所以确实是一种补充的东西。我觉得日本学者往往有非常强的想象力，但他的想象力不是胡乱想象，他是对历史有一个整体的把握，将历史还原到当时的情境里面去，他找到了一个更深厚的历史源头，所以如果大家对历史感兴趣的话，我觉得日本人写的《讲谈社·中国的历史》非常值得看。下一位。

听　众：老师，刚才讲的一些考古的东西，我刚听到老师讲的观象台，说是距我们现在 4700 年前，公元前 2700 年左右，但是我们从夏朝开始推算到公元前 2070 年左右，这中间差太多了，因为尧舜禹即使按照《尚书》的体系，尧舜禹和夏启，他们大概是 4000 年前的还是 4700 年前的，这中间的差别有点大。涂山在安徽甚至浙江这么长的距离，那个时候中国就除了青铜器之外，文明还有一个很重大的突破，就是生产力开始、工业开始，这个时候文字还没有传入中国，现有的考古结果是有文字的，那个时候基本是一个原始时代，是靠走的，动不动像这种距离要好几年，好几年才能从安徽这个地方走到山西，这种东西我自己感觉是不太可能的，这么大规模的东西。

牛鹏涛：第一个问题，根据报道的数据看，临汾陶寺遗址的时间跨度是在公元前 2500—公元前 1900 年之间，而观象台的时间是属于这个时段的中期，大约就在公元前 2200 年。这个时代比夏代开端的公元前 2070 年略早，与尧的时代还是很吻合的。第二个问题，关于古人的行走范围，认为古人的生产力有限，他是走不了那么远的，这是先入为主的观念，是用逻辑分析代替了事实根据。经过考古学研究，呈现给我们的事实是古人的行动范围确实很大。在这个事实面前，我们可以再去研究为什么古人具有这么大的迁徙能力。世界古代文明中长途迁徙的例子很多，包括《圣经》中讲的人类迁徙，范围也是非常大的。不能用一种先入为主的观念把古人想得过于落后。我们先确定事实，再去进一步分析，前后关系不能颠倒。

王绍培：
谢谢大家，今天的南书房夜话到此结束。

南书房夜话第十八期：礼乐文化在现代社会生活中的价值

牛鹏涛　蒋　波　王绍培（兼主持）
（2015年8月22日　19：00—21：00）

王绍培：

我是王绍培，我是媒体人，我们今天的嘉宾一位是上次来过的牛博士，牛鹏涛，深圳大学国学院的；另一位是蒋波，蒋波是第一次来，深圳信息学院，是学音乐的，他把很多诗经都谱了曲。今天是我们南书房夜话第十八期后面还有两讲就结束了，现场有一些人基本是每场都来的，是我们南书房夜话的估计也是别的活动的忠实的听众。今天我们的话题是讲"四书五经"，我们第二季讲"四书五经"，我们今天讲"五经"里面的"礼经"，我们的题目是"礼乐文化在现代社会生活中的价值"，所以我们今天两个小时分成四部分，前面半个小时介绍一下"礼经"是一部什么样的经，然后半个小时我们来讲一讲什么叫"礼"，什么叫"乐"，再接下来的半个小时我们会讲一讲礼乐文化在现代生活中的价值是什么，最后半个小时我们跟在场的听众互动，好，我们现在先请牛博士跟我们整体上介绍一下"礼经"的概况。

牛鹏涛：谈到中国古代经典，我们都会想到"十三经"。"十三经"的最早形态是"六经"（六艺），《诗》、《书》、《礼》、《乐》、《易》、《春秋》，其中《乐》后来失传了，成为"五经"。其中的"礼经"，是专指《仪礼》。到隋唐时，"五经"扩充为"九经"，"九经"是《春秋》由经配上三传，《礼》由《仪礼》增加《礼记》和《周礼》，变成了"三礼"。下面先从《仪礼》说起。"礼"指的是规则制度，"仪"指的是行为仪态，《仪礼》这本书主要讲西周时期的贵族阶层社会生活中的具体仪式。它是什么时代的文献呢？学者们大多倾向于春秋时期，由孔子采集周王室及鲁国礼仪文献并进行编纂整理，后来用作教授弟子的教材。孔子的特点是"述而不作"，我们今天看到的"五经"是由他对以前的材料进行了整理。西周时期礼仪至繁至多，《汉书·艺文志》讲到"礼经三百，威仪三千"，那是非常之多的。经过节选，成了我们今天看到的《仪礼》。《仪礼》也称为《士礼》，它的主要对象是士大夫至诸侯的贵族阶层，一共有17篇，主要内容包括冠、婚、丧、祭、饮、射、朝、聘等仪式。可以看到它包括了政治和社会生活的各个方面。

再来介绍《礼记》。从它的名字看，"记"是相对于"经"来讲的，是对"经"的阐释说明，所以它的时代比《礼经》（也即《仪礼》）要晚。学者们认为它形成于战国时期。在《仪礼》的传授过程中，必然有孔子师徒之间乃至后学们的阐释和发挥，就形成"记"一类的文献。整个战国时代，由"礼"而生的"记"内容也是非常多的。《汉书·艺文志》说："《记》百三十篇。"并自注："七十子后学所记也。"可是我们今天看到的《礼记》篇数没有这么多，有两个版本，分别由汉代"大小戴"叔侄两人进行选编。大戴选出85篇，就是今天看到的《大戴礼记》；小戴选出49篇，即今天看到的《小戴礼记》。今天通常所说的《礼记》就是指《小戴礼记》。汉末的大学者郑玄为《周礼》、《仪礼》、《礼记》（《小戴礼记》）作注之后，《小戴礼》的地位很高，《大戴礼》历来受到的重视不足。其实研究上古的思想也好，研究历史社会和政治制度也好，二者应该是并重的。《礼记》虽然是战国时的文献，但它反映了西周春秋的政治思想、宗法制度、祭祀制度、伦理思想等。"四书"中的《大学》、《中庸》，就是出自于《礼记》。

接下来谈谈《周礼》。汉初，河间献王在民间搜集古书时，除了《古文尚书》之外，还搜集到了《周官》。《汉书·景十三王传》记载："献王所得书，皆古文先秦旧书，《周官》、《尚书》……之属。"它的内容是记载周代官制的。它的时代直到今天还有争论，极端信古的人会直接认为它是周公所作，极端疑古的人则认为是西汉末刘歆伪造的。《周礼》分为六篇，有天官冢宰、地官司徒，剩下的是春官宗伯、夏官司马、秋官司寇、冬官司空，每一类的职掌不同。它很成体系、很完美，其实有人为加工成分在里面。书中很多内容可以和西周春秋金文反映的官制相对应，可是又不能完全等同。编纂者掌握了西周到春秋这个时期的官制资料，同时加入了自己的建构，这种构建就是战国时人们的想象。战国时期人们追求统一，迫切需要一部统一制度的文献出来，这是它的背景。以上是从文献的角度来介绍什么是"三礼"。"三礼"反映的是上古时期的政治制度，乃至于社会生活的行为规范和伦理思想，对后世的影响非常大。

《乐》虽然从经书的角度来讲已经失传了，可是在《礼记》中还保留着"乐记"，对"乐"的思想，儒家有一套自己的理论。从传世文献和出土的简帛类文献来看，音乐和儒家的关系是非常密切的。郭店楚简和马王堆帛书《五行》讲："（仁、义、礼、智、圣）五行之所和也，和则乐，乐则有德。"很多思想史的概念需要从文献学和文字学角度进行研究。音乐的乐，与快乐的乐，上古时期读音是一样的，到了后世才发生了分化；词义也是有关联的引申，《乐记》中就说："夫乐者乐也，人情之所不能免也"，"乐者，心之动也"。音乐能给人带来喜悦的心理活动，而这种内心的触动，正是走向善、德等境界的起点。在简帛《五行》中，乐与德也是直接挂钩的。儒家谈到的很多道德观念和我们内心的状态非常有关系，内心状态达到喜悦流畅、中正和谐、合乎节度的境界，就是至善之德。所以除了"礼"之外，"乐"自古以来受到非常大的重视。

蒋波：大家好，刚才牛老师从宏观的层面就《礼记》进行了介绍。说到"乐"这个部分，实际这个"乐"不是我们平常所认为的就是指"音乐"，实际上这个"乐"在先秦时期是诗、歌、舞三者的结合，所以我们要说到古时候的"乐"一定是三者结合。"凡音之起，由心生起"，这个音我们都知道，"音"不是随随便便就来的，它一定是和你的情感，和你对于外界事物在内心当中的触动有关联，所以"音"这个东西很奇妙。《乐记》说"乐者，音之所由生也，其本在人心之感于物也"，"情动于中，故形于声"。音乐是人心感于内而发于外的一种活动。在"乐记"里面，十分强调心、性、情、物、志以及彼此的关系。特别是人的情感、情绪与乐之间的关系。实际上我们知道"乐经"早已流失了，我们现在已经看不到"乐经"，只有"乐记"存在。从"乐记"的角度来说，诗、歌、舞三个集合成一个整体，它实际是人对外界事物的一种情绪反应，在"乐经"里面谈到的"知声而不知音者，禽兽是也"，所以你能发出声音，不能说明你懂得乐，只是说你心里对于外界事物有很多的触动，于是你发出了声响，动物也是一样的，激动的时候，悲伤的时候，它都会用声音和肢体语言来控制，像我们看《动物世界》里面的大猩猩，大猩猩当同伴遭受到攻击的时候，或自己遭到攻击的时候，它的整个表现是不一样的，当同伴死去的时候，它捶胸顿足，发出悲恸之声，这个声其实就是你的发声器官和你肢体语言相互交融，来反映客观事物的一种本能反应。声音是有一定振动频率的。生活中我们把声音分为乐音和噪音。在音乐上乐音和噪音振动频率不同，一般像我们听到的乐器的声音，比如二胡、钢琴等等，它们的振动都非常有规律、有秩序，音高明显，我们称之为乐音。另外一些如打击乐中的鼓、锣、镲等等，由于振动不规则，听起来不很悦耳，我们称为"噪音"。和谐，是我们"乐经"里面最为强调的，而"阴阳和谐"也是我们国学里面谈到的最核心的问题。在"乐"里面，"宫商角徵羽"五音的和谐实际就是乐的和谐。如果我们懂一点乐理的话，"宫商角徵羽"就是对应我们所说的唱名"do、re、mi、sol、la"，"宫、商、角、徵、羽"这五种声调可以说是中国特有的一种调式，当然国外很多民族民歌里面也使用这种调式。其实他们也是用的五声调式，但因为在五声调式里面属我们用的时间最为久远，所以一般就认为五声调式就是中国的调式，像我们所听到的《茉莉花》这首歌用的就是五声调式，do、re、mi、sol、la 5个音就概括了，虽然很简短，只有 5 个音，但里面所涵盖的内容却非常丰富，因为音乐是一个听觉艺术，它需要音的长短、强弱、快慢等等来决定的，所以同样就是 do、re、mi、fa、sol、la、xi 7 个音，但却可以演绎出千变万化的旋律，所以我们看从古代这么多音乐流传下来，其实音算起来都由 do、re、mi、fa、sol、la、xi 7 个音里演变出来。在"乐经"里面所提到的"宫商角徵羽",又有各自的代表性,比如像"宫"一般是形容国君,"商"一般是大臣,"角"一般是形容平民,"徵"一般是指事,"羽"一般是一个物体,所以在"乐经"里面,"宫商角徵羽"分别对应君、臣、民、事、物,所以宫调式这样的音乐像在《诗经》当中的话一般是在祭祀音乐里面,这个"颂"里面用得比较多,因为它特别地显得庄严和庄重,所以虽然是"do、re、mi、sol、la","宫商角徵羽"5个音,但是每个音由于它的切入点不一样,它使用方法不一样,运用的角度不一样,它所带出的整个音乐的音响感觉是不一样的,所以你在听到一些比较宏大的庄严的音乐的时候,往往都是以宫调式为主的。作为音乐这块,像我们在《诗经》里面,孔子最后删定的305首,每一首孔子都可以"皆弦歌之",都可以谱成曲来唱,而且伴有舞蹈,可想而知,当时的音乐发展到了怎样的一种高度。所以说,《诗经》很好地体现了孔子对于先秦时期,包括早期的民间的、贵族的、祭祀的很多音乐的记录,是我们研究中国传统音乐文化特别是先秦时期音乐非常重要的基础。而"乐记",作为先秦时期留传下来的最早的比较成体系的音乐著作,无论对于我们当代人还是未来的学者去研究、挖掘先秦时期甚至先秦以前古人对于音乐思想、音乐理论、音乐情感等方面的论述无疑具有深远的意义和极其重要的历史价值。

王绍培:

今天在座的我的年龄是比较大一点的,因为我经历过"文革",所以我对"文革"有记忆。"文革"的时候,林彪当时有一个条幅,条幅上写的是什么呢?"悠悠万事,唯此为大,克己复礼","克己复礼"是什么意思呢?复辟封建地主阶级的制度,就是他想复辟,想回到旧社会,所以要批判林彪。而林彪的"克己复礼"是从哪里来的呢?是从孔子那里来的。孔子的时代"礼崩乐坏"。什么叫"礼崩"?无非就是所谓的封建的制度崩溃了。什么叫"乐坏"?没有解释,反正大概就是音乐已经都失传了,都没有了,就是乐坏了,这个解释是很粗糙的,这是我年轻的时候对"礼乐"有这样一个印象。后来上大学的时候，我读的是哲学系，也讲到礼乐文化，礼乐文化是什么东西呢，老师也是语焉不详的。他把它当成是一个不言自明的东西。"礼"就是一套规章制度，一套规范，一套人和人之间应该遵守的规则，包括礼数之类的东西在内。说到"乐"都是含糊其辞，都把它当成一种音乐，或者当成一种快乐，当成一种跟礼相伴随的情感体验来讲的，讲得可是一点都不清楚，孔子为什么会对"礼崩乐坏"那么痛心疾首？说明它有更深厚的历史原因，这个原因是什么呢？这个就跟孔子之前的夏商周时期人类的生活形态有关系。早期人类的生活形态是一种什么样子呢？就是一种人跟神距离很近的时代，当然一方面人和神已经分开了，另一方面人和神距离很近，人在很多的时候，要跟神来进行沟通，人跟神进行沟通的时候，要做很多很多的活动，比如说要唱歌、跳舞、要念诗、要有音乐，要有很多很多的仪式，做这样一些祭祀、祭典活动的时候，这个里面的一套游戏规则就是"礼"，这个里面伴随着活动产生的那些音响、那些音乐就是"乐"。

　　我前一段时间，读赫拉利的《人类简史》这本书，书里面讲到人类的发展历程分成四个革命，第一个是认知革命，人类发明了语言；第二个是农业革命，人类发明了农业；第三个叫人类的融合与统一，其实就叫作文化革命，尤其是宗教方面的融合、冲突、统一等等；最后一章是讲科学文明，他说农业革命对于人类来讲是一个骗局，为什么是骗局呢？本来人类生活得是很自由自在的，人类逐水草而居的生活是非常好的，饿了就打个猎，比如说打一个什么动物过来烧烤一下，吃掉就好，吃饱了之后就休息，但是发明了农业之后你就要管很多很多的事情，要管灌溉、要管天灾，而且要辛苦地劳作，所以他认为农业是一个最大的骗局，让人类陷入一种很悲惨的生活境地，这是赫拉利在《人类简史》当中的一个观点。但是人类为什么会发明农业呢？是因为考古学发现，人类发明农业的那些区域和地方都同时伴随着巨大的宗教性的工程，比如埃及有金字塔，在其他地方有一些神庙，因为要建金字塔、要建神庙、要动员很多很多的人类完成巨大的建筑，所以就要发明农业，因为农业种植了粮食，可以保障我们很多很多的人大规模在一起生活、生产，从事我们要做的宗教的劳作，是一个很重要的物质保障，这反过来也可以说明，在人类的早期，就是孔子之前的夏商周的时期，宗教生活是非常非常重要的，所以我们对"礼乐"的解释和理解，包括上次在这个地方谈《诗经》，什么叫"诗"，也要跟早期的宗教性的人类生活放在一起进行考察，我们才知道渊源在什么地方，它的来龙去脉在什么地方。礼乐文化也是这样的，就是因为我们人类早期有这样一种神性的宗教性的生活，所以才会有对"礼乐"这么重视的一个阶段，也就才有我们后来对礼乐文化的一种敬仰和一种追溯。孔子那个时代，人神已经比较远了，他说"礼崩乐坏"，因为没有这种生活，没有这种习惯。

在日本《讲谈社·中国的历史》第一卷里面，第一卷的作者是宫本一夫，他讲什么是"乐"？乐是乐器，乐器是什么东西呢？乐器首先不是用来伴奏的一个音乐道具，那么它是什么东西呢？它是权柄比如在一个部落或者某个政治单位里面最大的领袖的墓穴里面才可以发掘到乐器，小一点的比如像诸侯小一点的王，他们的墓穴里面都没有，所以乐器是一个非常重要的东西，它是一个权力的象征，它是权柄。乐器是礼器，也就是说它是在从事宗教性活动的一个身份的象征。早期的祭祀祭典里，有这样几个作用，一个是人神进行沟通，我们要通过这样一场祭祀祭典活动，我们要把我们心愿告诉神，我们要求助神护佑我们，这是一个作用。还有一个作用，就是在祭祀祭典活动中知道自己的身份，身份认同，谁是谁，谁是大王，谁是小王，谁是J、Q、K、A，谁是3、4、5、6、7、8、9，它就像一个普通的扑克牌游戏一样，在现代社会，我们可以通过很多很多的分工，我们就知道，这个单位里面这个是处长，这个是副处长，这个是科长，但在古代人们会通过一种宗教性的活动，每个人在唱歌跳舞的时候，在做一个祭祀活动的过程中，明白自己的身份是什么，懂得这个人是大王，我要尊重他，这个是小王，这个人是黑桃2，是一个身份认同。还有一个就是游戏规则，就是我在这样一套祭典活动中，我应该怎么玩，我应该怎么走，我应该怎么熟悉这套游戏规则，这是祭祀活动中要起到的一个很重要的作用。所以说，早期的礼乐文化有三点作用，第一，身份认同；第二，明白游戏规则，其实也就是社会很多的道德规范，或社会活动的规范；第三个就是人神沟通，知道我们生活在人神之间，生活在一种天人之际，所以说早期的礼乐文化可以有这样一种用意。它很重要的一点就是讲的人的超越性，我们人比较容易活在一个现实的层面，但是我们通过祭祀祭典的活动，就知道我们还有更高的、更远的、更大的使命和抱负，有这样一种意识，这就是诗意。

所以我上次说中国早期的诗歌，诗经里面的"风、雅、颂"，"颂"是最重要的，为什么？"颂"是圣诗，"颂"这个诗早期是谁来做呢？是大巫师的祝祷之词，大巫师是什么人呢？是阉人，其实那个时候的阉人是很神圣的，他有一种神圣性，因为他比较干净的，具有一种超越性，所以一定要从宗教性的层面理解风、雅、颂，颂是最厉害的，某种意义上讲，风还不叫诗，风作为诗是后来的事情，雅是介乎于诗和非诗之间的一种东西，因为后来是人和神分离得越来越远，诗是一种下坠的过程，所以"风、雅、颂"，以至于风的作用好像比颂还要重要一些。我们从文学的角度，从历史的角度，从认识的角度，我们后来把风看得很重，但在早期的人类生活里面，颂是最重要的，其次才是雅，雅就是像所谓的知识分子，颂来了之后，有自己的一点感想，就是雅；至于风，是老百姓的男女及民间的谣曲之类的，这个是风；讲到早期文化的宗教性的时候，它的意义非常重要，在这种人神距离还比较近的状况中，是很有诗意的，它是人之所以有不断完善自己的根本动力的出处。

胡兰成有一本书叫《中国的礼乐风景》，他把中国文化的礼乐弄得非常诗意化，真正爱中国文化的人，爱到骨子里面去的，而且是抓住了中国文化的真正精神的一个人可能是胡兰成，他讲得很好，他讲礼乐，说"祭"和"乐"是格物，"政"和"礼"是致知，格物致知，祭祀活动伴随着歌舞、诗歌，这些事情都是一种相对于礼的象征，相当于是领悟到神意，然后"政"和"礼"，就是政治活动和礼仪的活动是"致知"，我们现在讲就是理论与实践，前面是知道，后面是实践。他讲中国文化里面都有这样一种礼乐风景，我们哪怕是在一个很平常的生活里面，在一个普通的劳作的场景里面我们都可以感觉到那种状态，我们所有人的文化，我们所有人的情感,我们所有人的体现都是从这里面来的,你要知道这些出处。还有一个就是,我们要知道我们所有的仪器都在天人之际,背后有神,有神意,这是中国文化比较美的部分,胡兰成关于礼乐文化的建议、祭祀文化的建议,基本上可以说是乌托邦,但是我们不能因为是乌托邦就轻视了、否定了它的价值,我们生活得很好,物质生活非常丰富,但是我们的精神生活好吗?我们觉得幸福的人多吗?我们觉得快乐的人多吗?我们每时每刻知道我们举头上是有神明的人多吗?在现代这个不断物化的社会,很多人很痛苦,所以胡兰成讲的礼乐文化,讲的礼乐风景,虽然是一种乌托邦,但是对我们有很多很多的针对性现在请牛博士再讲讲礼乐文化在我们现代社会生活中的价值。

牛鹏涛:刚才谈到孔子当时感叹"礼崩乐坏",希望"克己复礼",这个"礼"其实是和当时的社会制度密切相关的。站在孔子的角度,最向往的是西周文化。从西周到春秋之间一定发生了很大变化,才会使孔子产生这么强烈的感叹。这是有直接原因的。今天我们对西周历史的认识已取得很大进步,如著名学者李学勤先生曾经指出,相对于商周而言,秦朝可称为中国历史上的再统一。李先生为什么这么讲呢?西周的统治力是非常强的,不过统治模式和秦不太一样。西周的政治制度是与宗法制相结合的分封制。分封制是一种统治模式,分封不代表说就是分散、不统一,这是两个概念。在分封制的过程中,"礼"起到了维系各种社会关系,乃至于政治关系的作用,从某种意义上可以说它承担了法律的功能。在传世文献和青铜器铭文里面有很多册封的内容,周天子要册封一个诸侯,双方的关系是什么,这就非常集中地体现在一套礼制上。在册封仪式过程中,周天子除了赏赐礼器、人口、土地等等,还规定了被分封之后的诸侯与周天子之间的责任和义务,比如拱卫中央、定期朝觐、缴纳贡赋等,当然周天子也对诸侯国有较强的影响和监督。这种约束通过什么来体现,就是礼制。可以看到礼制的重要性,维护国家的统一,维护整个社会的运行。到了春秋时期,情况就很不一样了。到周平王东迁以后,王室的力量一下子缩小了,诸侯的影响力空前坐大。中央和地方，君和臣之间的责任和义务关系越来越弱，维系双方关系的制度也就显得越来越淡。这就是孔子所感叹的礼崩乐坏，整个社会失去了一套秩序，诸侯不再按照一套规则来拥护中央。不仅如此，即使在诸侯内部，大夫的权力也越来越大，时常有僭越的事件发生。对于整个天下来讲，天子的作用越来越弱；在诸侯国内部来讲，最后发展到诸侯本身的权力越来越小。整个社会开始发生悖乱，人人都来争夺权力，当时所面临的现实问题确实非常大。孔子的理念是希望当时的社会重新恢复和谐的秩序，包括政治制度和社会伦理等方面。

下面我们以《礼记》中的"中庸"、"慎独"等一些关键词为例，来谈谈如何把握礼乐文化的内在精神。我们研究儒家思想靠什么资料？其中很重要的是《礼记》。《中庸》是《礼记》中有名的一篇，大家都在读。可是什么是"中庸"？是不是像我们过去理解的调和式的折中主义？不是的，"中庸"是指中正、恒常之道，也即儒家所追求的至善之德。再如我们谈到"慎独"，它是不是像我们过去理解的独处时要小心谨慎？也不是这样的，马王堆帛书《五行》篇告诉我们："慎其独也者，言舍夫五而慎其心之谓也。独然后一，一也者，舍夫五为一心也。然后得之一也，乃德矣。"耳、目、鼻、口、手足可以称为五体，但心是独一无二的，它可以指使我们的躯体。慎是重，慎独就是指我们要重视这个独一无二的东西——心。这跟宋明以来重视心性是一脉相承的。如果我们真正吃透儒家的内在精神，你说它怎么样在现实社会中弘扬？历史是在变化的，但有一样不变的，就是人性。古人对于人性的把握在我们今天仍然适用。儒家讲的中和、中正之道，我们今天仍然讲；儒家讲重视内心，我们今天仍然行得通。这是思想的永恒性决定的。

至于"乐"，则不仅是普及音乐的形式，还要理解传统文化中音乐的精髓。什么叫和谐？不只是声音优美、让人情绪兴奋。《中庸》中说"喜怒哀乐之未发，谓之中；发而皆中节，谓之和。中也者，天下之大本也；和也者，天下之达道也。"强调的是中正、和谐，有一定的节度，喜怒哀乐不能过头。音乐在古今都很流行，可是古典与现代的精神是很不同的。我们今天尤其需要弘扬以礼乐为代表的传统文化内在精神。

蒋波：说到"礼乐"这块，现在，很多学校和机构也在做成人礼，成人礼在众多国学读物里面留下非常多的素材。实际上在成人礼里面，女孩子一般是 14 岁左右来了月事，被认为是成人的标志，这一天，就要行及笄之礼。一般不会有人告诉你女孩子成熟几年了，那怎么办呢？可以从女子头上簪子的数量来辨别，簪子的数量越多，岁数就越大。男孩子 20 岁时会有一个成人仪式——行冠礼，成人仪式的时候会把头发束起来，戴上一个冠，这天开始，有了自己的字。这时候的冠还称为弱冠，孔子强调男子是三十而娶，女子二十而嫁。男子到了 30 岁的时候才称为强冠。这个过程中，实际上女孩子从 14 岁到 20 岁这 6 年时间里，女孩子要学习很多很重要的东西，而且是我们现在都已经基本忘记的东西，就是女红、刺绣、纺织、家务、侍奉公婆等，所以 6 年内会专门有一个女老师来教育你，但现在我们基本上家里面没有这种教育了，所以女孩子到了嫁的时候很多事情都不会。所以"礼"里面在这块体现出的还是值得我们在现实社会中去思考的。另外，男孩子虽然 20 岁成人，但实际上到 30 岁才允许你开始娶亲，这 10 年当中，不单单是你已经具备生育能力，更重要的是你要能够担当家庭的责任，社会的责任，所以 20 岁到 30 岁这 10 年中要让你的心智达到成熟的状态，不单单是你作为个人，同时作为社会人，你要能够担当社会赋予你的责任，你才能够更好地服务国家、服务家庭，所以我们从"礼"里面可以看到很多对于我们现实社会同样有很多值得我们深思的地方。从音乐的角度上来讲，本身这个"乐"很重要的就是我们内心情感的表达，像我们遇到各种情感问题的时候，当你处于喜、怒、哀、思、悲、恐、惊的时候，实际上这 7 种情绪对于你的内心是有很多的触动的，当你受到触动，你用语言、用声音、用肢体去表达，所以我们有时候看到大家高兴的时候，或者悲伤的时候就去唱卡拉 OK 了，为什么？在屋子里面音响效果好，唱自己喜欢的歌，鬼哭狼嚎一阵子，不管好不好听、在不在调上，起码情绪得到了很好的宣泄，所以说"乐"这块不仅仅是人的内心的情感的表达，更重要的是能够很好宣泄或者平复我们的情绪，让我们始终有一种正能量去面对来自现实社会中的种种威胁、矛盾和冲突，无论是成人礼还是"乐"这块，带给我们的东西都是值得我们去思考的，而且这些东西在我们的生命中，在我们的生活中，如果我们懂得去体察，如果我们懂得去感悟，这些东西都能带给我们很多很好的东西。像最近江苏卫视播出的蒙面歌王，不知道大家有没有看，评委听台下戴着面具的歌手演唱，经常不自禁地感动落泪。其中很有感触的就是台湾的歌手许茹芸，成为了当晚的歌王，当把面具取下来，非常激动地讲述自己的心路历程，实际上她是一个性格很内向也非常害羞的女孩子，一直不愿意在舞台上和观众正面交锋，但是当她戴上面具之后，她心里的防线卸下来了，她就感觉到自身内心的一种强大，她可以通过戴上面具不顾忌别人对她本人的态度和感受，她可以把这首歌，通过自己的内心真实想法尽全力表述，她的几首歌的表现相当完美，虽然她是属于小嗓歌手，音域不是很宽，但是她的情感非常细腻，打动了很多的评委，所以说，人的一种情感、情绪实际上是可以通过很多方式去表现出来的。就像很多人平时看着很安静，一到了KTV唱歌的时候，完全就换了一个人一样的，马上就变成麦霸了，人实际是需要有这样一个渠道去把自己情感在这样一刻把它宣泄出来。所以我们想在"乐"这块特别能够在现实社会中把人类的情绪做很好的平衡，这也是体现了我们"乐"里面所提倡的"五音和谐"，只有这个音和谐，状态就恢复了。所以说到"礼崩乐坏"，这个"乐坏"到底是怎么坏了，我自己认为是和谐度产生了问题，阴阳不和谐，五音不和谐，必然会导致社会的混乱，特别是在先秦时期，可能对于"乐"这块，一般说君子才是能够懂得"乐"的人，只懂得声的人是禽兽，懂得音的人只是众庶，只是一般的平民，只有君子能够体会到乐的真正的高度。就像刚才王老师说的，说不定是和神灵之间的一种对话，所以以前的巫师大都是大音乐家，他们懂得和上天进行这样一种对话。这也是让我感受到的音乐实际上是非常神奇的，但同时音乐又是一种天赋的东西，特别是我们看到很多的音乐家的产生，这都是跟他的天赋密不可分的，所以我们要珍惜自己生命中的天赋，也珍惜音乐带给我们的种种的用语言不能表达的感动。语言停止的所在就是音乐的开始，所以我们要能够倾听内心世界"乐"的那种涌动，这样的话我们的情感才可以以一种正能量去面对我们社会中的纷繁复杂的事情。

> **王绍培：**

我们小时候，家里面也会讲，要懂礼数，比如说坐的时候应该怎么坐，吃饭的时候或在酒席上手不要张太开，你要夹得比较紧一点，因为你的位置是有限的，你张得太开会影响到别人，见到长辈要怎么样称呼，这都是一个家庭的教养，我们把"礼"这一部分当成礼数，主要是慢慢演变成这个方面的教养。还有一个就是"乐"的这一块，我们说礼乐文化"乐"的这块其实我们是不知道的，你乍一看以为就是一个人的音乐修养，其实是什么呢？其实李泽厚从礼乐传统里面归纳出两个东西，一个就是中国人的"乐感文化"，还有一个是中国文化中的"情本体"，什么叫"情本体"？就是中国文化非常看重人的情感体验，而且把情感体验作为一个本体来看待，这就上升到一个非常高的高度，是一个根本上的东西。中国人的礼乐文化必须要有情感，必须要有情感作为支撑，或者有情感体验，这跟西方的不一样，西方没有这种说法，我们可以把西方称为"理本体"，因为它是讲认识，这个是不一样的。情感文化，情本体非常重要，比如跟一个女孩子谈恋爱，我只是说我怎么做是对的，我在整个过程中没有情绪，没有情感，那就不是谈恋爱，恋爱最大的一个特点就是你有一个非常强烈的情感体验，你这个恋爱才值得谈，否则这个恋爱不值得谈，而事实上不只是恋爱才是这样，一切事情里面都应该有情感体验进来。早期的礼乐文化，为什么每次仪式活动的时候要有音乐呢？就是要唤醒我们的情感，我们的情感要调动起来，要投入进去，在这个过程中不仅要体验、体会到我们的情感，而且我们要管理我们的情感，讲的是情感的和谐，是对我们的情感进行管理，比如说你是不是应该发火、是不是应该忧伤或者是不是应该感到非常喜悦等等。你在恰当的时候、恰当的场合，你有恰当的情绪表露、情绪体验，这个就是和谐，这就是你的情本体。但这一块，因为礼乐"礼"的这块经过后来的宋明理学的发展，以至于我们中国人或中国文化相对于来说是一个相对比较压抑性的文化。

在美国有华人学者叫孙隆基的，他写过一本书叫《中国文化的深层结构》，他讲全世界的很多民族只要一听到音乐，马上就载歌载舞，而且全世界有很多民族他们运用自己身体的能力非常强，他们知道自己的身体应该怎么来表达，怎么来运用，他们有一种跳舞的天赋。比如我们到西藏去玩，看到一些维吾尔族的小朋友，一听到音乐马上起舞了，跳得非常漂亮，因为他很小就跟着大人一起跳，而大人的身体是非常奔放的，但是我们汉族人不是这样的，我们汉族人的身体受过非常严格的规训，我们不擅长运用自己的身体，我们也不知道我们的喉咙该怎么发声，我们的肢体应该怎么表现，这些我们都已经受到了压抑。按孙隆基的说法，中国文化压抑的部分比世界其他的文化都要来得强烈，这就回到了李泽厚说的中国文化是情本体，中国文化本来是情本体，本来是应该能够唤醒我们的情感的，本来应该非常擅长调动我们的情感，而后来我们这块其实是丧失的。因此礼乐文化在我们现代生活中有什么价值，其中一点，就是我们要重新知道我们是一个有情感的人，我们不管做什么事情，我们一定要唤醒我们的情感，调动我们情感，运用我们的情感，伴随着情感来做一些事情，这是文化中比较美的一部分。前面说到赫拉利的《人类简史》的书里面有很大一个篇幅讨论人的快乐是什么，而现在很多心理学家也主张人的快乐、人的幸福其实就是一种内心体验，内在的体验，而这种体验就是情感体验，如果一个人没有情感体验，那么他的意义在哪里，无论你做什么事情，没有情感，我只是认为这件事是对的，我才来做它，那还有意思吗？或者还有一种就是有些人有另外一种情感，一种不太好的情感，比如动不动就愤怒、动不动就焦虑、动不动就忧伤，这种情感就不是一种乐感文化，是一种别的什么感，是怒感、焦感、忧感，是这种文化，所以李泽厚从中国传统文化里面提炼出来的乐感文化对我们现代人的生活是很有针对性的，顺便说说所以现在有的时候看到的所谓"广场舞"，大妈跳广场舞，有一些中国的大妈要跳向全世界，这可能就是中国礼乐文化复兴的一个兆头，很多大妈跳的时候也很高兴，很多人是因为这样能健身，它有一个实用的目的。我观察很多人在跳的时候确实很愉悦，事实上你的身体在运动的时候，尤其是你伴随着音乐来起舞的时候，你是会有非常美好的情绪体验，所以这种广场舞、大妈舞我觉得也应该变成大爷舞，也应该变成小孩舞，就像维吾尔族那些小朋友，一听到音乐就翩翩起舞了，非常好，如果我们将来要复兴所谓的礼乐文化的话，跳舞这个文化是应该复兴的。像子张的诗乐会，不光是要念《诗经》，除了唱《诗经》，还要跳起来，而且要发自内心的跳，是很高兴的跳，而不是专门跳给别人看，拍个照，发个朋友圈，那种跳就不是正道。

我们今天是不是可以把互动的时间留得稍微长一点，因为礼乐文化相对来说是跟我们生活贴得比较紧密的话题，所以大家有什么问题有什么想法大家都可以敞开说。首先我们从讲话开始，子张先来。

子张：今天非常高兴，我第一次《诗经》的讲座在信息学院大运会报告厅做的，在那次认识了蒋波。去年读书月将《诗经》的14首搬到了5楼报告厅，用音乐、舞蹈吟唱，包括汉服，我觉得这是一个全方位希望通过经典带动音、诗、歌舞等乐化的东西，所以今天成为人和神的交流沟通，因为在"乐经"里面提到了，刚刚王绍培老师提到了我们中国人都太压抑了，所以我想大胆提一个建议，请蒋波把他最拿手的一首《汉广》现场亲自唱出来。

蒋波：这首《汉广》是《诗经》"风、雅、颂"里面很有共鸣的一首歌，它表达了一种思念之情，把这首歌献给在座的各位观众。

　　南有乔木，不可休思。汉有游女，不可求思。汉之广矣，不可泳思。江之永矣，不可方思。
　　翘翘错薪，言刈其楚。之子于归，言秣其马。汉之广矣，不可泳思。江之永矣，不可方思。
　　南有乔木，不可休思。汉有游女，不可求思。汉之广矣，不可泳思。江之永矣，不可方思。

谢谢大家。

王绍培：

这就充分说明在人类早期的时候做祭祀活动为什么要有音乐，因为刚才蒋波一唱歌，全场的状态就不一样了，很多人就站起来，是一种精神焕发的状态，诗可以兴，音乐、歌曲唱起来之后，这个比起到"兴"的一个作用还要强，还要大，诗可以兴，很兴奋。

好，下一位。

听众：非常感谢今天的分享，来了南书房夜话几期之后，我觉得我受到了文化的熏陶之后整体人都变不一样了。就像老师说的人要快乐，可是我们的教育里面没有这块，我们要的是学分，要的是成绩，要的是考大学，没有人教给我们快不快乐，所以之前我在论坛分享一个话题叫如何快乐。很多人就说快乐对他们来说是一件很困难的事情，我今天提的问题是如果"乐"是一个内心的状态，是一个温良、一个安、一个仁的话，那么我们的内心的秩序应该如何简明、有条理？我们中国人提倡做一个亲民的人，那么亲民的人应该在礼乐文化的熏陶下有怎么样内在的秩序和情感的感觉和感受？而不是说像刚才王老师讲的不是压抑的状态，应该是一个亲民的状态下应该是和谐，那么怎么样可以达到一种亲民的状态或接近这种状态？

蒋波：感谢您的提问，作为人内心，面对当今社会，如果是向外寻找快乐，有时候可能你会被外界的很多事物所分离，寻找不到快乐，你只有从自己内心去寻找快乐，我觉得才是真的快乐。而内心寻找有很多种方式，比如说，当你处于一个烦躁状态的时候，我建议你可以去学习弹古琴，它可以让你整个身心慢慢放松下来，静下来，当你拨动琴弦的那一刻，你可能会感知到内心当中的宁静，快乐有时候不是从外而来的，而是从内心当中真正油然而起一种自己想要的东西，而这种用一种乐器让自己能够快乐和宁静的方式，我觉得是一种比较好的途径，当你心烦的时候，当你不开心的时候，你弹一曲，你整个的心融在曲子中的时候，融在每一根手指跟琴弦之间接触的时候，实际上你的注意力已经从那块转移到这块，随着你不断深入的弹奏，你整个身、心、灵融入到情景中的时候，其实你会发现更多的快乐，而这种快乐是自己寻找的。谢谢。

王绍培：

补充一下，今天我刚好见了一个活佛，他叫昂桑。他是在青海的格迦寺，他是三世转世活佛，也是有证书的活佛。在他的格迦寺里面有很多是那种终生闭关的修行人，在很小的时候就到庙里面来，就进去闭关，然后这一辈子就闭关在那里，据说他们每天只吃一点斋饭，冬天的时候在零下 30 多度的环境里面休息、打坐，经常在那里打坐，见到他们的人都发现他们非常的快乐，而且那种快乐不是装出来的，就是发自内心的一种喜悦、快乐。我就跟昂桑说，我说可能是因为他们的长期的修行过程中，他的血清素的含量比较高，所以他们比较快乐。在心理学研究里面就发现，有些人炒股票，哪怕是今天亏了 10%、20%，无所谓，没感觉，还是很快乐。哪怕还有一种人，比如授予他诺贝尔奖，他也没什么感觉，为什么这样呢？是由每个人的血清素决定的，有一类的人血清素的含量比较高，永远是处在比较 high 的状态，动不动就高兴，非常高兴。还有一种人呢，血清素的含量比较低，不管有多么好的事情来了也不是很快乐，也就么么回事；不好的事情就反应很强烈，很容易忧郁、很容易忧伤，所以我跟昂桑说，可能是因为他们修行了之后，他们血液里面的血清素含量变高了，昂桑用他的西北普通话说"那可能应该不是这样，应该是他们有一种很坚定的信念"，对，我也知道他必然要这么说。因为如果我们把一个人快乐的状态说成是一种以物质为基础的表现，肯定对他的宗教信仰来说是一种轻慢，但是在修行过程中一定是这样的，一定能够找到我们的生理的状况。比如弹古琴的时候，你会慢慢快乐起来，就是在你非常专注地做一件事情的时候，实际上你的情绪得到了一个调理和调整，同时你的精神的能量得到了一个修复。比如说我们的元神，我们的元神就好似充电一样重新变得很饱满了，当你处在一种很饱满的状态的时候，首先它起码是很平静、很安详的，其次是有一种自然而然的喜悦散发出来，人在健康的时候、在正常的情况下，都是既安详，又喜悦的，人只有在不正常的情况下才会有忧郁、焦虑、愤怒等种种所谓的负面的情绪的表现。所以说，刚才这位听众说的快乐，其实快乐在很大程度上取决于我们怎么管理我们的情绪，怎么训练我们的情绪，在某种意义上讲，怎么样来修行，不仅打坐是修行，弹琴也是修行，书法也是修行，你专注做任何一件事情的时候都可以说是修行，都会让你变成一个相对来说比较快乐的人。所以那些没有目标的人，无所适从的人，每天都很迷乱的人，焦头烂额的人，这种人才比较容易有问题，比较容易有身心方面的问题。我的理解是这样的。

蒋波： 稍微补充一下，其实现在的人很多都是属于需要的不多，想要的很多的状态，实际上在"乐经"里面，音乐与五脏、跟中医的"宫、商、角、徵、羽"是对应的，所以我们说当你的情绪发现是偏向于比较恐、哀、思的时候，可以对应有相关的音乐治疗方式去治疗，也可以通过听这些音乐使你的身心整个转变过来，变得更加正能量，这可以通过某一类型的音乐来调整，这些在中医里面是有这样一个对应的治疗方法的。

王绍培：
中医特别擅长用声音来调治，还可以用味道，比如各种各样的味道调治，还可以用色彩，不同的色彩有不同的情绪对应的一种反应，你可以来进行调治，最后达到和谐的状态。好，下一位。

听众： 蒋老师，有一个问题很好奇想跟您请教一下，为什么我们中国古代的音乐能够从几百年前甚至几千年前保留到现在，但是西方的音乐没办法像我们能保留这么长时间，我们的音乐在保留的过程中是不是有失传的或变更的感觉呢？

蒋波： 实际上从古到今，无论是中国还是西方的音乐，实际都存在一个问题，就是最远古时期的音乐大都是一代一代口授相传的模式，又由于记谱的原因，再加上天灾人祸，出现断代问题，音乐就没有办法流传下来。据传我国在战国就有记谱方法了，但是因各种原因已失传，最早的有文字记载的是隋唐时期的工尺谱和减字谱，沿用至今。实际上在西方，古希腊就有用文字谱来记谱的记载。在中国实际上"歌唱"这部分很多已经流失了。古琴的谱，通过减字谱的记谱方法以及口授的形式把它记录下来了。西方的如中世纪的格里高利圣咏也是通过文字谱等来记谱的。所以现在文字记载西方能够听到的最古老的音乐，是古希腊时期一种形似竖琴的弦乐器。

听众：今天很凑巧正好有问题要问牛先生，上次错过了机会，我想问一下，我们的文化从秦朝是一个封建，从秦以后，我们的思想自由就被一个外力强行钳制了，想请老师分析一下先秦思想的自由，从整个社会来讲是一个什么样的障碍？我们想了解在那个时候拥有什么样的风尚？秦朝以后，我们都知道，从秦朝到清朝这2000多年我们被一个强大的外力给压住，我们没有了思想自由，我想了解前面那段时间到底是什么原因后来才会产生诸子百家，那个在当时代是站在了我们人类的最高端，我想请老师介绍一下这个问题。还有关于今天的话题礼乐文化，孔子为什么这么向往周朝的礼乐文化？

王绍培：
首先第二个问题已经聊过了，因为你是刚到的，用3—5分钟的时间讲你自己的想法，我很想知道你对这个问题的想法，我给你一个机会给你充分表达一下。

牛鹏涛：回顾历史会发现，中国历史上有几次思想特别活跃的时代，第一个是春秋战国时期，距离我们最近的则是清末民初时期，都是大家辈出。考察这些思想学说蓬勃发展的历史背景，会发现它们都是一个历史的夹缝时代。有学者曾经提出来，在历史的夹缝时代往往特别容易诞生思想家。因为旧的制度正在打破，新的制度正在建立，有它的实际需要。当然这个时候人才的涌现也跟束缚较少有关。这个如果展开来聊，其实是一个大话题，所以我们只能简单地说在夹缝的时代，是思想和人才涌现得最多的。

听众： 现在礼乐文化其实是跟我们生活有一个很大的断代的情况，比如刚才说的祭祀文化，其实在大都市里面很少有这种情况发生了，如果在当代我们看这些上古的文献，包括那些上三代文化，如果说我们现在想要重新去认识它，不单单只是说在字词上获得，而是我们用行动来做的话，它会不会是一种乌托邦的想法？

王绍培：
这个问题蛮有意思的。比方说有次去潮州旅游，看到游行的队伍，打着各种各样的灯、旗帜，吹拉弹唱的，好像是在请神，或者在祭祖，很像是古代的祭祀、祭典行为，所以这种文化，尤其是这种行为，这种仪式在民间是存在的，不仅是潮州那些地方，我估计在其他地方也会存在，我觉得这种文化非常有意思，这其实就是跟我们古代的礼乐文化直接相关的一个东西。我希望将来民间社会充分地发育起来了之后，这些文化、这些仪式还能被挖掘出来，还有人愿意来参与，就像演戏一样把它作为一台剧演出来，在大街小巷、在广场上演出来，因为它是一种很有意思的文化，它不仅仅是一个乌托邦，其实是非常有现实意义的。

牛鹏涛： 当代社会存在着不同的途径来弘扬礼乐文化。比如我知道的，有的学者正在重绘古礼图，有人在拍视频，要在社会上普及推广。当然还有别的途径，如我们刚才讲到如何去理解儒家礼乐文化的内在精神，对儒家思想尽量减少误读。而这需要我们扎实地去阅读历史文献，切实地去理解思想内涵，不要人云亦云，不要空谈泛谈。这一点在当下尤其重要。

听众： 周朝这个国家有自己的法度和军队，当时可能对于国和民和周天子之间没有关系，反而更像清朝的制度，它与我们的封建制度郡县制比较接近，请老师对此解释一下。

牛鹏涛： 刚才已经谈到了，秦和西周是不同的两种政治模式。秦以来实行的是大一统的中央集权，体现的模式就是郡县制。什么是县？这属于沿革地理的问题。"縣"是"懸"的本字，从它的构字原理看，字形右边是丝线，左边是人首和木的变形，本义是把人头悬挂于木上，后来用为一般意义上的悬挂。为什么拿表示悬挂的"縣"字，来表示郡县行政区划呢？就是因为郡县的特点是直属的，由中央直接牵制，统治模式是中央直接控制地方。分封制的模式跟这个不同，中央可以控制诸侯国的国君，诸侯国在封国内部事务上则享有自治权，这点跟西欧的分封制是比较接近的。我们今天常常谈起"封建"一词，可是中国历史上全国性的封建制从秦以后就没有了，一些朝代也间杂有对功臣或宗室的分封，但不影响国家整体的集权制。所以我们谈的"反封建"，实际上反对的是中央集权。这个术语是从西欧、日本传来的，它们在走向近代以前都经历了封建时代，我们是套用了他们的概念，把近代以前的历史阶段都笼统称为封建。西周的分封制中，诸侯国跟中央有非常强的义务和权利关系，只是到了春秋之后，这种关系越来越弱。所以我们今天回过头重新认识秦的统一，其实也是要重新认识西周。

王绍培：
好，最后一个问题，我们希望问的是跟今天的话题有关系。

听众： 老师好，刚才老师提到过在古代礼乐文化有对女人的影响，在十几岁二十多岁都要在家里绣花或学一些礼数的东西，尤其像女人在现代社会的话，在社会上的功能非常强大，不仅是在家可以怎么样，每个人都想实现自己的价值，创造很多价值。为什么在古代包括孔子好像也要求女人要学很多礼仪，我个人觉得这样是有点压抑女性的，因为包括就像我小时候，父母比较普通，有时候会说在家好好学习，不能出去到处玩和跑，我个人觉得这样比较压抑，因为我也是比较崇尚自由的那种，她们生活在古代这么多年，女人她们难道就是喜欢自己在家里相夫教子，或者近代的时候，才会慢慢读书而走进社会的？礼乐文化在古代对女人的礼数的影响是什么样的？

蒋波：那个年代是一个男尊女卑的年代。在那个时代女子没有什么话语权，从男女阴阳和谐角度来讲，男子的成长就是他自己的成长，但一个女子的成长却可以关系到一个民族的成长，因为女孩子牵涉到养育子女的问题，所以她比男孩子具有与生俱来的能量在里面。所以在那个时代，出去打仗都是男子的事情，女子在家里相夫教子，要能够养育子女，要能够一代一代传承下去，所以她担当的职能和男孩子完全不一样，但现今的时代，作为女孩子，拥有了更多的自由。作为母亲的角色来说，教育子女的责任是永远不能磨灭的。所以我想既然上帝创造了男和女，必然有各自的职责在里面，叫各司其职。

王绍培：
补充一下，像礼乐文化包括中国的其他的传统文化肯定也是有很多问题的。如果今天我们要把过去很多做法和规范完全搬过来显然是不行的，是行不通的，我们要学习的、要发扬的、要发挥的是什么东西呢？是它的根本的精神，是那种活的、对于我们今天来讲还有启示性的那部分东西，比如礼乐文化里面有几个东西是比较有价值的。从哲学上来讲就是超越性，就是它的诗意，我们现在的生活要有一种诗意的内容，我们要有诗意性，我们不能沉迷在现实的约束中，这是礼乐文化告诉我们的第一个。第二个是身份认同，因为礼乐文化就像打牌一样，也就是身份认同，你要知道你是谁，而我们今天很多时候就不知道我们自己是谁，知道自己是谁是很重要的。第三个，知道我们在一个社会中，在一个群体中的游戏规则是什么，应该有的游戏规则是什么，而有的游戏规则是不对的，我们要争取一种比较对的游戏规则，我们要争取一种能让我们身心愉悦的游戏规则，能够让我们的潜能得到实现、得到发挥，这些精髓都是与礼乐文化的精神一脉相承的。至于具体的做法是什么样的，我们应该根据我们现实生活中的环境、条件，我们拥有的资源及我们已经有的知识面等等进行一种创造性的转换，这就是我们今天谈礼乐文化在我们现代社会生活中的价值的用意所在。好，下一位？

听众：各位老师好，我想表达一下我对礼乐文化的自己的认识。通过在座的一些分享，我觉得我们对"礼乐"这两个字有很大的误解，我们只看到字面上的意义，我们翻开古代礼乐的真正意义，"礼乐"是一个象征的字眼而已，我觉得"礼"其实就是我们的社会层面的制度，我们把这个"礼"理解成现在的礼仪，后面的"礼"演变成祭祀礼、婚礼，但是在当时提出"礼"其实是上升到国家层面的社会制度，而"乐"是代表性的乐，谈的是什么呢？"乐"就是代表我们的道德思想教育，"礼"和"乐"一方面是道德思想教育，要包括社会制度要健全，要达到一个人民各得其所的和，和谐社会的表现，所以在古代的礼乐，我个人认为"礼"和"乐"结合起来，它的目的就是要达到我们所谓的更理想和所谓的大同世界的和谐美满的社会和境界，所以这两方面都不能缺。像"礼"和"乐"，刚才听众提到的，在中国几千年的文化传承中，不是每个时期的社会制定的礼节都是一样的，所以刚才谈到的社会压抑，我们可以从文学作品中看到是封建礼教这套东西对女性的压迫，但是我们数千年的文化体制里面，每个时期都是如此，感觉可能是我们看到一些清朝的，对女性的一些束缚，但是除了清朝之外其他都是没有的，所以我拿这个例子说，中国文化几千年的社会制度和思想道德教育都不完全一样。还有我们谈到的儒家思想，有些思想因为为统治阶级服务，反而失去了它的原汁原味，比如儒家强调父子关系、君臣关系、夫妻的关系，但是在后面我们发现统治阶级只提到下面的，没有提到上面的。因为孔子的要求是什么，父慈子孝，它是双方面都要要求的，做父母的要慈爱子女，孩子要孝顺父母，这是互动的，但后来我们统治阶级只强调下面的,子女一定要孝,臣一定要忠于君主,这变成一边倒了,这叫以强欺弱,我们社会才会出现种种的不和谐的现象。我的简单分享,到此为止。

王绍培:

你讲得很好,首先第一,我认为你讲的都是对的,第二,你讲的很多想法、观点和意见我们在今天晚上的南书房夜话的前半个小时已经讲到了。前面讲礼乐的出处的时候,已经对它讲得非常清楚的一个定义、一个诠释,而且我们的第一个诠释跟你刚才讲的"礼"是什么,"乐"是什么有很多地方是相似的,基本上你的理解也是对的,只是我们的表述不太一样。好,今天晚上的南书房夜话就到这里,谢谢大家。

南书房夜话第十九期：今天我们如何读《周易》

问永宁　王兴国　王绍培（兼主持）
（2015年9月5日　19：00—21：00）

王绍培：

今天我们的题目是"今天我们如何读《周易》"。《周易》作为群经之首，是中国文化的源头性著作，中国文化中有很多东西跟它有关系，比如中医、风水、命相等等，几乎渗透到中国文化的方方面面。由此可见它是一个多么重要的经典。作为经典中的经典其难读难懂也是出了名的。好在当下的环境和条件比过去要好很多。现在有很多人出来讲《易经》，他们对其进行了一个深入浅出的阐发。比如南怀瑾老先生最起码有两本书是来讲《周易》的，他说不敢轻易读《周易》，因为读这个书很容易读着、读着天就亮了，就是一看就着迷，一着迷就忘了睡觉，一忘了睡觉一个晚上就过去了，就天亮了。当然过去还有一种说法，如果读《周易》的话，好像鬼神都会不安，可见它是神秘性很强的一部经典，《周易》的"易"一个字，有三种含义，"简易"、"变易"、"不易"，"简易"就是简单，什么事情都浓缩了，用很简单的道理给解释了；"变易"一切都是变化的，没有什么不变化的；还有"不易"，基本的道理、原则性的东西其实是不变的。因为一个字有这三种甚至于说相反的意思，所以钱钟书在《管锥编》的第一卷里面批驳黑格尔说中国人没有辩证思维、没有辩证思想，他是完全不懂，像那种大家不懂中国思想、不懂中国文化，你闭嘴就好了，但是那种大家又喜欢，不懂但是偏要瞎说，他就把黑格尔批驳一通。

《周易》吸引大家的还有重要的一点就是可以用它来占卜预测，

比如你们家的牛丢了，怎么找，能否找到，到什么地方去找可以找得到；或者你高考的时候你会考得怎么样，算一卦就知道了，就是如果你有一些事情拿不定主意，它会给你一个提示，它为什么会提示？为什么会有这样一种功能？这都是很有意思的。我是今天南书房夜话的主持人王绍培，我是媒体人，不是学者，不是专业来研究这些的，我身边这两位是学者，这两位都是研究中国传统文化的，都是深圳大学的教授，一位是问永宁问教授，另一位是王兴国教授。首先有请问老师……

问永宁：刚才绍培老师说到《管锥编》。《管锥编》的第一条，钱钟书说："黑格尔尝鄙薄吾国语文，以为不宜思辨；又自夸德语能冥契道妙，举'奥伏赫变'（Aufheben，扬弃）为例，以相反两意融会于一字。"钱钟书就说我们汉语里面，"易"一个字就有三个意思，就是《易纬·乾凿度》说的"易一名而含三义"，即"易者易也，变易也，不易也"。实际上一个字有多个意思，在汉语里面是很普遍的，《论语》里面讲"文王有乱臣十人"，乱臣的"乱"就训为"治"，这是"反训"，一个字有两个相反的意思。"易"一个字就有三个意思，这个是很有意思的一个事情。今天的主题是"周易"，刚才绍培老师说中医跟它有关系，先师萧汉明教授研究张介宾，张介宾是历史上一个很有名的医学家，他就是讲易医会通的。但是"易为群经首"和"易道广大，无所不包"这两个结论都有一个形成过程，不能说《周易》一直就是这个状态的。李申教授有一本书，好像叫《周易之河说解》，我觉得讲得很好，易学是一条河，就好像长江一样，在青藏高原的时候是一条小河，和我们在南京看见的长江，是不一样的。现在一般人感觉阴阳、风水、五行这些东西都是"易"，如果从易学史上讲，它不是一开始就是这样子的，这有一个过程。

首先，《易经》本来是一个占卜的东西，朱熹讲"易本卜筮之书"。从发生学来讲，有三易之说，一个是我们现在讲的《周易》，一个叫作《连山》，一个叫作《归藏》，合起来，叫《三坟》，传统上认为《连山》是夏人的，《归藏》是商朝的，《周易》是周朝的，

《连山》和《归藏》在《周易》之前,共有这样三种"易"。《连山》和《归藏》是不是在《周易》之前产生的,我们不讨论它。《归藏》和《连山》,在现在传世的文献里面还有,有两种,一个是宋代人叫毛渐的编的假书,后来有人以为那个是先秦的东西,拿来做研究。另一种是古书,比如说《玉函山房辑佚书》、《汉学堂丛书》,还有像朱彝尊的《经义考》里头收的一些零零散散的一些句子。我们现在知道,辑佚书里的《归藏》是真的,有何依据?王家台出土了一个秦代的竹简,跟传世《归藏》基本上是一样的,最少《归藏·郑母经》这部分的内容是真的。从这一部分内容看,都是关于占卜的,和《周易》的结构不太一样,比较简单,感觉是比较古的东西。大概从春秋战国开始,《周易》的影响逐渐大了,在孔子时代,特别是孔子之后的一批学者,我们现在也不能很严格地说他们是儒家还是道家,这一批人来研究解释《周易》,给它作传,就是我们后来看见的《易传》,就是《十翼》,其实后来出土的《二三子问》等,也是《易传》。这就慢慢把文王、周公的经文思想化,不再强调占卜了。所以孔子在《易传》里面讲到"吾与史巫同途而殊归",大家都用卦爻辞这些东西来讲问题,但旨归不同。原先的人把它归到占祸福,孔子则说"吾观其德义",就是看它能解释出来些什么道理,有什么思想内涵。荀子说"善为易者不卜",就是强调懂易的人不算卦,这和民间的理解是不一样的。到了汉代的时候,出了一批人,代表人物是西汉中后期的京房、孟喜。这批人又把《易经》拉来算卦,算卦的时候,还把五行套进去。其实没有文献证明战国时期的《周易》,甚至汉武帝之前的《周易》,和"五行"有密切关系,五行是一家,阴阳是一家,易又是一家,各有各的流派。汉代中期以后,主要是京房和孟喜这些人,用纳甲、纳支那一套,把八卦、五行扭在一起,形成现在算卦的还在用的,父母、妻财、官鬼的那一套东西,成为了一个易学流派。后来《四库全书总目提要》里头讲到易学史,说有两派六宗,一派是所谓的讲义理的、讲思想的,一派是讲象数的。说"《左传》所记诸占,盖犹太卜之遗法。汉儒言象数,去古未远也;一变而为京、焦,入于机祥;再变而为陈、邵,务穷造化。《易》遂不切于民用。王弼尽黜象数,说以老庄；一变而胡瑗、程子，始阐明儒理；再变而李光、杨万里，又参证史事。"其实象数的那一派中，不少人也讲思想。六宗讲到京房，说易学在京房、孟喜的时候有一变，怎么一变呢？人于机祥，也就是讲算卦，这是一变。这个就是后来民间影响很大的汉易，现在算卦的，基本上用的就是这一套。到了东汉末年的时候，魏伯阳拿它讲丹道；三国末年，王弼拿它讲老庄，王弼的方法是扫象。汉易就是京房、孟喜，代表的象数易学，王弼说得意忘象，排斥孟、京。宋代的时候，陈抟、邵雍，开始用《易经》讲我们现在哲学听说宇宙论的这一套东西，很专业，一般人没有经过很长时间的学习是看不懂的，不是像京房易，学上一段就会了；邵雍的思想比较复杂，《西游记》最前面一段就是从邵雍那里拿来的。到了胡瑗和大程子、小程子，又把它讲到儒学；再往下，南宋的杨万里，就是写诗的那个文学家，以史解易，又是一个派。实际还有一些流派，比如说杨简、王宗传，他们拿心学的思想来解易，近代有所谓的"科学易"，有人还"算"出来有一个行星，据说影响很大；还有比如刚才王老师讲的，拿易学讲医学和农学，用"易"的这套话语来讲这些东西，好像也能讲通。到了现在，江湖上算卦的、看风水的、看相的，不少自称是研究易学的，我也不好说别人都是瞎说。但是在易学史上，这些一直不是主流，同时这些东西也是慢慢扯到易学上的，和《周易》这部书，没有直接关系。

王兴国：今天这期易学主题是"今天我们如何读《周易》"，我的想法跟问教授在切入点上需要有一些差异：他主要是从易学的发展史来看《周易》，我想站在当代的学术立场上来看《周易》，就是说，我们今天从一种学术的制高点上怎么来看《周易》？如果这一问题解决了，那么"如何读《周易》"的问题也就可以得到解决了。刚才问教授谈到我们古代有三部"易"：夏有《连山易》，殷有《归藏易》，周有《周易》。问教授也谈到因为前两部"易"的史料发现到现在来看还不是特别完善，它的真伪也有一些问题，可能《归藏》的材料问题更大一些，1993年湖北王家台秦墓出土的"易占简"，被不少学者认为是《归藏》，理由是这些"易占简"与清代学者严可均和马国翰的辑佚本《归藏》有不少相同之处，但这是以忽略其与传世辑佚本之间的差异为前提而得出的一种结论，理据还不是太充足。因此，断言它们就是《归藏》，在可信度上是有问题的。至于《连山易》，由于资料极度贫乏，以至于有问题也成了无问题，因为无从探讨，也没有人可以把问题说清楚，只能束之高阁，以不解为"解"了。现在坊间有所谓"在民间隐藏了数千年"的"《归藏易》"流行，那是压根就不靠谱的东西！我有一个初步的看法，就是说，尽管这三种"易"的起源我们现在很难搞清楚，但是相信他们之间的年代相距不会太远，我认为这三种"易"可能代表了古代易学的三个系统，它们可能在起源上有先后，但是它们的流行应该差不多是同一个交叉的历史时期，应该说它们是在当时都很流行的。到了西周的时候，《周易》仍然大为流行，而那两个"易"的系统可能慢慢地被冷落和淡忘，逐渐淡出了人们的视线，导致最后在历史上失传了（有说在汉代亡佚的，这一问题我们这里不去讨论）。所以，到今天来看，我们能够谈论和讨论的、能够比较清楚和完整地描述的，就只有《周易》这一部书了。事实上，从王家台秦墓出土的"易占简"，并与传世的辑佚本（即严可均、马国翰所辑佚的）《归藏》对堪与比较的情况，以及与《清华大学藏战国竹简（肆）》中的《筮法》和《别卦》的比较来看，《周易》很可能是"三易"中最成熟最完备的一部易学著作。这大概也是《周易》得以传世的主要原因所在。

　　我们说《周易》这部书，到现在来看，它主要是两部分内容：一个内容是我们说的《周易》的"本经"或"经"，一个内容是"传"，又叫"易传"（即《易传》）。今天我们看到的《周易》的流行本是将两部分"经"和"传"合在一起的，而成为一本书，这样一个结构，就是"经"和"传"不分了，——当然，我说的不分就是指把"经"、"传"合在一起的意思。实际上，就《周易》一书来看，其实还是有分的，"经"和"传"是不同的，它把两个东西合在一起并不意味着这两个东西之间就没有分别。我们今天怎么来看这部书呢？刚才问教授也谈到，按照传统的看法，一般的要么是把《周易》看成占卜之书，要么是把它看成义理之书。我们知道，传统都是这么来看的。到了近现代，严格意义上讲，是进入现代，对《周易》又有了一种看法，这种看法就是所谓的"科学易"。实际上，我们说对"易"（以《周易》为代表的易学）的理解主要就是有这三种大的走向，或者说三个大的方向，人们从这三种进路及其所代表的方式来看待《周易》。说到我们今天怎么看"易"的问题，我有一个基本的想法，就是说，传统的讲法好像把《周易》看成了一个硬币，因为它有两面：一面是象数，一面是义理。但是，严格意义上讲，这个看法并不全面。问教授从易学史着眼来看《周易》，概括地讲了所谓的"两派六宗"，就把整个易学史都基本上讲出来了，而且将它的发展脉络、大的关节和主要的流派都讲到了。如果我们今天仍按传统的理解，以"二分法"的两面观的方法来看《周易》以及易学的发展史，就是单纯从象数派和义理派的立场和观点来看，我认为是不全面的。如果考虑到易学与科学史的关系，那么读《周易》自会产生一个科学的视角。今天读《周易》，发现在《周易》里面确实没有科学，要从《周易》里面找出科学，那有点天方夜谭。但是，人们又发现《周易》里面包含着科学的萌芽，这点是可以肯定的，确实不可以否认。所以今天可以从三元观来看《周易》，也可以把《周易》看成一个"三角形"而不是一个"硬币"，也就是说，《周易》首先是一部占卜之书；其次它是一本义理之书，义理就是讲思想，讲哲学，在这个意义上，它就是一部思想之书、哲学之书；再次，它还是一部包含科学萌芽的书，但不可以说成是科学之书。个人认为从这三个方面或三个角度来看《周易》较为全面。

首先，从占卜意义上来看。自古以来认为《周易》是一本占卜之书，这个不可以否认。中国的占卜乃至世界人类的占卜都是源远流长的，而占卜在《周易》里面有非常突出的表现。保留在《周易》里面的占卜类型与方法，最主要的是两种：一种是龟占，一种是蓍占。从中国占卜的历史来看，这是两种最主要、最基本的占卜方式。除此之外，还有很多占卜的方式和类型，譬如说在《周易》出现以前，占卜早就存在了，这一时期的占卜主要是骨占，尤其是兽骨占，我们知道今天发掘出来的卜骨，除了有甲骨文的龟占以外，还发现有虎骨占，还有极少数的人骨占，数量最多的是牛骨占，就是用牛的肩胛骨进行的占卜，古代占卜用的数量最多的还是兽骨。《周易》跟占卜是有密切的关系的，所以在很大程度上，《周易》就是一部占卜之书，这个说法不仅是可以成立的，而且是毫无疑问的。为什么《周易》会成为一部卜书，甚至我们可以称它为标准的占卜之书呢？春秋时的刘子（刘康公）讲过一句话，非常重要，刘子说："国之大事，在祀与戎。"（《春秋左传·成公十三年》）刘子讲的祀是古代的宗教信仰，但这一宗教信仰在古代就包含了与占卜联系在一起的宗教活动，可以称之为占祀，或者称之为占卜也可以。在远古时代，占卜无论对国家还是对个人来说，都是一件非常重要的事情，国家有大事是一定要占卜的，个人有大事也是要占卜的。按占卜的传统看，"卜以决疑，不疑不卜"。就是当遇到极大的疑惑和困难，靠人谋不能解决的时候，就需要占卜了。这个时候可以说，从人类的理性看，当理性的功能被用到了极致而超出了他的极限，已经无能为力了，就一定会走向理性的反面。就是说，面对理性解决不了的问题应该怎么办呢？这个时候，我们别无选择，就只有求神问卜了。所以，《周易》这本书虽然是一部占卜之书，但是它跟古代的原始的宗教信仰是密切地联系在一起的。如果要占卜，前提就要相信超人的力量和超自然的力量。人类都解决不了的事情，就相信占卜，并依靠占卜的方式来解决。那么，占卜的力量从哪里来呢？占卜的力量一定跟信仰有关系，一定跟神有关系。关于这个问题，从现在保留在纳西族的"东巴经"或东巴文以及壮族古语里面的一些材料来看，其中一个很重要的内容就是讲占卜的，讲如何求神问卜的。到今天为止，还有一种鸡骨占，在云南的壮族和云南的纳西族里面都保留下来了，还有四川凉山地区的彝族中也保存下来了，称为"雷夫孜"，这是我国民族人类学的泰斗汪宁生先生20世纪60年代调查发现的；另有一种说法叫作"洛巫日"。有学者认为汪宁生先生说的"雷夫孜"错了，其实，"洛巫日"与"雷夫孜"只有发音和记录上的差异而已。这种差异所反映的是生活于不同地域的彝族口音上的差异，而非占卜方式上的差异。希望大家能注意到这一点！此外，还有用野兽的骨头来占卜的，也有保留下来的文献资料。

值得注意的是，这些情况表明，占卜一定要有神，一定要求神。没有神是不灵验的。因此可以说，没有神助是不能占卜的。占卜是神圣的，需要设一个卜场，以便请神灵降临。如何请神灵降临呢？可以看到有一种简便实用的方式，就是在火盆旁边供奉一幅神像画，毕摩要焚香礼敬神以后才可以生火占卜，从这些材料和现象返回到遥远的古代去想古人的占卜，一定是跟对神的信仰有关系的。因此，占卜既是一种卜筮活动，同时又是一种宗教活动，它是跟宗教信仰密切地联系在一起的，不然它不可能有那么神圣，譬如说古代的某个部族要建国，要选建都地址，或者要打仗，要出征了，都是一定要占卜的。《诗经·文王之什》载："考卜维王，宅是镐京，维龟正之，武王成之。武王烝哉！"写的就是周武王以龟卜选择镐京建都的大事件。凡是国有大事必占，而家庭日常之事也不例外。司马迁说："五谋而卜筮居其二，五占从其多。"他的意思是说，既要（人）谋，也要占（或筮），但是结果的选择要从多。司马迁提出了这样的占卜原则："五谋"、"二占"必从多。这一原则非常重要，我后面再说。现在需要回到占卜上来。我们可以了解到，占卜是一条了解古代社会非常重要的线索。我们通过占卜及跟占卜相关的事情，譬如凡是社会生活中的大事情都会与占卜相关，无论是个人的、家族的、国家的都会跟它联系在一起，而所有的这些事情的发生就是历史。在这个意义上，我们可以由占卜去了解历史，也可以从历史的进路去看占卜。占卜对历史的影响绝不能低估。譬如说古代的婚丧喜事都会跟占卜联系在一起，婚丧都要占卜，由于受这种传统的影响，我们今天，要做重大的事情或决定，也包括办丧婚之事，依旧还要选择黄道吉日，都是与古代占卜的传统相关的，都是由这个传统传下来的习俗所影响的表现。但是这种占卜不一定是迷信，这里面有很多内容是值得研究的，否则它不可能流传几千年。但是，对于易学的占卜，在国内学术界内有两派完全不同的观点：一派是完全否认占卜具有合理性，认为占卜就是迷信，但是另一派说其中有合理的成分，认为合理性的占卜具有科学性，因此占卜仍然可以保留。我个人比较赞同司马迁的观点，就是又要人谋，又要卜谋，但是必须从多，这就是前边提到的"五谋而卜筮居其二，五占从其多"

的原则，我至今还是同意这个原则。根据占卜的传统，占卜必须选择善于卜筮的人来卜筮，卜筮人观察种种自然、人事和卦象的情状，以龟甲来占卜，用蓍草来筮卦。其中，龟卜五项，蓍筮二项，都要研究兆纹和筮数，推演卦爻数的变化。如果是三个人占问，那么就要信从其中两个人得到的对于卜筮结果的解释（即"三人占，则从二人之言"）。所以，司马迁提出，国家有大事（国君或皇帝有了重大疑难不决的事），不要马上乞灵于卜筮，而首先要进行必要的人谋：皇帝自己要用心思考一番、考量一番，王公大臣要考虑一番，拿出主意；专家们要考量和描绘一番，贡献意见或建议；国家还要征询老百姓的意见，让老百姓也要考虑一番，提出自己的意见或看法；在这个基础上再进行龟占蓍卜，然后看占卜的结果，在这些结果里面进行选择。如果都一致，那当然好了，是大吉；如果不尽一致，五谋中有三谋一致两谋不一致，那么也算是吉利的；如果五谋中有两谋一致三谋不一致，那么情况就有点复杂：从内部来说，采取行动仍然会是吉利的；但对外部来说，采取行动就难免会有凶灾发生。如果卜筮的结果与人谋是相反的，那么就要静处观变，不应该有所举动，那才是吉利的；否则，轻举妄动，就必然招致凶灾的恶果。由此可以看出，在这"五谋"之中，卜与筮仅占其中的两谋，那么在以这样的"五谋"来占卜，就是"五占"所得到的结果中，只能选择与遵从多数一致（必须大于三或大于等于三）的结果了。这当然是在公开透明的结果中选择与采纳多数一致的结论，而不是独断专从皇帝一个人的意志或主张的原则，司马迁称为"明有而不专之道"。依此不难清楚地看出司马迁对于占卜的态度，占卜虽然是与宗教信仰或祖先崇拜密切地联系在一起的，但是卜人并不一定就完全受神的旨意或祖宗的指示所左右。这正是孔子所倡导的理性主义态度。所以，司马迁的这个原则我觉得还是比较实用，占卜不一定完全都是迷信。因为这个里面非常复杂，涉及像时间的问题，空间、场地的问题，这个里面有很多的变数，但是我们也不可以把它神秘化，好像《周易》可以解决一切问题，这其实是靠不住的。我希望现在的人不要被误导。比方说，好像用《周易》可以把你一生都算得很清楚，这就是迷信。有人用《周易》来预测股票或炒股，大概还没有成功的先例，是不是真的可以达到90%以上甚至100%的准确率呢，这都是个很大问题。

问永宁：现在算卦用的这个方法，主要都是汉易，汉代以前没有人用过这些。网上有人说算出来马航的飞机在哪里，他们的方法都是拿五行生克这套东西推的。这种方法在汉武帝之前是没有的。到西汉宣、元以后，才有了现在算卦的这种东西，这是有一个过程的。

王兴国：严格意义上讲，这已经是属于易学的内容，看看汉代那些东西你就知道，像京房的八宫卦，都是从《周易》发挥、引申出来的，其实严格意义上讲，跟《周易》本身的关系是有相当远的距离。

问永宁：帛书易里头有一种排卦的方法，京房易是一种排法，《十翼》里头，《序卦》是一个顺序，《杂卦》又是一个顺序，它们实际上是不同的解释方式。一般人也不关心它们之间的区别，觉得都是讲易的，其实里头还是有很多不同。

王兴国：其次，我把《周易》的义理方面简单说一下。我们今天要特别重视的，应该是《周易》的义理或者思想方面的内容。我们知道讲《周易》的思想，从易学史的意义上看，第一个重视《周易》的义理或思想的人是孔子，传统说《易传》是孔子写的，所谓"孔子作《十翼》"（如像《史记》中就这么认为），实际上从今天来看这个说法是不成立的，但是"不成立"的意思，不是说所有的《易传》都是出于孔子之手，这是当然不可能的，但是从我们知道的文献或者材料来看，不可否认，孔子是第一个用理性主义的观点来看待《周易》这部书的，并且孔子第一个为《周易》作传。但是，《易传》不是成于一时或一人之手，它是经过了很长的时间，经过了很多人的手才形成的，因此它不可能是在孔子手中完成的。但是，我们说孔子是第一个写《易传》的作者，也是第一个用理性主义的态度来看待《周易》这部书的易学家。所以《论语》里面有一句话，这句话在以前也有争议，孔子说："五十而学易，可以无大过矣"，这就是典型的理性主义的态度。当然，我们后来在帛书《周易》（"佚文"，一般称为帛书《易传》，今人命名为：《二三子》或《二三子问》、《衷》、《要》、《缪和》、《昭力》五篇，以及《系辞》。此一《系辞》与今天流行的《系辞》基本相同，但缺少了若干章节，其中第九章以及第五章的一部分，第六、七、八、九各章的一部分，还有第十和第十一章也不见玉帛书《系辞》之中。）里面看到了孔子讲《周易》的文献（尽管有争议，但是反映孔子讲《易》的信息还是可信的），以前一直有一种说法说孔子晚年喜欢读《易》，韦编三绝（《史记·孔子世家》中有记载），事实证明，这个说法是完全真实的，不能否认。孔子读《易》韦编三绝，不仅表明孔子读《周易》非常勤奋和刻苦，而且孔子可能还对《周易》进行过整理，所以他能为《周易》作传，能讲授《周易》，甚至还带领学生一起讨论《周易》的思想。可见，孔子对《周易》的了解非常之深，所以才会讲出"五十而学易，可以无大过矣"这样的话来。孔子对易学的这种态度，对后世影响巨大，这跟刚才问教授谈到荀子的一个易学观点，所谓"善为易者不占"之间，具有一脉相承的关系。实际上，荀子对于易学的看法和态度是受了孔子的影响。荀子说："善为易者不占"，为什么不占呢？这就是用理性主义的态度来看待、理解和把握《周易》。从儒家理性主义的观点和态度出发，可以说：善为易者不占亦占，占亦不占。"不占"是把所要占的事情以理智的方式来解决，而"占"的结果也要服从理智。可以说，以孔子和荀子为代表的儒家是要把占卜及其宗教信仰限制在人类理性的范围之内来进行处理。孔子和荀子就是最好的表率。

我们面对《周易》的最大问题或者课题，就是要发掘其中的智慧，我认为这是最重要的，这要从思想或义理方面去处理。那么，在《周易》里面有没有这样的问题呢？当然是有这方面的问题的，而且这方面的内容在我看来非常的丰富。我们今天去看"易"的义理或哲学，从传统来讲，有一个方式主要是透过《易传》去看，当然这也是成立的。"易"的所谓哲学思想，主要是集中在《易传》

里面，这是由孔子所开启的。就《周易》的"本经"来看，相比于"易传"来说，它的哲学成分很少。但是，细细去挖掘，它的哲学成分其实也不少。因为我们知道《易》有不同的版本，它的排列顺序也是有差异的，像我们知道的上海博物馆编的竹简本的《周易》的排序与流行本不同，阜阳出土的《周易》的排序也跟流行本不同，这反映了不同的人（易家）在不同的时代对《周易》的理解和把握是不一样的。但是，不管怎么样不同，它们一定是非常有序的，它们也都是64卦，每卦六爻，这是一样的；它们的卦象也有各自的爻位数：9和6，还有1和2、3、4、5是常数或定数，这些都是有的，但有阴阳爻之分：阳爻从1到9（奇数代表"—"阳爻，注意：没有"七"或"7"，因为只有六爻，按从下往上的顺序，分别称为：初九，九二，九三，九五，上九；唯一在乾卦这一纯阳卦中有"用九"）；阴爻从2到6（偶数代表"- -"阴爻，注意：没有"八"或"8"，这与在阳爻中没有"七"或"7"是一样的。严格地说，并非"没有""七"、"八"爻的。但按照传统讲，"七"、"八"爻是不变爻且不是变爻的极数，故不出现，所以说是"没有"；而"六"、"九"爻是变爻且是变爻的极数，故出现，为爻阴。这个问题在易学中是个复杂的难题，我们在这里不讨论。按从下往上的顺序，分别称为：初六，六二，六三，六四，六五，上六；唯一在坤卦这一纯阴卦中有"用六"，与乾卦的"用九"相对应。除了乾坤两卦以外，其他的卦皆阴阳交互错综而成），这些排序基本上是不变的。由于64卦中的每一个卦都可以象征和表示宇宙的具体事物，那么这表示在宇宙、社会历史或人生的具体变化与特殊阶段中，总是具有不可变易的定数。

这种定数非常有趣，不仅丰富了宇宙、社会历史与人生的内容，而且使宇宙、社会历史和人生的全幅演变历程呈现出了一种内在的脉络与节律。与此同时，《易经》每一卦的爻变，都显示出一个共同的目标和方向，那就是在不同的时变中自求平衡、谐和与中道。这就表示宇宙、社会历史与人生的演变，无论它的具体过程是如何的曲折、复杂与漫长，但是，归根到底，必然自求平衡、谐和与中道。这一内在的目标与共同方向就把宇宙历程、社会历程与人生的历程统一起来了。

但是不管怎么讲，里面有非常多的内容，按《周易》的流行本来看，开头两卦就是讲乾、坤，乾坤讲什么呢？直观地说，就是讲天和地。按我们传统的说法，《周易》的主题或主要思想是"推天道以明人事"，就是从讲天地之道来阐明人世间的道理，实际上，它最后是落实到了人生。从这个意义上讲，《周易》涉及的内容既有所谓天学的内容，也有所谓人学的内容，按《易传》和汉代人的讲法，讲天地人的"三才之学"，都包含在里面，当然它本身也确实有天地人这三方面的内容，所以它的内容非常丰富。要讲天道，这个知识非常丰富，与天文学密切相关；讲地道，这个内容也非常丰富，它可以把我们所有的地理学知识，传统讲的堪舆、风水，甚至建筑等等都包含进去。但是这些还不是最重要的，最重要的是《周易》透露出一种宇宙观念，一种天人观念。《周易》的排序非常有意思，大家可以好好研究一下，它分上经和下经，上经从乾坤卦开始，到坎、离为止，下经从咸卦到未济卦结束，整个卦数是64卦，上经30卦，下经34卦；64卦以乾坤开始，至"既济"而"未济"结终，包举与涵盖了天地万物与人事。64卦的整个演变过程包含与象征了整个宇宙的演变历程，社会的演变历程和人生的演变历程，这三种不同的历程都在《易经》64卦的次序中得到了统一。64卦的演变是这样，在64卦中的每一卦的变化也是这样的，它里面包含了很多的内容，尽管它的侧重面不同，它讲各种各样的内容，很丰富，它涉及的不仅是宇宙和社会，而且有人生的内容，非常丰富，这是一方面。另一方面，大家可以注意，从64卦的卦序的排列和演变可以看出，其中包含一个重要的观点，就是有穷与无穷的观念，我们说64卦的最后一卦未济，"未济"就是表示无穷的，它的前边一卦是既济，而既济就是表示有穷的。《周易》64卦的最后两卦是既济和未济，表示宇宙、社会和人类的演变是有穷而又无穷的。

这些稍微抽象了一点，具体一点就是像《周易》里面提出很多重要的观念，吉凶、福祸等这些观念，它透露了一种我们今天非常重视和追求的人生的幸福观念。

对于人生幸福的追求，在《周易》里面表现得淋漓尽致。从

《周易》的占卜来说，我们之所以要去求神占卜，为的就是趋吉避凶，为的是人生的幸福和圆满，这种观念在《周易》里面表现得非常突出。那么，从这个意义上去看《周易》，可以说，《周易》讲的就是一部幸福学。从这一点去理解《周易》大致无错。人生怎么去达到幸福而实现圆满呢？这里面的内容，《周易》透露得太丰富了！从《周易》看来，人生的目的就是求得幸福。什么是"幸福"？它没有给"福"或"幸福"下个定义，但是《周易》讲"福"或"幸福"是相对于"祸"、"凶"、"不利"、"损"、"悔"、"吝"、"咎"等意而说的，同时又是联系着"元"、"亨"、"利"、"贞"、"吉"、"益"、"无悔"、"无吝"、"无咎"等意而说的。这不就把"福"或"幸福"的意义凸显出来了吗？

不过，这只是一般常识意义上的"福"或"幸福"的观念而已。在这一常识的意义上说"福"或"幸福"，还说不上是哲学。《周易》讲的"幸福"并不是这一常识意义上的福或幸福。

那么，人怎么样才能够避凶得福，《周易》里面有一个基本的道理，人生的福或幸福是与一定的美德观念联系在一起的。其中提出了一个很重要的"恒德"或"尚德"的观念，如说"不恒其德，或承之羞"（《恒·九三》），"恒其德，贞，妇人吉，夫子凶"（《恒·六五》），"既雨既处，尚德载，妇贞厉，月几望，君子征凶"（《小畜·上九》），还提出了"有孚"的观念，如"有孚惠心，勿问元吉。有孚惠我德"（《益·九五》），"有孚威如"（《家人·上九》），"有孚发若"（《丰·六二》），"有孚元吉"（《井·上六》），"君子之光，有孚，吉"（《既济·六五》）。"有孚"就是有信，也就是我们今天讲的"诚信"观念。

《周易》还提出了一对很重要的观念，就是所谓的"大人"与"小人"，或者"君子"与"小人"的观念，如"好遁，君子吉，小人凶"（《遁·九四》），"君子维有解，吉。有孚于小人"（《解·六五》），这些观念后来都被儒家继承下来了，但它们首先是在《周易》里面提出来的。其中对"小人"是以告诫的口吻来说的，所谓："开国承家，小人勿用。"（《师卦·上六》）《周易》讲的"大人"类似于儒家后来讲的"圣人"。我们一般对"大人"的理解是常识的，我们看现在的古装戏里面还有些人被称为"某某大人"，这个"大人"是指人的社会地位或者人所具有的官衔，在这个意义上，我们称之为"大人"。当然，"大人"也指具有道德的人。但是《周易》里面所谓的"大人"，依据传统的讲法，是要"才、德、位"三者齐备的人，才可以称之为"大人"，而不是说官大或社会地位高，就可以称为"大人"。我看这个讲法是可以讲得通的，但是仍然是不够的。因为这个讲法没有把"大人"的意义和境界完满地讲出来。实际上，《周易》讲的"大人"有一种超越的意义，已经是突破了所谓的"才、德、位"，已经突破了人的世俗的极限。为什么这样说呢？因为《周易》中所讲的"大人"，生命境界是极高的，可以达到"与天地合其德，与日月合其明，与四时合其序，与鬼神合其吉凶"，"先天而奉天时，后天而天弗违"。到了这样一种超越的境界，就不是世俗的"才、德、位"所系得住的了，而是已经突破了世俗的"才、德、位"，获得了与天地合德，与鬼神合吉凶的超越意义，具备了这样充实而有光辉的美大神圣人格的人，就是所谓的"大人"了，那么这样一种理想的"大人"不就是类似于孔子讲的"圣人"境界了吗？从《周易》来说，"大人"是做人的最高境界。一个人要拥有最高的福德，就要达到大人的境界。这是《周易》提出和揭示的一个很重要的观点。由此回到世俗的幸福问题，我们从《周易》里面可以看到一个非常深刻的观念，就是一个人的福或幸福是通过什么来维系的呢？答案当然是通过他的道德来维系的。可以说，有德者有福，无德者无福。有德之人的福才可以保得住，而无德之人的福是保不住的。德存则福存，德亡则福亡。这个观念是非常重要的（如果我们了解一点西方哲学家康德的伦理思想，那么，可以说，这就是德与福相配或德福一致了）！我们说的这个"幸福"不是在一般的人生与自然的意义上来讲的幸福观念，而是已经把幸福的观念提高到了一个超越的意义上，这个超越意义的幸福就是已经在道德上彻底地觉悟了的人生圆满的幸福，也就是说，我要追求的圆满幸福就是要有很高的、极高的道德觉悟的幸福，这就是《周易》里面透露出来的一个非常重要的智慧。这一智慧同时适用于国家、家族、家庭和个人。它认为一个国家若是无德，那么这个国家的福是保不住的，即使是这个国家多福，总归是保不住的，必定要散失的；同样，一个家族或家庭要是没有德，这个家族或家庭的福是保不住的，所谓"积善之家必有余庆，积不善之家必有余殃"（《坤·文言》）；一个社会中的人也是这样的，个人没有德，便没有福，即使有幸而有福也是不能长久的，是无法贞定与保住的，这是《周易》中透露出来的非常重要的信息。这些内容，我们说都是富有人生哲学意义的。这里面内容还非常丰富，我就不太多地展开了，只举一个例子，比方说，其中还讲到"富"的问题，提出了"富家"与"富邻"的观念，如"富家，大吉"（《家人·九四》），"有孚挛如，富以其邻"（《小畜·九五》）。这也是与世俗的幸福相联系的。一般地说，幸福就必须富裕。不仅要"富家"，而且要"富邻"，这种观念很像我们今天讲的要共同富裕的道理。试想想，如果只有你自己一人富，而你周边的其他人都穷，那么你这个"富"可以保得住吗？肯定是保不住的嘛。这个"富"是能够唯一的孤立的存在的吗？答案就不用我说了，想必大家心里都清楚。

　　《周易》里面还讲了一个重要的观念叫"损益"，这个观念后来被孔子和老子所继承。什么叫"损益"？我们知道儒家讲"损益"，道家也讲"损益"，老子有一句话讲："天道"是"损有余而补不足"，"人道"则是"损不足而奉有余"。如果"人道"嚣张猖獗，那么"天道"归寂消隐，这叫老百姓怎么活下去呢？这时候，人们常常呼喊："还有天理吗？还有天理吗？"在一定的程度上说，这就是我们可以看到的现实的写照。诚如大家所知道的，今天许多贪官污吏富得流油，甚至富可敌国，还有许多上层人物也富得油可成河，家财八辈子用不完，如果把他们的油水稍微刮一点来补一补贫穷无助的老百姓，不是很好吗？这从老子来讲，就叫"益"，财富分配得均衡公平，有益于天下、社会的和平与安宁。老子讲这就是"天之道"，我们简称为"天道"。"天道"就是要"损有余而补不足"嘛。反过来看，在老子眼里，"人之道"（我们简称为"人道"）是最坏的，因为"人道"是"损不足而奉有余"的。官僚们的财富少者富甲一方，多者富可敌国，但是他们贪婪的欲望无穷无尽，总是永无满足，还要贪，还要捞。这在老子看来，就是"损"。老百姓被损了又损，活得不成样子，不像人。黑暗的世道总是这样的。这样一来，就造成了整个社会的十分严重的两极分化，社会的稳定就必然倾斜了，甚至要坍塌了。我们回到《周易》就可以知道，老子这个思想就是从《周易》这里来的，就是《周易》相关思想的翻版。在《周易》里边，这个道理讲得非常清楚，损下奉上谓之"损"，损上益下谓之"益"。那么，这些观念是不是哲学呢？可以毫无疑问地说：是。这当然是很高的政治智慧，很高的政治哲学。它不是从常识上来跟你讲，而是着眼于"天人关系"、"天道"与"人道"的关系，扎根于社会、政治与人性之中，它讲得很深远而又很平实、很简易。

孔子的损益观，当然也是对《周易》关于"损益"的继承与发挥。不过，孔子与老子讲损益有所不同，孔子主要是就社会历史文化的古今之变来讲的。孔子说："殷因于夏礼，所损益可知也；周因于殷礼，所损益可知也。其或继周者，虽百世，可知也。"（《论语·为政》）在孔子看来，人类社会的历史文化是在不断的累积、继承与变革、创新的过程中实现进步的。每一次的积淀、继承并不是机械地搬运和保留，而是伴随着必要的变革、创新，因此既是"益"也是"损"。大致上可以说，在保留与继承中有变革和创新，这是"益"中有"损"，但是由于变革和创新又开出了新局，增添了新的内容，推进了社会的进步，丰富了历史文化的积累，这又是"损"中有"益"。夏、商、周三代就是最好的例证。由此推知，百世，甚至千世、万世，也必然是在损益中变化发展的。《孔子家语·六本》中引用孔子的话说："夫自损者必有益之，自益者必有决之"，可以说是对损益之理的高度概括。孔子把"损"和"益"融合无间地高度统一起来了。孔子为什么要讲"损益"？说穿了，就是为了通古今之变。孔子说自己"信而好古"，"周监于二代，郁郁乎文哉！吾从周"（《论语·八佾》），这表示孔子尊重历史文化，不搞历史虚无主义，那么对于历史文化的事实不能随意抹杀或轻易否定，需要有信实的态度、鉴别的能力与欣赏的眼光，这就是"信"而"好"；与此同时，又不能停留在古代的历史文化中，而是要在借鉴古代历史文化成就的基础上创造出新的历史局面与文化成就来，孔子把西周看成是一个成功而可以效仿的典范，所以说"吾从周"。孔子"从周"的意思并不是说要去恢复所谓的"周礼"，而是去学习"周监于二代"的精神以追求达到"郁郁乎文哉"的文明功效。可见，孔子既不是为了保留历史文化而保留历史文化，也不是为了要恢复或复辟历史文化，而是为了继承古代历史文化的精神，并将这种精神加以适时地变通后活用于现实社会的发展与开新。这就是孔子的损益之道。

无疑，损益之道完全可以用在立身处世方面，这就是"满招损，谦受益"（《尚书·大禹谟》）的道理。当然，孔子在这一方面，也对《周易》的"损益"精神有所继承和发挥。大家也可以注意一下。

总之，孔子与老子的损益之道虽有不同，但是它们都是对《周易》的"损益"智慧的活化与创造性的发展。不难看出，损而益，益而损，可得中，这就是孔老损益之道的精髓所在。关于这一方面的内容，我就简单地讲到这里。

此外，我们看《周易》，还有一个视角。我们说《周易》是一部包含科学萌芽的书，何以见得呢？我们知道《周易》讲观象，这个非常重要。《周易》之作仰观于天，俯察于地，又取诸鸟兽之纹，以阴阳八卦为基础制成 64 卦的卦画或卦象，能通天地而类万物之情。《周易》里面大家看了都是卦象（或卦画），每一卦里面，每一爻里面，每一个数字里面，都蕴含着无穷无尽的信息，古代叫"消息"，所谓："天地盈虚，与时消息"（《丰卦·象辞》）。我们说《周易》是一部占卜之书，是一部哲学之书，是一部科学之书，这些说法都是从其中的信息里面得来的，我们去研究这些信息而得出了这些结论。冯友兰先生谈到《周易》说过一个很形象的比喻，他说《周易》就像我们今天的代数学，它完全是抽象的符号式子，这些符号式子可以填充无限的内容，要如何解释这些抽象的符号式子，你只要把具体的内容往里面填，它就出来了。现在我们反过来来理解，用今天流行的话来说，我们要去破解这些符号式子里面蕴含的信息，这些信息是无穷无尽的，需要像剥笋一样一层一层地剥开来，揭示与解释信息所显示的意义，这就是我们今天讲的"信息学"。《周易》观物成象，象的内容是非常丰富的，每一个物象都可以成卦，根据北宋大儒张载的说法"凡可状者皆有也，凡有皆象也"（《正蒙·乾称》），可谓万物皆卦、万象皆卦，每一卦每一象都表征着天地万物，所以每一卦象都有无穷无尽的信息，这也是《周易》的一种魅力所在。到今天为止，为什么我们说《周易》是最古老、最难懂的书？因为不单是它的文字古奥，文义艰深难懂，而且尤其是它的卦画里面包含或含藏的信息更难懂，更不好理解，太复杂了；因为有时空的距离，太遥远了，我们完全脱离了那个远古的生活时代，很难置身其中，具有古人那样的信仰与虔诚，获得古人一般的体验与受用。但是，我们说《周易》里面有智慧。为什么说《周易》是一部非常重要的经典，被奉为五经之首或群经之首呢？因为它是整个中国文化的根脉，这一根脉是确立在智慧上的。对人类来说，智慧是非常重要的。唯有智慧是人类的救星。智慧是不受时空的限制的，也就是超越时空的。但是智慧是藏起来的，它是藏在信息里面的。如果你不能理解《周易》的信息，不能将其中的信息流动起来，活起来，它的智慧是出不来的。智慧不会像是我们吃饼子，摆在你的面前，手一伸，拿起来就吃。你要获得智慧是需要付出辛劳的，不可能天上掉馅饼给你吃。这是关于信息的问题。

再一个问题，中国自古以来，如像我们的建筑、地理等，都跟《周易》有关系，我们都要通过《周易》的方式来考量一番或者计算一番，这些方面也有专门的研究，这些就不用说了，需要特别强调的一点，《周易》与天文的关系是非常密切的，这个也有人做过研究。有的学者就认为《周易》是天文之书，把《周易》当作古代的天文学著作来读、来研究。例如，当代学者陆思贤（著有《周易考古解读》与《周易·天文·考古》）就是一个典型的例子。这种观点是新颖的，确实也有一定的理据，可谓开出了一条研究《周易》的新途径。但是，就总体上而论，这（天文学内容）也只是《周易》的一个面相，而绝不是《周易》的全部面相。这里不细说，感兴趣的读者可以关注。

再次，《周易》跟中医的关系是非常密切的，刚才问教授谈到张介宾，我们知道他是大医，他有一个非常有名的观点就是"医易同源",他说过一句话,非常有名,叫"不知易,不足以言太医",这个观点非常重要。中医的基础是建立在《周易》的基础之上的,所以不懂《周易》的人,中医一定是搞不通的。今天的中医走向衰落,一个非常重要的原因,就是现在学中医的没有几个人懂《周易》的。因为从中医的观点看,生命的本质就是讲生命的阴阳之理,所以《周易》的阴阳就是中医的一个基础。阴阳之理就是中医辨证论的基石。当然,我们说《周易》的阴阳也是中医的哲学。特别是把两部经典《黄帝内经》和《周易》放在一起做比较研究,就不难看出,《黄帝内经》的学理基础或者哲学基础主要来自于《周易》。所以,不懂《周易》,要想通中医是不可能的,那至多也只是一个蹩脚的中医,肯定成不了大医的。所以把握《周易》与中医的关系是非常重要的。

最后,我再简单提几句,前面说到现在兴起一派易学叫"科学易",讲"科学易"的人主张一方面以《周易》治科学,另一方面以科学治《周易》,他们认为要把这两个方面的工作进行综合。我们知道,实际上,现在所谓的很多在《周易》的指导下取得的"科学发明"或者"科学"成就这一类的东西很多了,我就不再一一列举了,这个实际就是用科学的观点来解释或诠释《周易》的产物,实际上,《周易》里面本身没有这些东西,包括遗传学、DNA,甚至把莱布尼茨的二进位制也归于《周易》,认为是《周易》里边就包含的,其实不是,这个完全是用科学的观点来解释《周易》的产物。现在还有一种观点,就是以科学院的董光璧先生为代表,他提出要"以易学治科学"的观点,这个非常难,因为这个里面蕴含有一个前提,就是它预设了中国古代有一套自身的科学体系,这一套体系与《周易》是密切联系在一起的,他相信,中国古代的这一套通过以《周易》为代表的易学方式可以转化为现代的科学,也就是科学体系,这个问题讨论很多,在科学史界的讨论很多。清华大学的何兆武教授和美国的一个名叫席文的科学史家讨论过这样一个问题:中国古代的科学体系能不能转化为现代科学体系?何兆武先生相信是可以的,但是席文教授是不同意这个看法的。按照李约瑟的观点来看,这也是不可能的。总的来讲,这条路,我认为是比较艰难的,要用易学治科学，到现在为止没有取得明显可观的成绩。

在这里，还需要强调的是，我们今天阅读《周易》或学习、理解《周易》，我认为有一个思维方式的问题需要注意一下。这个思维方式，我们可以从两个方面来看，一个方面就是我们不能把"经"和"传"割裂开来和对立起来；第二个方面是，我们一定要知道，易学所代表的思维是我们中国人的古代的传统思维方式，它跟后来的西方人的思维方式，就是后来从西方输入中国的思维方式，我们已经都自觉不自觉地受到了这种西方思维方式的影响，是完全不同的，比如有一些老先生以及中青年讲易学，他们强调用所谓"对立统一"的观点来理解《周易》，甚至把《周易》的阴阳，将所谓的"阴阳之道"（"一阴一阳之谓道"的阴阳之道）理解成所谓的"唯物辩证法的对立统一规律"，我认为这是不对的，我认为这是错误的。因为中国的《周易》讲的阴阳的基本思维方式是讲什么呢？是强调阴阳相反而相成。怎么相反而相成呢？其中的关键是在于阴阳的感通，或者叫作阴阳的交感。中国古代人看阴阳是一体的，你看太极图是一个整个的圆，虽然它分阴和阳，但是再怎么分阴和阳，阴、阳也是一体的，阴中有阳，阳中有阴，你不能把它们完全割裂开来，西方人的思维方式（从柏拉图哲学开始）首先是二分的，然后才来寻求它的统一（如康德、黑格尔），我们中国人讲的是分而不分，相反相成，它不是二分的分立并对立的关系，而是相反相成的关系，它本来是一个统一的圆球或圆体，但是统一体里边又分阴、分阳，并且阴中有阳，阳中有阴，阴阳互为其根，也就是《老子》中讲的"负阴抱阳，互为其根"这样一种关系，这才是我们正宗的中国人的传统思维方式。你不要把西方的近代思维方式扯到中国古代的思维方式上去，乱比附！如果你要讲所谓的"辩证法"，你要从这个意义上讲，不是从所谓的"对立统一"去理解，那个讲法就是错误的，这个是我要强调的一点。

如果就从思维方式这方面去看的话，那么它也具有非常丰富的内容，它有象、数、辞、理这样一种结构在里面，所以我们有些学者把《周易》的思维归结为或称为"象数思维"，是非常有道理的，因为《周易》把握世界的方式，跟我们今天的方式是有一定的差异的，它是从所谓的"象"去把握的，这个非常重要，这个"象"是世界本身的显现，要通过这个"象"，你才能把握世界和理解世界。这种观点非常有意思，跟现代的现象学也可以联系起来考虑，这些方面的内容是很丰富的，我们要注意它跟现代的思维、跟现代的学术或现代的哲学可以有一些关系，但是不要混为一谈。我简单谈这些。

王绍培：

两位教授都很厉害，将他们的讲话整理一下不说是一部书，但可以说是很好的一篇大文章。重要的东西有时候听起来可能会觉得没有那么好听，没有那么好玩，因为我们一般都喜欢八卦，比如我们喜欢看明星的八卦，我说得不重要的就是八卦。前两年我到武汉大学采访唐明邦教授，他是中华周易研究会会长，我去他家里跟他聊天，他住在一个很旧的房子里面，住了很多年了，他说学校里面要给他换新房子、大房子，他说我不换，他说我是懂一点风水的，他说我这个房子虽然很旧、虽然很小，但是风水特别好，就开始讲到房子的风水怎么好了。然后我问他，您作为周易学会的会长，是不是也会用《周易》来预测？他说这个事情不能说自己是会的，你要说会的，就会有很多人过来找你，预测一下算一下是很麻烦的，但是他没有否认，没有否认说用《易经》可以来预测。他那个时候在弄周易学会的时候，有一个叫邵伟华给他捐了不知道是30万元还是300万，邵伟华在80年代或者是90年代，他有一本书叫《周易与预测学》，非常畅销，我想很多人对《周易》的兴趣、对《周易》的了解很有可能是从这些书开始的，不一定是从《周易》这个经典开始，往往是从预测学开始的，因为它说起来比较有意思，而且很实用。有些人通过这些书的了解才知道了《易经》，邵伟华自己在书里面说他是邵雍的后人，大概是邵雍20多代的后代，邵雍有一本书叫《梅花易数》，是周易占卜上预测的很重要的一个经典，邵伟华在他的《周易与预测学》里面有很多的案例，讲了很多很多的例子，但是真的还是假的不知道，只知道有这么一种说法。有一个住澳门叫朱邦复的老先生，他是学理工出身的，也研究《易经》，他是香港传讯公司的董事长、董事局主席，他是仓颉输入法的发明人，是研究计算机的，他也出了很多研究《周易》的书，在80年代的时候，他在《澳门日报》上，世界杯期间，他在每一场足球赛之前用易经占卜来预测那场比赛谁胜谁负，甚至于说是比分是多少，比如说足球几比几，这个是不能够吹牛的，不是事后说，他是事先预测的，是见报纸的，所有人都可以看得到的，他的准确率达到了80%，还有一些场次预测错了，把胜负搞错了，还有一些场次比如1∶0或者2∶0，这些进球的数目搞错了，但是他预测的准确率是非常高的。也就是说，用《易经》来预测可能是能成立的，但是不能说每个人预测你都可以算得很准，因为有些人不是很精通。我前些年看了一本叫《铁算盘》的书，里面讲了很多故事和传奇，预测是非常的精准，精准到多少年之后会发生什么事情，他预测发生的不止只一个宏观面的事情，包括很小的事情，比如你扔了一个枕头，把一个瓶子砸破了，它里面就有一个纸条，纸条里面就说了，你在什么时辰会把这个瓶子砸破，果然到那个时候砸破的。纸条上面写着什么呢？写着你到哪个村哪一家去找一个什么人，那个人家里的床底下埋了一个什么坛子，坛子里面又有一个什么东西，坛子里面有一张纸条，里面写着你到什么地方去找有一本书叫《铁算盘》，他们有这样的传奇。当然这种很有可能是神话，为了书好卖，或者为了渲染《周易》预测的准确性，或者为了强化它的吸引力编了一些故事，有这些可能性，但是有没有可能这些预测是真的呢？我们要否认一个东西是很容易的，随便我们就说胡扯就否定了，我们要肯定一个东西很难，万一它是准确的，它真的预测是有效的，那么你就要研究为什么它可以做到？它里面的道理在哪里？这是很值得去探究的部分，可惜的就是我们一般懂易理的、懂预测的人很少，我们只能从哲学的层面来讲它，但是我们说亲自玩过它的，用它来占卜的、预测的人很少，这一部分其实很重要的。我过去一直认为，一个搞哲学的人有一个事情你需要做，就是你要练过比如气功、禅坐之类，你就知道中国古代说的那些东西到底是怎么回事。像王阳明是练过的，他有亲身体验，所以他能说出一些话，是只有他能说的，我们可以重复他说的话，但是不能理解他的话的内涵是什么，因为我们只是门外汉，我们只是在外面说的。同样地，《易经》也是这样的，我们可以讲它的哲学，哲学其实很容易讲，你认识这些字，知道一些道理就能讲，但是它预测的部分因为我们没有研究过。我看过一些预测的书，非常非常复杂，这一辈子全部搭进去都不一定搞得清楚，太麻烦了，所以看一下就浅尝辄止，但是我相信它可能真的有这个道理，为什么它能预测呢？有的时候说起来很简单，是因为《周易》的系统跟我们宇宙的运行系统、跟我们自然运行系统是一致的，我们说春天过了之后就是夏天，现在我们不说你是一个预言家，因为大家都知道是春夏秋冬，这说明什么？说明季节的变换、自然的变换有规律，有规律可循，一旦你掌握了这个规律，你当然就可以预言，只不过是春夏秋冬是常识，因为大家都知道，比如花开了，大家都知道是会结果，果子会掉下来，果子掉下来，树叶都会落下来，那些树好像都会枯死掉，很早的时候有人把这个东西讲给年轻人听，他不是一样也会觉得你好厉害，你很有智慧，你只不过是见得多了。中国的一些书里面，我们刚才说有《连山》、《归藏》和《周易》，它是很早的时候积累了这种预测方面的知识，而且《周易》确实跟天文有关系，"见龙在手，利见大人"，这个"龙"是指什么龙？真的有一条飞龙吗？有这个动物吗？不是这个龙，这个"龙"指的是星象，星象像一条龙一样，银河有的时候看上去不是很像一条龙吗？跟星象有关系，所以如果要是观测星象，积累的时间非常长，因为星象的变化不是一天两天可以搞清楚的，要积累，可能要观察一辈子，比如哈雷彗星轮回一次多少年，19年，飞走了，过了一段时间又回来了，它既然飞走了，又回来了，说明什么，说明宇宙运行是循环的。还有一些很重要的星象，天上很多星象的位置都是随着季节和时间的变化来变化，古人就是在这个方面通过对天文的观测提出过经验系统的长期的大量的记载，所以他能够预测一些事情，从理论上讲不是一个很神秘的事情，是很清楚的。而从八卦的发明看，什么叫卦？就是一个卦象挂在你面前，为什么要挂在你的面前？是因为八卦对应的那些现象就是挂在我们面前的，比如太阳出来了，在东边挂在我们的面前，月亮可能还没有下山，在西方挂在我们的面前，我们的远方还有一条河流，好像卦一样挂在我们的面前，我们后面还有一座山，还有风还有火，这些最基本的自然元素它们像卦一样挂在我们的面前，就像一个东西挂在我们的面前，我们只不过是用八卦的符号将它们压缩了，把它们造成一个系统，然后我们再来玩味它，太阳和月亮有什么关系，风和火有什么关系，山和水有什么关系，这种体会多了，它就发现了里面的规律性。说到《周易》，我们今天怎么读《周易》，起码有三个东西非常重要，第一个，就是中国人的那种直观的、直觉的思维方式，跟《易经》有关系，卦象是挂在我们的面前的，我们不是通过一个抽象的符号在思考，我们是看见这个东西在运行，天体现象是这样的，自然现象是这样的，很多社会现象是这样的。因为我们的古人可能是了解到了这种系统观，这种系统观我们可以称之为是原道本体论，这跟西方的原子本体论形成一个对应。西方的原子本体论就是对象都是分开的，都是缩小的最小的单位，最小的单位是需要想象的、看不见的，原子、分子都看不见，但是中国的原道本体论，原道的东西是看得见的，因为它是一个整体，它是一个系统，然后中国人会把这些系统加以整合，比如说天文是一个系统，自然是一个系统，家庭是一个系统，政治是一个系统，人的身体是一个系统，人的情感是一个系统，我们的精神是一个系统，所有的系统在结构上具有相似形、同构性。尽管它们都是不同的系统，它结构上都是一样的，结构上的运行是相似的，什么东西出来了之后，紧接着会出来什么东西，可能是一致的，可能是有道理的，不会随便瞎出的，比如太阳出来了，月亮就看不见了，星星也看不见了，比如风来了，风从什么方向来，会带来一些什么变化，比如冬天刮什么风，春天刮什么风，都有它的一个秩序。在这个秩序的结构的启发下会发现，比如在家庭的结构里面，什么东西来了就会有什么东西，是对应的。比如说乾卦，天在单位里面是领导，在家庭里面是父亲，在动物里面是马的脑袋，在五官里面乾卦是什么，是心脏吗！它存在有这样一种对应性，这样的话它就把这种不同的东西，比如八卦对应不同的东西，放到一个系统里面，通过系统的运行，就是一种所谓的直觉的、直观的思维方式，这种思维方式与西方是很不一样的，所以我们的中国人的空间思维方式非常强，空间感非常强，具有非常强的空间的造型能力。而西方因为是原子本体论，需要抽象性，所以需要时间性，需要绵延的，漫长的时间过程，他才知道里面的规律在什么地方，这是东方思维与西方思维不同的地方。第二个是原道本体论，就是我们看见的不是一个一个的东西，我们看见的是一个整体的，是在一个道德的运行当中的整体，不单是某一个单一的东西，我们一开始就是这样，我们一开始就是找到了所有的东西，所以我们看任何东西都是在一个整体里面，在这个整体里面是一个什么样的变化秩序，有什么规律。这就是为什么《周易》的道理既可以用来观测天象，又可以用来治理人间，还可以用来看病，就是因为所有的这些结构具有同构性，既然有同构性，它们的很多规律都是差不多的，这是原道本体论的系统观。第三个是循环论，我们知道达尔文主义是线性的进化论，一步一步的越来越好，但是中国人不这样的，《周易》里面"既济、未济"，循环往复的，是一个闭合的、圆形的系统，它不是无限的，它会升起来又落下来，所以中国人的历史观和人生观不会充满浪漫主义的想法，不会说王子和公主从此过上了无限幸福的生活，不会这样的。有一天他们就过得不好了，有一天他们就死掉了，有一天他们就完全不存在了，或者有一天一切又重新开始了，所以中国人不会有绝望，因为在任何绝望的时候，就知道希望要开始了，但是也不会有狂喜，因为到了很高的高点的时候一定会跌落下来，就像股市一样，涨到5100多个点，"啪"一下子打到现在3000多点、2000多点，可能还会往下打，但是也不要绝望，为什么呢？打到最低的时候否极泰来，它又会升上来。所以任何时候都不会绝望，任何时候也不会得意忘形，《易经》里面的64卦就是一个循环，结束了又开始。所以我们今天怎么读《周易》呢？我们要知道《周易》里面充满了这样一些思维方式，这种思维方式一直到现在，还是我们的思维原形，我们现在的中国人很多的思考都是这样的。我们的逻辑性不太强，因为我们空间的想象的能力比较强，我们的推理能力比较差，因为这跟我们的文字，与我们传统文化的关系很大。我们具体地分析一个东西可能不是很厉害的，但是我们很擅长把很多东西都放在一起联系和比较，当然有的时候联想是错的,把不相干的东西搞在一起了。还有一个就是我们轮回的观念,往往会给我们带来一种宿命论,天下大事,分久必合、合久必分,顺其自然吧,我们不会太努力,我们不会去争取一些东西,天道就是这样的。所以说我们今天来读《周易》,我们就知道我们的思维方式是什么,我们的思维方式是从哪里来的,这种思维方式的好处、长处是在什么地方,短处、弊端在什么地方。有一本书叫《机器人的反叛》,我们人受基因的影响,基因是生物性的,有的人一生下来就带了父母的基因,基因决定了很多很多东西,基因是一个非常自私的东西,不断地复制自己,而我们人呢,只不过是基因的一个载体,我们人是基因的一个工具。我们过去老是讨论鸡和蛋的关系,我们说不清楚,不知道是先有鸡还是先有蛋,但是有位科学家一句话就解释得很清楚,他说鸡就是一个蛋复制另外一个蛋的工具,是先有蛋的,因为蛋是基因,鸡是载体,鸡活一辈子就是为了下蛋的,变成很多蛋。人也是这样,人受基因的制约,人的很多生物行为都跟基因的目的、跟基因的设计有关系,而且基因是自私的,我们在讲到人是自私的,为什么我们人都会自私呢?人不为己,天地诛灭,这跟基因有关系,因为基因就是自私的,基因天生就是要不断地重复自己。这是基因。还有一个叫模因,模因是什么呢?模因是文化里面最小的一个单位,就像是我们人的最小单位——大分子一样的,文化里面也是这样的,它跟基因的逻辑是一样的,很多文化具有很强的传播性和复制性,就是要传播自己,就是要复制自己。我们有的时候说到一种文化的时候,往往觉得这个文化非常可爱,我们要重复它,我们要强化它,我们要到处去讲它,为什么?因为文化里面有一种模因,这种模因就是要你去重复它,去复制它,去传播它。过去模因在文化学翻译成"觅母",与基因是非常相似的一个东西,也是文化里面一个最小的单位,对基因和模因的反省非常重要,因为你反省了制约,你越来越理性,人有了理性之后,他就不像动物,也不像一些未开化的人,人有了理性之后就会跳出来。原来我们人作为一种载体,跟基因有这样一种干系,我们就开始反省我们的很多行为,我们到底是受我们的理性支配的呢?还是受基因的支配?我们有了理性之后,我们就会反省我们很多的思想和行为是跟理性有关系还是跟模因有关系？很多时候我们觉得这些理论简直是太美妙了，我们觉得非常有道理。有道理在哪里？因为模因是一个很巧妙的设计，一旦你受了一种文化的熏陶之后，你接受了一种文化里面的模因的体系之后，你会重复它，因为它非常有道理，你在重复它的时候，给你自己一个感觉，你就是在肯定自己。就像我们的很多行为其实是被基因支配的，但是我们不知道，于是我们觉得好像我们肯定的是自己，其实不是，我们肯定的不是自己的载体，我们肯定的是基因。我们对很多文化的肯定往往肯定的也不是我们这个理性的人，我们肯定的是我们接受的那套文化的说法，肯定的是那个文化的模因。这个观念非常重要，所以《机器人的反叛》这本书推荐在座的人如果有兴趣可以读一下，这本书能够整个地刷新我们的知识结构，能够让我们跳出我们的一些被决定性的东西来思考，我们的文化是什么，我们的基因是什么，我们的行为是什么，我们有一种广义理性，这个广义理性与工具理性有所不同。工具理性是做一件事情怎么达到目的，最合适的工具是什么，就选择什么样的工具，而广义理性有点像价值理性，它会让你反省，你为什么会有这个目的？你的目的是从哪里来的？你的目的是从基因里面来的还是从模因里面来的？还是从一个广义理性里面来的？你反省过、反思过你的基因、你的模因吗？经过了反省之后，你要找到你的基因和模因跟你的人一致的地方，也要找到不一致的东西，有很多的基因和模因其实对我们的人是一种决定性的因素，是一种宿命的东西，而这种东西不一定是我们不能推翻，也可能把它给改变掉的，也就是说，我们的广义理性的人更重要。这个哲学观念、这个认知科学的最新的成就和最新的成果其实是我们对待传统文化、传统经典的一个非常重要的思考工具。比如我们今天来学这个，我们今天如何读《周易》，我们就知道，这样一个《周易》，这样一个经典，这样一个系统，它是由很多的模因组成的，这个模因一旦接触了之后，它会对我们人有一种制约性，其中有些东西可能是有道理的，对于我们这个人作为模因的载体是有正面意义的，是有价值的，但是有一些东西一旦接触了之后，就把你这个人限制住了，约束了。本来我们可以按照广义理性的人活得更加的好、更加的完整，活得更符合我们人的目的性，但是如果你没有反省的能力的话，你就会被很多文化洗脑，洗脑之后，心悦诚服就跟着这个文化走，这就是一个很大的问题，所以我们在今天读这些传统经典的时候需要刷新我们的思维方式，需要掌握一些新的分析的工具，这是我的一个补充。我们现在以互动的方式来进一步交流，大家有什么问题可以向两位嘉宾提问。先问一下问教授有没有补充的？

问永宁：刚才王老师讲到"八卦"，我也八卦一下，讲几个算卦的事情。台湾的邵崇龄先生，他姐姐是胡志强的妻子，在易学界很有地位，声望很高。有一年山东大学开会，几个人找到他，说邵先生你给我们算一下，他说算不了，我连你们大陆的法律都搞不清楚，怎么算。再讲一个刘大均先生的故事。传说"文革"的时候，刘先生有一次算一个人不得好死，结果第二天那个人就死了。我问刘先生是真的吗？刘先生哈哈大笑，说那个人很坏，专门欺负人，他当时气急了，顺口说他不得好死，结果他就死了，不是算的。大概是1995年吧，我替先师张文教授去楼观台给任法融道长送资料。我们正在方丈室谈话时，门外面来了两个年轻人，二十来岁的样子。我当时面对着任道长，看到他对门外挥手，说"进来，进来"，两个人就进来了，这是第一句话。任道长第二句说"回去自首吧"，那两个人扑通一下就跪在地上了。我懵了，这真是太神了！外面传说任道长是神仙，这个事也只有神仙才能做到吧！那两个人走了之后，我还是目瞪口呆，任道长说你是不是想知道我是怎么算的？我说是啊，但是没有看见您起卦，掐都没掐呀。任道长说，他听那两个人讲话，内容虽然听不清楚，但是能听出是礼泉口音。任道长说他看见那小姑娘推男的进来，男的不敢进来，进来之后，两个人的表情不羞怯，所以来问的不是恋爱婚姻的事情；不是忧心忡忡，所以也不是关于父母家庭的事情。那么肯定是自己的事，自己能有啥事呢？当时礼泉县在严打，任道长说这男孩心惊胆战，肯定是犯事了，但是看起来怯生生的，很胆小，估计就是打架斗殴、偷鸡摸狗之类的小事情，回去自首就没事了。

我认识不少研究《周易》的，但是没有见过单凭起卦就算卦很准的。一些算卦预测的传奇故事，其实未必和《周易》有很大关系。单用《周易》算卦的，有一个日本人叫高岛吞象，据说算得很准，不知是不是真的。

王绍培：
下面进入互动环节。

听众：刚刚几位老师说到《易经》可能是中国的占卜先生，眼观宇宙、星象斗转星移，然后总结出世事变化的规律，推测到人，包括一些具体的东西肯定也是这样变化的。我的问题是既然经历是有限的，那么观测到的一些可能是有局限性，但是之后根据自己的观测写出来的《周易》书也可能是不靠谱的？在这么多占卜的星象的人，他们集体合作或者后一个接着前一个写了《周易》，那么这个《周易》是不是有一个内在核心的思想？因为历代解《周易》的人都不一样，会不会有一些自己和自己不一样或者矛盾的地方？

问永宁：作为经典的《周易》，主要是"经、传"的部分。"人更三圣，世历三古"，《周易》经传有一个形成的过程，不是一下子完成的。这些作者的思想有没有打架的地方？确实是有打架的地方的，"十翼"里面，《序卦》和《杂卦》的卦序就不一样。但是在一些核心问题上，《周易》内部是一致的，解经都会讲到"时"、讲到"位"、讲到卦爻之间的层层对应、讲到象、讲到卦之间的关联。《周易》经传关注的基本问题，比如把宇宙万物视为一个运行不息，互相关联的整体，把不同质、不同态的事物放在一起思考其运行的规律，讲理和象的统一。这些方面还是很一致的。

听众：老师好，你说的大六壬和《周易》是不是有一定的联系或关系？奇门遁甲和古时候诸葛亮的八阵图跟《周易》是不是有一定的关系？第二个问题，想问一下问老师所说的《汉易》跟后面的《宋易》是两个流派，这两个流派有没有什么区别或共同点？谢谢。

问永宁：大六壬、奇门遁甲这些东西，不是《周易》，但是和易学有关，其中也有互通的东西。易学是不断发展的，民国时候，有一个叫刘锦标的人，拿《古兰经》的思想来讲《周易》。明清时期天主教徒拿天主教的那套东西来讲《周易》，这个也是易学，但是核心不在《周易》。奇门遁甲和明清以来流行的《黄金册》、《增删卜易》等东西，核心也都不是《周易》。两者思想的联系是有，但是分量不大，侧重不同。八阵图跟《周易》的关系，可能也是如此。

汉易很核心的是拿五行生克说事，注重占卜。五行和《周易》本身不是一派，《周易》里面是没有五行，汉代以后才搅进来。《四库全书》讲汉易代表的是孟、京，这一派在西汉末年，特别是东汉比较流行，《三国演义》里面有个杨修，杨修家就是传京氏易的。宋易里有一派是陈、邵，这一派讲象数，用太极图、象数推算等来讲宇宙论和宗教、伦理，《西游记》最开始一段话基本上就是邵雍的原话。宋易的另一派是胡瑗、二程，都是讲思想的，比较接近我们现在说的伦理学或哲学，是讲义理的，它不讲推算。当时有一个故事，讲邵雍想将他那套东西传给大程子，程颢说他会，不用学。邵雍说那你算一下今天的雷从哪里起来，大程子说雷从起来的地方起来。他完全不关心"雷从哪里起来"这种事情。你摔一跤就摔一跤，活100岁就活100岁，这种一般人关心的东西，完全没有进入程颢的意义世界。邵雍虽然讲推算，但是关心的，主要也是形上的东西，和汉易也是不同的。

听众：三位老师好，如果《周易》可以预测未来，预测到以后的事情的话，也可以预测每个人的宿命，这样也会带来一些消极的影响。我们怎么去利用好的一方面，避免带来的消极的一方面？

问永宁：《周易》里面没有讲到预测谁可以活多久之类的问题。中国史上，最好的易学家就是孔子，《易传》里面有很多"子曰"，以前有人讲，这个子不一定就是孔子，后来出土的文献中，一些相应部分，干脆就写是孔子曰。《易传》里面的"子曰"，当然就是孔子的思想。孔子的弟子颜渊去世，孔子哭得很伤心；孔子的弟子子路战死了，他也伤心，这些事情，孔子都没有算到。孔子不关心这个。孔子之前，有人喜欢算，《左传》里面有几次讲到占卦，还很准。但是古人讲"左氏多夸"，可能还是认为这个不可信。《左传》里面的占卜故事，有些人认为是后来人写进去的，所以都算得准。现在江湖上算命预测的那些东西，不是《周易》，这是另外一套东西，这个和易学有关，和《周易》关系不大。至于怎么理解它，是另外一个问题。

听众：三位老师好，我们知道蒋介石的名字来自于《易经》第16卦"豫卦"，六二爻中写道"介于石，不终日，贞吉"。在抗日战争胜利以后，曾经有高密人士跟蒋介石说过，叫"胜不离川，败不离湾"，回头我们再看看蒋介石的老家，他的主屋由于有人不卖给他，从东南角缺角，蒋介石在政治上面一直是找周恩来跟他一起干，但是周恩来一直不去，在政治上也不缺角，到最后蒋介石偏据于台湾东南一角，是否在冥冥当中就注定了这么一个定数呢？

问永宁：这一类故事很多。《白鹿原》这部书，我想很多人看过，书里面有一个朱先生，朱先生的原型是牛兆濂。牛先生是我们当地很有名的一个学者，在当地民间流传着很多和《白鹿原》里面的讲得差不多的，关于他的神奇故事。牛先生做过老师，他的学生讲牛兆濂，完全不一样，他们说牛先生自己也不知道当时就很流行的那些故事怎么来的。比如说牛先生夜观天象，说今年要收黑豆，他女儿听见了就去种黑豆，别人种其他东西的，都没收成，只有她丰收了。学生们问牛先生，牛先生说他自己也是听别人讲的。

你刚才讲的那个故事，有多可靠，需要研究。很可能是先有了蒋介石失败，然后讲故事的人，凭着东南缺角的房子，演绎出了后头的故事。民间文学有它的研究价值，但是从历史真实讲，这种东西我是不太相信的。

王绍培：

当然现在可以不相信这个东西，我们可以从一个好奇心，从一个知识的角度对待传说这些现象，既不肯定也不否定，姑妄听之，姑妄说之。当然如果你有兴趣的话，你可以下功夫去研究，这个不能听别人说，这个是对的，这个是迷信的。我可以推荐一些书，比如刚才说的朱邦复的很多书，在网上可以下载，他是有研究的，你们可以在网上查到很多的，对了解我们中国人之所以为中国人的特性是很有帮助的。

听众： 中国历来传统的家庭里面很多家学都会学《易经》学《论语》等等，包括后面的墙壁上有很多后代的、后世的一些学者家里面的关于《易经》的论作和评述都是很多的。我想就咱们今天这个传统社会是春夏秋冬，日出而作日落而出的规律，这个已经形成很久了。关于《周易》，我们现代人再去读《周易》，真的能像古人一样读懂一些什么东西吗？或者在这方面，几位老师有没有什么推荐的，因为我觉得如果没有一些古文基础或国学的基础是很难读懂《周易》的，请几位老师在这方面做一些推荐和引导。

问永宁： 王老师开始时已经讲到易有三义，其中一义就是简易，简易就是简单。《周易》读起来很复杂，但是讲起来也很简单，一个是讲阴阳，另外一个是讲变化。我们读《周易》，如果做学术研究，我会强调古人是怎么样解释的，强调准确。如果像两个王老师那样，只强调读书的思想收获，可以不用管古人，"易"本身是就讲变化，所谓的"变动不居"，就是"时义"的一部分，这是需要现在的读者去发现的。《周易》里面的一个重要内容，就是符号系统的东西。像刚才王兴国教授讲的，是一个框架，可以填入有时代性的新解释，比如科学易。当然不少研究易学史的人不接受，认为是胡扯。另外一些问题，比如《易经》的思维方式，《周易》怎么样想问题，这都是值得注意的。这些问题现代人完全可以形成自己的看法。这些当然要花工夫，一切都有代价，我们不要做梦去寻找多快好省的事情。

王绍培：
　　两个星期之后还会有一场南书房夜话在这里，希望大家再次光临。本期南书房夜话今天到此结束，谢谢大家。

南书房夜话第二十期：以《春秋》论儒家文明

张晓峰　梁立勇　刘　勇（兼主持）
(2015年9月19日　19：00—21：00)

刘勇：

大家好，今天是南书房夜话第二十期，欢迎大家来到南书房，今天我们邀请到两位嘉宾，一位是梁立勇老师，梁立勇老师是香港大学博士、深圳大学中文系副教授，他的主要研究方向是出土文献和古文字，功力非常深厚，我们欢迎。另外一位是张晓峰副教授，他是德国慕尼黑大学政治社会学博士，他多次来到我们深圳市的图书馆讲座，影响力非常大，讲课非常好，大家欢迎。我叫刘勇，是华南师范大学中文系毕业的。梁立勇老师研究的是古文献，张晓峰研究政治学，我研究文学。我们今天主要是对中国经典《春秋》进行解读。《春秋》为什么叫春秋呢？一年四季春夏秋冬，春、秋是两个最重要的季节，春天是万物生长的时期，秋天是万物结果成熟的时期，古人用春秋来代替一年，一年又一年，人类就积累着不断发展、不断变迁，它的历程就叫春秋，《春秋》就成为我国历史总集的名称。

我们看到美国总统在就职的时候，会把手放在一部书上，然后庄严宣誓，这部书就是《圣经》。美国的圣经是基督教的《圣经》，我们中国其实也是有中国的圣经。《圣经》指导着西方国家构建社会的思想，中国也有一部书指导着我们构建中国社会的思想，指导着皇帝怎么去治理国家、怎么样去统治人民，这部书就是我们今天所谈论的《春秋》。《春秋》的字数不多，一万多字，从周朝孔子编订了《春秋》，一直到汉朝，都指导着我们中国政治的走向，对中国的历史、文化和人们的心理构成产生了极大的影响。

首先我想大家应先认识一下《春秋》的概念和内容，我们先请梁立勇老师从历史的意义来介绍一下《春秋》。

梁立勇：好的，我先介绍一下这个书。刚才主持人刘老师说了，《春秋》取义于一年中两个重要的季节，我们拿它作为一个缩略语表示时间。我们讲的《春秋》，大家看到是带书名号的，这个书是一个专书。刚才刘老师也说了，《春秋》是类似于《圣经》一样的东西，其实在这本书之前，中国有不少诸侯国的历史文献也叫作《春秋》，比如《墨子》里面说"吾见百国春秋"，他说他看过百国的"春秋"，当然这个百不一定是一个实数，不真是一百，但至少是他看过很多国家的"春秋"。那"春秋"是什么呢？孟子有一句话"晋之乘，楚之梼杌，鲁之春秋，一也"，就是晋国的历史书叫作"乘"，楚国的叫作"梼杌"，鲁国的叫作"春秋"，孟子说的《春秋》就已经是我们今天要介绍的特指的《春秋》了。《墨子》里面说的"吾见百国春秋"，这个"百国春秋"就是各个国家的历史。《春秋》是一部编年史，可以说是我们现存最早的一部编年史，相传这个书是孔子修的。不过近现代以来，疑古学派兴起，很多人对此也表示了怀疑。从现在出土的文献来看，很多的怀疑我们走得有点过了，所以李学勤先生有一本书叫作《走出疑古时代》，反对过度地疑古。我们当然不能盲目信古，古人说的不一定都对，但是我们也不能毫无根据地疑古。在没有明确证据的情况下，对于我们历史上记载的孔子修《春秋》，这个我们还是应该把它作为一个史实接受下来。孔子到了晚年，周游列国后回到鲁国。他周游列国的目的是为了出仕，他是有政治抱负的，但是他的政治抱负不是我们今天所说的升官发财，他其实是看到了各国之间的征伐导致社会动荡，民不聊生，给人民带来很大的痛苦，他想用他的学说改良社会。他奔走呼号，想实现自己的政治抱负、政治理想，结果无功而返。孔子在外周游了14年，晚年实在是没有办法回到了鲁国，这个时候他才把自己的精力倾注于著述和课徒（也就是带学生），《春秋》就是他晚年编订的。这里面也有一个小的证据，就是在《公羊传》里面，有一段记录天象的文字谈到"不修春秋",《不修春秋》是一部书,这部书叫作《不修春秋》,它是跟什么做对比的呢?就是修了的《春秋》,所谓修了的《春秋》就是指孔子修了这部书。我们要注意这个"修"字,古人用词用字是很讲究的,他不用"作"而用"修",为什么要用"修"呢?"修"的意思不是前所未有你创造的,而是根据以前的文献修订的。如果是一个原创性的东西(英文叫 original),我们叫"作"。你看司马迁在《太史公自序》里面说我这个书不是创作,我只是述,讲述故事。到了《汉书》里面,班固比他还谦虚,班固写《高祖本纪》,是说"述《高祖本纪》",司马迁还说是"作《高祖本纪》",他就说的是"述",所以"述"和"作"是不一样的。孔子用的是"修","修"是指编订,做了一点调整,我们叫作"修",所以在《史记》"孔子世家"里面说,"笔则笔,削则削,子夏之徒不能赞一辞",就是说孔子修《春秋》的时候,该补充的要写一点,该去掉的就把它去掉,削就是拿刀把它刮掉。古时候古人著作是拿毛笔写在竹子上,刀是作为一个勘正的工具,就像橡皮一样,写错了你把它刮掉,所以我们有一个词叫"刀笔吏"。"刀笔"就是修整和书写的工具。孔子笔削《春秋》,这个是历史上有明确记载的,经过孔子的修订后,这个书就一直流传下来,在中国封建社会政治方面产生了非常深远的影响,尤其以汉代为盛。关于这个书我就简单地给大家介绍到这里。

刘勇:

补充一点,《春秋》是以孔子的国家,就是鲁国的历史为纲、为主线,然后谈及了其他国家的历史。至于《春秋》在汉朝产生了一个什么样的影响,我们想请张晓峰老师跟我们讲讲。

张晓峰: 刚才两位老师已经对"春秋"作为史书的来源做了详细的介绍,在这里我对春秋释义再稍做一点补充,刚才两位老师说春秋指一年,在当时周朝的"记史"传统里,天子有派史官到各国录史的惯例,春天派一次,秋天再派一次,重要的历史,周王室和诸侯那里都有档案记录，准确性相对较高。远古时代也有将史记记为春秋，且有左右史之分，左史记言，右史记事。左史所记为春秋，右史所记为尚书。加上前面两位老师解释的春作秋成，"春秋"二字才在历史演化过程中引申"史书"的基本意思。前面主持人刘老师提及《春秋》这本书在中国的政治思想地位或对古代中国国家性格的形成有非常大的影响，《春秋》当之无愧。梁立勇老师前面提及《春秋》乃孔子周游列国归鲁，生命进入暮年时所作，那么理解《春秋》的政治意义，我们有必要对孔子一生的主要经历和其所处的时代背景做简要的说明。史书提及"春秋战国"，"礼崩乐坏"就是最好的概况，西周经过厉王幽王之政，天子之权开始衰微，犬戎之祸后东迁的东周自始王室弱藩。春秋自郑庄公始，诸侯坐大。周朝兴于封建分封，后世政治也亡于分封之弊端。古时中国的政治版图在今天的长江以北的中原地带，承载着周王室的全部政治经济基础。天子分封之时的中央的政治经济依靠同姓诸侯支撑。据古史料记载春秋以前，有名可考诸侯国有百十三。先秦封建时代维系政治权力的主要纽带是血缘和身份，然分封各国自然禀赋不同，经过久长岁月的变化，诸侯权力随经济变迁而发生了很大的变化，随着血亲的稀释，原来的权力格局已经失去了基本的稳定性。进入东周，天子之权的根基已经发生根本上的动摇。原有的政治权力结构和基本政治伦理已经不能对诸侯政治行为做出强力约制。坐大的诸侯与中央天子权力之争成为当时政治的主要主线。春秋自郑庄公开始打破了已名存实亡的天子与诸侯之间的脆弱权力关系，史称郑庄公是春秋五霸之前的第一个隐性的霸主，即缘于此。诸侯开始将天子不当回事了，中国历史开始进入第一个大动荡期，非义之乱战横行，生灵涂炭。先秦时代最大的政治灾难开始降临人间。这就是孔子所处的时代的基本现状。经过战争、逃难、避祸，触目无情的政治杀戮，进入暮年，孔子学识渊博、经历丰富。当提笔《春秋》时的心绪会是怎样的呢？春秋之笔投上历史幕布的会是怎样的凝重？《春秋》的训正警世之本义便在下笔中自然流淌。优秀的政治学著作是泣血的，这点不假。

接下来讲下为什么以鲁国作为春秋的正统呢？鲁国始分周公，

周公因辅成王而未赴就国。周朝的典章制度的创设，周公居功至伟。鲁国因其封地世代好礼与周公的政治影响是分不开的。那么孔子以鲁史作为正统就顺理成章了，故"周之最亲莫如鲁，而鲁所宜翼戴者莫如周"。鲁国成为典型周礼的保存者和实施者，世人称"周礼尽在鲁矣"。作《春秋》先正名，从这个角度理解就通达了。孔子所处的鲁国当时的核心权力早已不在姬姓宗邦掌握之中，而受控孟氏、叔孙氏、季氏三族。孔子并非鲁人，乃殷人后裔。（其父叔梁纥，宋国没落贵族，宋非姬姓封国。孔父早死，其母因家族纷争带孔问学鲁之首都曲阜）

　　为什么要铺陈这些呢？是为了说明中国上古时代学问的来由，学问自古起源巫师，后在历史生活中逐渐有两类完善丰富，一曰王公贵族，二曰平民百姓，平民百姓贴近生产耕作，其学问的核心指向生存活命，大致囿于此围。王公贵族无衣食之忧，其学问指向一曰治世权力之学、二曰雅而崇礼之学、三曰风雅好名之学。因此类学问创设者皆为肉食者，遂成王官之学。孔子时代的王官之学大致指向何安天下，如何治天下，如何让社会太平，不出此围。古时学问传承也是极其讲求出身地位身份的，王官之学传给平民百姓的，自然是不被允许的。孔子一生兴私学，在当时是遭贵族忌的。孔子出身虽然是没落的贵族，其学问追逐王权而实现政治的抱负，这一点是伴孔学始终的。后来的孔门诸生追逐的王权的梦想也从来没有迟疑过。后世论定孔子是大教育家、大思想家、大政治家，但孔子一生徘徊在庙堂之外，几不得入，不能不说是孔子的不幸，更是政治的不幸。自王室衰落周朝，王官之学问大多散佚在动乱中的各国，孔子和孔门弟子在动荡中拾阙散佚在诸侯各国的周室学问。这对上古学问的重新整理传承来说是多么大的"幸事"。儒学上尊尧、舜、禹、汤、文王、周公，孔子这番学问经历是没法特殊复制的，这便是"学问天成"的有力佐证。此时作《春秋》，蕴含先世政治学问理想宗章也无可厚非。《汉书·儒林传》记载："孔子读易，韦编三绝，而为之传。"《论语·述而》旁证孔子晚年读《易》后的感言："加我数年，五十以学《易》，可以无大过矣。"晚年的孔子明白《易》中"时与位"的道理。自此而后的孔子断了为官之梦想，《春秋》始作。《论语·泰伯》："子曰：'不在其位，不谋其政。'"孔子流亡14年间颠沛流离重回鲁国，开始了诉求自己，不求乱世政治的思想新生。余晖时日，醉心《春秋》，兴办教育，这时候明白时与位的孔子明白了自己能做什么、不能做什么的道理，这个对晚年的孔子是很重要的、很重要的。后世论及孔学最高的乃是《易》与《春秋》，上述陈述也是一个重要的解释。前面提及《春秋》以鲁国史作为正史，为何正名，这里我们可以尝试着对春秋做下一个断语，春秋实乃现实政治一背书。后儒孟夫子说"孔子作春秋，而乱臣贼子惧"，道理即在于此。《春秋》记史，不以历史为重点，真正目的在于拿历史说事，以史申发，涵论褒贬。其书也不是给平民百姓看的，王侯公族好恶事，史书均记录，都有褒贬评价，那么做恶事的时候便不得不有所畏惧。这个传统也深深地影响了后世的史学传统和记事笔法。

　　下面再讲下《春秋》对于国家的性格方面影响。古代中国的主体国家性格主要是在汉代孕育的。从历史的继承角度来审视，汉朝的国家性格的形成不可能没有秦朝的影子。论及秦朝，不得不说的文化事件就是"焚书坑儒"，其对后世文化传承产生了重大影响。除"医药、卜筮、种树之书"得以幸免，其他诸多文献被毁，到汉代国家意识形态创设的时候，便面临文献学问的支持。于是就产生了今古文之分。所谓今古文的"文"，是指记载经典所使用的文字。今文指的是汉代通行的隶书，古文则指秦始皇统一中国以前的古文字（"蝌蚪文"），即大篆或籀书。经过秦朝"焚书"的浩劫，儒家经典遭到毁灭性的破坏。西汉流行的儒学经典多无旧典文本，而是靠幸存的经师口授相传，由从习经生们记录下来。他们记录所用的文字便是西汉通行的隶书，属当时代的"今文"，故而这类经书被称之为今文经。秦朝焚书之时，一些儒生冒死将一些儒学书籍藏在墙壁的夹层里。这些经书到了汉代陆续有所发现。汉武帝末年，鲁恭王拆孔子旧宅以广其宫室，在孔府旧宅的墙壁夹层中发现包括《尚书》在内的大批藏书。这些藏书都是用六国时代的蝌蚪文书写的，所以称为古文经。因为当时识先秦古文的人不多，所以这些古文典籍重新问世以后，主要藏于皇家图书室，并没有得到当时代人的重视。

汉武帝时期对国家政治性格影响比较大的著名学者是儒生董仲舒，公羊学门徒。其著《春秋繁露》里面提出了如何系统架构汉代建立国家形态，此人与其学问对于古代中国形成中央集权大一统影响可谓功不可没。另一个重要儒生公孙弘不得不提及，《史记》载：汉五年，已并天下，诸侯共尊汉王为皇帝于定陶，公孙弘就其仪号。高帝悉去秦苛仪法，为简易。群臣饮酒争功，醉或妄呼，拔剑击柱，高帝患之。公孙弘知上益厌之也，说上曰："夫儒者难与进取，可与守成。臣愿征鲁诸生，与臣弟子共起朝仪。"高帝曰："得无难乎？"公孙弘曰："五帝异乐，三王不同礼。礼者，因时世人情为之节文者也。故夏、殷、周之礼所因损益可知者，谓不相复也。臣愿颇采古礼与秦仪杂就之。"上曰："可试为之，令易知，度吾所能行为之。"司马迁评：公孙弘希世度务，制礼进退，与时变化，卒为汉家儒宗。可见公孙弘对汉代政治制度的创设功勋不小。汉代在形成一个中央集权制的国家过程中，儒学的助力自然不小，但也有不少其他学派的影子，比如墨家、法家，儒生们迎合政治需要吸收了不少墨家和法家思想，形成中国独特的"阳儒阴法"政治生态。自汉以降，它开始登堂入室成为国家的学问，跟政治更为休戚相关，渗透到中国文化方方面面。我们在理解汉儒的时候一定要将其与春秋战国时期的元儒学区分开来。就汉之儒学的历史变迁，司马迁《史记》、班固《汉书》均有详细记载，中国自宋以来的新儒学又是一个新生态，这里就不提及了。从文化的自然生成顺序而言，汉儒要比宋儒更纯正自然也无可厚非，就这个问题我就说这么多。

刘勇：

我想补充一点，您刚才说的公孙弘，不是公孙弘，而是叔孙通，叔孙通制定了礼乐文化，刘邦上朝，就感觉到原来粗野的大臣们终于坐有坐相，站有站相了，自己感觉终于像皇帝了。另外，孔子的书到秦始皇的时候被烧了很多，重新发现古书过程其实也是很有意思的一个小故事。当时已经很多经书都失传了，皇帝便派使者到民间寻访，寻访到一位老先生，姓伏，伏生八九十岁了，头发都白了，但是他的记忆力很好，把所有的《尚书》、《春秋》、《易经》都背下来记住了。于是伏生便把经书重新口述出来，形成文字，汉朝还派了一个学生去跟他学习，这个人就是大名鼎鼎的贾谊。我们中学课本上学的《过秦论》就是贾谊写的，贾谊也是伏生的学生，这是第一个故事。第二个故事，他怎么样去发现夹层中的书呢，夹层中书就藏在孔子的老宅里面，当时汉朝有一个王叫鲁恭王，他非常的奢侈，要把孔子的旧宅给拆掉来扩建自己的宫殿，传说是鲁恭王在殿上坐着的时候，忽然听到了乐曲丝竹管弦的乐曲，有人在弹琴，有人在唱歌，鲁恭王就觉得很奇怪。后来明白，原来是孔子在启示他。孔子一生最重视的就是礼乐，礼是伦理，乐也算是伦理的一种，孔子用礼乐告诉他这是我的宅子，你不要破坏。在破坏的夹层中间发现了用蝌蚪文写的《春秋》、《左传》。说完这两个小故事，我们再回到《春秋》，《春秋》整篇1万多字，很简略，不要说我现在读不懂，当时的人已经读不懂了，读不懂怎么办，有老师教，老师拿着这个说是什么怎么样的，有的学生就把它记下来，这个对《春秋》的注解，我们就叫作"传"，对"传"过了几百年、几十年也看不懂了，于是有人对"传"进行解释，这叫作"疏"。经过层层不同的解释，又形成了不同的学派，我们今天所说的《春秋》主要有三种不同的解释，第一个是以历史事实为根据，就是我们所说的《左传》，影响很大；第二种就是刚才说的《公羊传》，对政治影响更大；第三个，可能现在提起也不多，关注也不多，叫《谷梁传》，这是《春秋三传》。刚才说到三传，司马迁也在他的《太史公自序》里面说到《春秋》、《左传》都是作者一肚子的不平之气而写出来的，原文是说"文王拘而演《周易》"，周文王被商纣王囚禁，然后他就写了《周易》，后来人们说《周易》是一本忧患的书，里面有很深的忧患意识，生于忧患，死于安乐，就是忧患意识；"仲尼厄而作《春秋》"，孔子在困厄的时候，潦倒的时候，编写《春秋》；"左丘失明，厥有《左传》"，左丘明的眼睛看不见了，失明了，他就写了《左传》；"孙子膑脚，《兵法》修列"，孙膑被庞涓陷害，魏王将他的膝盖骨割掉了，走不了路，他就写了《兵法》，所以古人认为《春秋》和《左传》都是忧患之书，我们要了解《春秋》就必须从三传入手，三书有什么不同、成书年代和中心思想，请我们的梁立勇老师简单介绍一下。

梁立勇：刚才两位老师都给大家讲了很多的背景，在这里，我再补充一下，《春秋》的字数不多，孔子写得非常的精练，但是因为它字数过少，一旦过了一段时间，你就不容易读懂它了，读不懂怎么办呢，所以就要有人去解释。后人像王安石就讥讽《春秋》叫断烂朝报，这个朝报就相当于我们现在的政府简章一样，它是记载国家重大历史事件的，所以叫"断烂朝报"。"断"就是断简，因为当时的书不是纸质的，是竹简编的，竹简断了一半，你读的字没了，你不知道下一支简写的是什么内容了；"烂"是指原来编简的绳子烂了，烂了以后，这个简就变成了一条一条的，你没有办法判断哪一句在前，哪一句在后，他这样的说法实际是在批评《春秋》是没法读的，当然这跟他当时的政治处境是有关系的，他说"祖宗不足法"，就首先要把这个《春秋》打倒。这个是另外一回事。《春秋》确实是有这个问题，比如说，记载"宋人杀其大夫"，你不知道宋国把他的哪个臣子给杀了，你也不知道为什么杀了这个臣子，一问三不知。孔子在"写"这个的时候，当然我说的这个"写"也不是很准确，应该是用刚才的那个"修"，孔子在修"春秋"的时候，实际是比较讲究的，所以刚才张晓峰老师说了，说"孔子修'春秋'，乱臣贼子惧"，他往往用一个字就有所谓的微言大义，能够寓褒贬于其中。比如说在城濮之战晋国打败了楚国，晋国的国君重耳就把周襄王招到了践土来会盟诸侯。孔子看了这个情况后就说"以臣招君"是不对的。所以孔子写《春秋》的时候，怎么写呢，"天子狩于河阳"，意思是天子在"河阳"这个地方打猎。这其实就是一种隐讳的表达，说天子来到这个地方，他不说天子是被晋文公招到那里，因为晋文公相对周王职级较低，这是违背周礼的。再举一个例子，《论语·述而》里面记载，有一个叫陈司败的人问孔子鲁昭公懂不懂礼，孔子说知礼。这个人姓陈，司败是他的官职。鲁昭公娶于同姓，鲁昭公娶的是吴国的公主，吴国的公主是姓姬的。我们知道，鲁国始封的国君是周公，但是周公其实没有到鲁国去，鲁国第一任国君是周公的儿子，叫伯禽。周公没有就封，一直在中央。他的儿子当然也姓姬，所以鲁国就是姬姓国。吴国的始祖叫作泰伯，吴泰伯，吴泰伯是谁呢？是太王的长子，太王有三个儿子，老大叫泰伯，老二叫虞仲，老三叫王季。太王特别喜欢王季的儿子，也就是他的孙子，那个孙子叫作姬昌，就是大家都知道的周文王，但是当时要传位的话一定是由嫡长子继承，如果泰伯和虞仲都在，太王不可能把位子传给三儿子王季，他的孙子姬昌也就不可能继位。所以当泰伯和虞仲发现这个情况的时候，他们两个人就逃走了，泰伯就逃到了今天的江苏，泰伯墓现在在无锡，他们逃走之后，王季继位，后来又传给了姬昌。吴国的始封国君就是泰伯，他是文王的伯父，他当然也姓姬，所以吴国也是姬姓国。在那个时候是同姓不婚的，所以《礼记》上记载"买妾不知其姓则卜之"，如果买妾，我不知道她姓什么，怎么办呢？就占卜一下，如果占卜结果表明她跟我一样的姓，我不能娶她，这当然是古人为了优生优育的规定。所以鲁昭公娶了吴国公主就是违背周礼。在此之前，《春秋》里面记载的鲁国国君主要是娶宋国的公主，宋国是武王灭商以后，把商纣王的哥哥封在了宋国，实际是殷商的后裔，和周的姬姓是不一样的，所以鲁国一般娶宋国的公主，或者是齐国的公主，齐国是姜姓，齐国的始封国君是姜子牙。鲁昭公娶了吴国公主实际是犯忌了，所以孔子在修《春秋》的时候，当昭公夫人去世的时候，他就写"孟子卒"，他没有写吴孟子，因为他一写吴，就让人家知道了你是同姓成婚。从我们讲的两个例子能够看出，孔子在修史的时候，是很小心谨慎的，所以司马迁说"笔则笔，削则削，子夏之徒不能赞一辞"。子夏是孔子很重要的一个学生，在孔门的弟子之中，子夏和子游文学最好，而子夏之徒不能赞一辞，就是不能改一个字，可见《春秋》是孔子下了很大的功夫修订的。刚才刘老师说了三传，我们说"传"其实就是什么意思呢？我们古汉语有一个特点，用声调来区别意义，"传"作为动词念 chuan，当名词讲的时候就念成 zhuan。这里的"传"也应该是把经文的意思辗转相传的意思。当然学术界也还有别的解释，如章太炎就认为"传"是指六寸长的简。古时候文献越重要，简就越长，比如刘邦的三尺律，儒家的经典则是二尺四寸，六寸簿就又短一点。总之为了解释《春秋》最后形成了三个本子,《公羊传》、《谷梁传》、《左传》。刚才张晓峰老师也介绍了今古文,所谓的"今文"是用当时通行的文字书写的,是用隶书书写的;而古文是战国时期流传下来的本子,是用战国时期的东方六国文字写的。当时已经有人不认识了,所以就造成了很大的误会。"公羊"和"谷梁"一般认为是今文经学,也有学者认为"谷梁"是古文,这就比较复杂了,这里我们就不介绍了。我们笼统认为"公羊"和"谷梁"是今文,今文学在汉代取得了非常辉煌的成就。《左传》是古文经学,也就是说《左传》是用战国时代的文字记录下来的,《左传》在汉代都是受到排挤打压的,从东汉以后,《左传》的地位才渐渐上升,超过了《公羊》和《谷梁》。我就补充到这里。

刘勇:

刚才梁立勇老师说《左传》是到晋朝才兴起,其实是刘向、刘歆父子的功绩。因为西汉的时候,国家图书馆收藏了很多书,年深日久,那些书也没有人看,就摆在那里,皇帝觉得太可惜了,就叫了天下最有才学的人来把书给整理校对。其中有一位皇室的贵族叫刘向,他就在皇家图书馆天禄阁那里校书,他把《战国策》、《国语》、《左传》、《尚书》都重新校对了一遍,把错字给删去,把重复的篇目给删除,留下很好的本子给后人研究,他研究之后,就发现《左传》写得非常好,其实《左传》不受到重视,重视的是《公羊》和《谷梁》,他就觉得不行,虽然《公羊》和《谷梁传》很有意义,但是《左传》更有意义。他的儿子刘歆继承父亲的思想,写了一封信去到当时的太常博士那里,去责备他们,叫《移书让太常博士》,移就是我把书信送给你,让就是责备,《左传》写得那么好,也有很深刻的意义,你们为什么反对把它列为国家的官方教材呢?不能够让大家去学习,去研究呢?后来皇帝就赞同了刘歆的观点,就将《左传》重新列为博士。刘氏有一个对联,追叙祖德,其中有一句就是"书传天禄",也就是刘氏最出名的就是把校对的古书和古文献流传下来,给后人有阅读的机会,研究的机会,对文化的保存起了重大的意义。

张晓峰： 我们终于可以轻松一点了，接着梁立勇老师讲的几个问题，我再深挖一下。刚才梁立勇老师说的就是我前面提到的，孔子做《春秋》时用隐笔，也就是我们常说的"微言大义"，为何如此呢？我在前面提到：孔子是不得已而为之。圣人不空生，受命而作。孟子云"世道衰微，邪说暴行又作。臣弑君者有之，子弑其父者，孔子惧，作春秋"。这里面恐怕还有一个隐衷——褒贬暴政是要冒风险的。但是对于一个饱学且有良知的人，这是一个折磨。不得不说，但又不得不顾忌。乱世行事立身姑且不易，而况迎难而上。微言大义便是一种智慧的发明。回到我们刚才说的中国学问传承问题，那时的中国还没有独立的知识人，很多的王官之学流落民间，和贵族的没落是紧密相关的，沦落民间的王官学问经过轮回又重新生发出来，微言大义的上传上达，下传下达，上指君王公族，下传平民百姓。汇成煌煌史册，在民心里。这种警戒意义便是全方位的。中国最早的政治学文献《尚书》，我本人研究政治社会学，与西方政治文化相比较，中国政治文化里面追求"正"，政者正也。《春秋》成，即封政治之"恶性"，打个比方就如潘多拉盒子上面的封条，中国历史上记载了盒子上面的封条不止一次地被撕裂，但这种向往"善政"的文化因子总是一次又一次地救赎历史。《春秋》给中国政治文化和政治伦理上打下伦理的桩基，没有规矩不成方圆，从这个意义上理解《春秋》又是一番滋味。西方历史有很多关于读书人的死常常让我陷入深思，比如苏格拉底之死、布鲁诺之死，还有一部分先疯掉，最后自杀。中国也有类似的现象例如杨修之死、方孝孺之死、王国维之死等。在这里孔夫子又是幸运的，他没有在乱世中死于非命，成就了中国文化的造化。在座的听众也可以去思索一下这些死亡背后的文化诉求问题。中国学问特别讲求师承，这里有一个问题，师承就是心传的问题，具体表现形式就是口授印心。还有一层意思就是文字只能表达一半，而另一半更重要的书中不能表达的需要口授心传才能激活。《春秋》为"经"，而公羊学为"传"就是这个道理。孔学精义一半是讲"仁"，另外一半集中在

《春秋》，两者互为阴阳两面的。教人向善，提倡教化，使人心向光明，但用《春秋》意在防恶，尤其是人在政治上的险恶，这两个东西是相辅相成的，不能把它割裂去看。从这一点上讲孔学是带刀的，宋张载言"为天地立心"，即为天地之间天道人道统一之心。如果将政治伦理立于国家庙堂之上历史就会盛世清明，一旦抛弃之后便是阿鼻地狱、众生万劫不复。当然一个王朝的兴衰不能简单地只归咎于此。

刘勇： 下面请梁立勇老师介绍三传的基本情况。

梁立勇： 我说一下《左传》。《左传》其实是叫作《左氏春秋》或《春秋左氏传》，"春秋"后来变成了历史文献的一种代称，我们如果看《汉书艺文志》那里面还有好多的"春秋"，比如《虞氏春秋》、《晏子春秋》等。《左氏春秋》相传是左丘明所作。对于这一点，大家有很多的怀疑，为什么呢？我们说《春秋》记叙了242年间发生的历史事件。《左传》比《春秋》还多十几年。这就有一个问题，如果按照《论语》里面的表述，左丘明基本跟孔子同时，而《左传》记叙的下限已经进入了战国时期，所以有人提出来《左传》不是左丘明所作。我觉得这个问题应该这么看，从古文献情况看，古书是不署作者的，因为那个时候没有著作权，和现在不同。如果现在我要写一个东西，我肯定署名，因为我要评职称、拿稿费，这个东西对我有利益。孔子写了《春秋》，他也没有做官，没有人理他，那个东西对他们来说没有意义，所以古人在写作的时候，不会去署名。秦始皇读了韩非的《说难》、《孤愤》，很感慨，说"寡人得见此人与之游，死不恨矣"。就是说我如果能见到这个人跟他请教请教，死了也没有遗憾了。汉武帝读了司马相如的《子虚赋》，也说可惜我见不着这个人。这时一个官员说，这就是我的那个老乡司马相如写的。古人之书不尽是亲手所写，他的徒子徒孙可以在此基础上来增添、弥补、修订，所以我们不能把先秦的书，都认为是作者自己手书。我们可以用这种观点看待《左传》的作者，它可能是左丘明写了一部分，后来由于他的后人和学生继续补充完整。当然，这样就造成了刚才提到的这样一个矛盾。类似的情况也还有一些，比如说《中庸》，《中庸》相传是孔子的孙子子思写的。孟子说他自己是私淑子思，子思应在孟子之前。而《中庸》里面说"今天下书同文，车同轨"，"书同文，车同轨"已经到了秦代了，有人用这一条来反驳《中庸》是子思所作。仍然是这个问题，我们今天发现的出土文献，比如 1993 年在湖北郭店村发现的郭店竹简里面有三种本子的老子，那个《老子》跟我们今天的《老子》有所差别，今本《老子》有一句话叫"绝仁弃义"，我们知道道家其实是不满意儒家的，《庄子》里面有很多揶揄孔子的内容。今本《老子》里面绝仁弃义，就是因为仁义是儒家提出的，所以他要绝弃，但是我们现在看到的竹简《老子》里没有这句话，它原文是"绝伪弃虑"。这个地方我们就不细说了，总之，古书的流传其实跟后人的修改是分不开的，所以《左传》的作者我个人还是倾向于认为是左丘明，但是经过后人的递修。成书时间呢，因为基本记录到了战国早期，所以这部书的成书也应该是战国早期。关于《左传》的介绍就先到这里，请张晓峰老师介绍一下《公羊》和《谷梁》。

张晓峰：我们刚才说的《春秋》其实是有五传，还有一个《邹氏传》和《夹氏传》，后来在汉代失传了，一般说《春秋》均指《左传》、《公羊传》、《谷梁传》。《公羊传》据传是孔门子夏的公羊高，《公羊传》成书时间大约在战国时。《公羊传》相比《左传》、《谷梁传》侧重于政治，"公羊学"早期为家学不成书，不外传，到了汉代公羊后人公羊寿成书。《公羊传》文体是典型一经句一作答对话录式文本。汉代因政治需要，公羊学成为一门显学，声名重于《左传》。比较著名的代表人物就是董仲舒。其次汉何休也为公羊学名家，唐代徐彦，清代庄存与、刘逢禄、康有为亦是公羊学名家。可以说每当传统政治思想出现危机时，《公羊传》便会凸显。清末朴学大师孙诒让，花了 27 年时间著《周礼正义》，便有其实。近代以后，在中国传了几千年的政治传统受到冲击，在近代中国文化和西方文化进行较量的过程中，很多古学大师花大力气试图在中国传统文化里面寻找一些能够枯树逢春的东西，深层次地讲便是这种诉求。《谷梁传》本人了解得比较肤浅，请梁立勇老师再补充介绍一下。

梁立勇：《谷梁传》跟《公羊传》类似，他的作者叫作谷梁赤，最后那个字有七八种不同的写法，有叫谷梁淑的，有叫谷梁俶的，有谷梁赤的，莫衷一是，迄今也没有定论。《谷梁》和《公羊》一样，我们一般认为它是今文学，后来也有学者认为是古文学，大概是它的义理和文字接近古文。我们知道在西汉的时候，古文经是没有立于学官的，没有立于学官是什么意思呢？你学了这个，你当不了官，没用。在封建社会，万般皆下品，唯有读书高，为什么读书高？读书是可以晋升的，是可以做官的，所以今文经学成为显学。今文经学不限于公羊学，包括还有《礼记》、《尚书》等等也是今文学，不过《公羊》在今文里面居于非常重要的地位，大家都去学它，《谷梁》大概可能也是受了这种影响，它也想立于学官，所以变成了一个像今文一样的样子。《左氏》一直是古文学的，《左氏》在西汉末，我们知道刘歆（刘向的儿子）特别喜欢《左传》。《左传》只要大家去读，我相信大家一定会被迷住的，因为《左传》跟《公羊传》和《谷梁传》不一样，它的可读性强，《左传》的文学性非常之高，我举个例子，大家都知道《古文观止》这个书，《古文观止》这本书号称观止，就是说我选了这 200 多篇古文，你只要看完它，你的古文大概就 OK 了，所以叫作"观止"。220 多篇古文，《左传》的篇幅占多少呢，大概是 30 多篇，超过了十分之一，你想中国从古到今要选古文，光《左传》就占了十分之一以上，这就足以说明《左传》的文学性了。这里面其实还有一个问题，我们古典学划分为经史子集的，古文应该是放在集部的，它是文章。当然文章可以收史部的，可以收子部的，也可以收集部的都没有问题，但是最不应该收的就是经部的。什么叫"经"？"经"的意思是我们织布的时候纵向的线，最主要的东西叫作"经"。一般来说，普通东西不能称为"经"。比如佛教里面的"经"绝大多数都是释迦牟尼的作品，即使不是,也要署名释迦牟尼,只有《坛经》是一个例外。所以这个"经"是最重要的,"经"是不能动的,我们这个讲座本来是讲"五经",《左传》附在《春秋》里面是"经",经文一般是不能放在集部里的,但是实在没办法,要选写得好写得美的古文绕不开《左传》,所以不得已把它选进来,其实《古文观止》里面还漏选了非常多的精彩篇章,大家如果有兴趣,你可以去读一读,我相信你马上就会被它吸引。西晋一个将军叫杜预,杜预力主平吴,最后他也确实是带兵去把吴打下来了。他是一个将军,但是他特别喜欢《左传》,号称是"左传癖"。再一个就是我们比较熟悉的关羽,关羽青灯读《春秋》,这个《春秋》其实就是《左传》,所以古往今来,喜爱读《左传》的人极多。复旦大学以前的一个校长苏步青,是一个大数学家,他说他小时候能够背诵整部的《左传》。《左传》的文章写得非常非常的美,尤其是战争的描写,心理的刻画,以及那些外交辞令。我上课的时候经常跟学生说,我说外交部的发言人都应该去读读《左传》,你要学会骂人不吐脏字,这个才厉害。所以大家有兴趣可以回去翻一翻,我相信一定会把大家迷住。

刘勇:

我补充一下,因为我是学汉语言文学的,在大学里面有很多同学读着西方的理论和小说,但是我又不想读,我就去看《左传》,通读了《左传》一遍,印象非常深刻。从文学角度来说,它留给我们的东西太多了。前不久有一个电影叫作《赵氏孤儿》,就是从《左传》里面找出来的,后来拍成了电视《赵氏孤儿案》。但是我觉得电影和电视的精神和《左传》是完全没得比的,《左传》里面的人格是那么的刚烈,说一句话不对,我马上赴死,赴死是去沙场战死的,而不是说我自杀那种。自杀也有,自杀也是为了道义而献身的。《赵氏孤儿》里面说到赵盾在晋灵公朝堂上犯颜直谏,得罪国君,灵公国君就派刺客想要把赵盾杀死。刺客到了赵盾家里,正是凌晨的时候,赵盾为了上朝(以前上朝是比较早的,五六点就要上朝)早早就把官服给穿好了,在家里候着,可能也因为太累,就在那里假寐。刺客看到了赵盾如此勤于政事,他心里内疚,觉得不能杀死忠良,主动现身跟赵盾说,"大人,我看到您还没上朝,已经做好了上朝的准备,您是一个大公无私的人,为国尽心尽力的人,我是受国君命令来杀死您。但是我不能够把一个贤人,一个对百姓好的人,对国家尽忠的人杀死"。说完,刺客自己就把头撞在槐树上碰死。这是真正的中国人的气节!苟且偷生的人,应该感到汗颜。特别今年是抗日战争暨世界反法西斯战争胜利94周年,过去的汉奸们看到这些历史事实应该是要愧疚而死。

另外,《春秋》里,孔子寓褒贬于一字之中,有很多事实没有直说,更不评论。《左传》改变了这个传统,书中把对事情的褒贬说出来了,作者在事实后面加了"君子曰"的评论,另一种方式是引用了孔子的说法,叫"孔子曰"。《左传》是表明作者的态度和立场。这里也举一个例子,秦穆公是秦朝开始兴盛的第一个君王,是春秋五霸之一,他取得了很大的成绩,把西戎扫平了,独霸西方,跟晋国争霸。但是他到了临死的时候,就犯了一个错误,他把秦国三个重要的大臣杀死殉葬,孔子是非常反对殉葬的事,他说"始作俑者,其无后乎",你们用陶俑来殉葬,你们不是没有后代吗?就是骂这种以人为殉或以陶俑为殉的人,你们没有后代,你们断子绝孙,孔子很反对把人一起殉葬的制度,而且秦穆公是把秦国三个最重要的大臣杀死殉葬,所以对这件事情,《左传》作者后面加了一句话,君子曰:"吾自此知秦不复东向",我从此就知道,秦国再没有实力往东发展,秦国是处在西边,现在陕西那块,要向东发展就要往东打,我就知道了秦国以后没有实力再往东发展,因为它采取这种残暴的、不仁义的方式来对待人民,人都没有了,你怎么还有实力往东发展,把六国给消灭了呢?还有一个特点,《左传》是特别重视"礼",它就从礼的出发来判断一个事情好坏的标准。晋文公重耳周游列国,路过曹国。重耳有一个非常奇怪的特征,就是他的肋骨是连在一起的,我们的肋骨是一根一根的,他是一排的,叫作骈肋。曹国的国君就觉得很奇怪,就想去看一看,所以在重耳洗澡的时候,冲进去了,把洗澡布给掀开,我要看看你的是不是肋骨连在一起。他这是非常轻薄的行为,是不符合礼的行为,《左传》的作者在这里也对曹国的国君进行了谴责。

如果是从可读性、文学性，还有对后世的文学、戏曲的影响，我觉得还是从《左传》的方面还是比较高的，而且写古文是必须绕不开《左传》的。

张晓峰：我再补充讲一点，刚才遗漏了《公羊学》"大一统"和"张三世"思想，这里我重点说一下大一统思想。现在很多人将"大一统"和"大统一"混同，颠倒顺序两者意思相差甚远。大，重视、尊重；一统，指天下诸侯皆统系于周天子。徐彦疏："王者受命，制正月以统天下，令万物无不一一皆奉之以为始，故言大一统也。"《汉书·王吉传》："《春秋》所以大一统者，六合同风，九州共贯也。"《公羊传》里还有一个受人非议的隐语——谶语，作为政治背书？谶语就是咒语的意思。民间有句古话："从孤儿寡妇中得位其位不久。"这句话就是典型的政治谶语。剖析得深一点，就是一个王朝在创建过程中缺乏最基本的法理基石，或者带有恶的因子，其果必恶。五代十国的历史就是一例证，那个时期政局的变化非常剧烈，统兵大将屠戮皇帝，取而代之屡见不鲜。历史是多么惊人的相似，意大利著名历史学家克罗齐："一切历史都是当代史"，中国历史上人口锐减的时期自唐末黄巢起义至宋初，另一个时段是南北朝时期的"五胡乱华"。政治失范造成的社会灾难在中国历史中并不少见。历史小说《三国演义》开篇词云"天下大事，分久必合，合久必分"，中国历史的宏大进程中，确有这样的分分合合的变奏。从先秦时期至秦汉，南北朝到隋唐，五代十国至宋明。分分合合的演变，期间隐藏太多无辜生命的流逝。不可否认的是大一统的崩塌，中国即陷入历史上的重大政治灾难期，具体表现为诸侯割据，军阀混战。大则伤及国家元气，微则饿殍遍地，惨不忍睹。这不得不引人深思。《春秋》、《左传》、《谷梁传》这三部书，对于古代中国的影响，无论是文学、史学、政治学还是民族政治心理和政治伦理角度无疑是深远的。这么厚重的学问，不是带着一点消遣的心态可以轻松地叩开其门的。理解了这其中的宗义，回头再审视中国历史便是另番滋味。《史记》每篇后太史公曰何其难啊！没有史学经纬、政治宗章伦理、人世阅历、辞章文理何其评也？忘记学问创世者的初义，就意味对这门学问的背叛。我们在座的三人在有限的时间里只能作为一个引子，希望带着大家，扮作诸位的显微镜和放大镜虔诚地叩门，带着大家去读一读古代的经典，对我们的为人处事和工作、生活有丁点的帮助，也是欣慰的。《左传》两位老师很推崇，其中里面有一句话"君以此始必以此终"，个人觉得非常好，与大家共勉。战国名将乐毅《报燕王书》（与司马迁《报任安书》可以媲美）有句"善作者不必善成，善始者不必善终"，作为今天论《春秋》结语，下面将话题交给主持人和梁立勇老师。

刘勇：

刚才张晓峰老师说得非常好，我们今天只是一个引子，具体的还是要靠大家读，你真的读进去了，会有另外一番天地。光靠我们聊的，光靠讲的，可能只是一个表面的东西，大而化之的东西，泛泛而谈，真正读了会另有一番感受。现在想请梁立勇老师推荐一些具体的书目，大家如果有兴趣的话可以深入仔细读一下。

梁立勇： 先说一下《公羊传》和《谷梁传》。如果你要研究汉代政治史学术史，这两部书是非常重要的。从现在来看，相对来说，《公羊》和《谷梁传》的价值就不如《左传》，因为首先《左传》的篇幅大，记叙的东西全，《公羊》呢，是用一种一问一答的方式在跟你讲《春秋》为什么这么写，所以它本身不是一个严格意义上的史书。为什么这么写？对我们现在来说，意义就没有那么大了。对于研究汉代的历史，研究今文学非常重要，但是对普通读者来说，我们可能就不需要知道《春秋》里面这句话为什么这么写，而且里面的解释很多也是有问题的。总的来说，如果一定要排序，按重要性来分，《左传》、《公羊传》、《谷梁传》，当然《公羊传》有写得好的地方，即使跟《左传》相比，它也有记叙详细生动而超过《左传》的地方。但总体来说，《左传》比《公羊传》和《谷梁传》要丰富很多。我的研究方向是古典文献，所以这些书我都要看，而且我要尽量弄懂里面的每个字、每个词，但是对于大家来说，可能《公羊传》和《谷梁传》就显得枯燥难读了，《左传》可能也要集中读某些篇章或者故事。《谷梁传》和《公羊传》除了像清代有一些做得比较好的注解外，后来研究的人就很少了。到今天如果大家有兴趣，可以看看上海古籍出版社的这三传的译注本。《左传》研究的人有很多，迄今最好的、有研究性、通俗易懂的还是杨伯峻先生的《春秋左传注》，它里面有很多的解释雅俗共赏，要言不烦，即使是学术上的论证，也写得比较浅显明白。北大的沈玉成先生有一本书叫《左传译文》，与杨先生的这本书可以配套看，它把《左传》翻译了一遍。我们知道翻译东西是很困难的，尤其是古文，里面或多或少有一些问题，但是这个不妨碍大家拿它作为一个参考。读《左传》还有一个问题，《左传》是编年史，就是某一年发生了什么事。它的优点是时间眉清目秀，一年一年发生了什么事都很清楚。但是它也有缺点，如果一件事情是跨年的，就容易造成事情被割裂，难窥全豹。比如鲁僖公二年，晋献公假途灭虢，借虞国的路去攻打虢国。到了僖公五年晋国又一次派兵借道攻虢，这一件事情就分成了两年。有鉴于此，清代的马骕写了一本书叫《左传事纬》，把《左传》拆掉了，以事为纲重新组织，把一件事情的起因发展结果编在一起。这样使得读者很容易把握这些历史事件。《左传》篇幅较大，如果大家时间有限可以看看《左传》的选本。比较好的有徐中舒的《左传选》，这本书现在很容易买到，书很薄，所选内容都是既有重大历史意义兼具文学艺术性的选段。这些书我认为大家想要了解的都可以买来看看。

张晓峰：《公羊传》这块呢，就是汉代的《公羊学解诂》吧，何休的。再就是我刚才讲的时候提到的几个，清代庄存与、刘逢禄、康有为的，汉代董仲舒的《春秋繁露》，汉代还有一本著名的文献叫作《白虎通义》，这几个人和几本书大家可以去搜索一下，也是上海古籍出版社出版的。当然我们知道《公羊传》确实读得比较枯燥，需要我们大家辅助读一些其他的可能比较好读的书，比如吕思勉先生写的《先秦史》，大家可以看看，还有徐复观的《两汉思想史》，这两本书是在台湾买的，有一些东西没有删减，现在华中师范大学出版了，但是有些东西删节了一下，不太怎么完整，我觉得这几本书如果有兴趣的话可以读一下。

刘勇：

《左传》特别要读一读，但是如果想要泛泛了解一下春秋战国的历史，而且比较有兴趣的话，比较有趣味的话，好像是看三国一样，我推荐大家可以看一下《东周列国志》，《东周列国志》对历史也是比较有深刻的了解，看完再去看《左传》应该是有一个促进的作用。今天我们的讲座对话进行了1个小时40分钟，我们从《春秋》1万多字的文献讲起，讲了三传，特别突出了《左传》，最后又从《左传》和《公羊》两个，从文学性和政治性及其他的文献流传进行了一个初步的解读，最后也为大家推荐了一些基本的读物，基本的书籍，让大家在对话完成之后有兴趣的可以进一步深入地学习。现在如果大家有什么问题，可以现场提问。

刘勇：

请子张先生提问。

子张：四书五经我大概听了三四个，最后一场我一定会来听的，刚才梁教授特别推崇《左传》，而《古文观止》里面有三分之一是《左传》，我看到有一个博士曾经写论文《左传》里面有200多处在引用《诗经》，我认为恐怕《左传》是唯一一部用其他"经"来解读的另外一部经，因为《春秋》大家都不怎么来看了，要看刚才老师推荐的三传，我想《左传》跟《诗经》的关系是最密切的，刚才刘勇也提到秦穆公将三大臣杀死陪葬，这是来自《诗经》的黄鸟篇，我的问题是梁教授，孔子在的时候，他有没有教他弟子《春秋》和《易经》，我的意思是说也许孔子在的时候，是以诗书礼乐教，这是司马太公说的，弟子三千，贤者72人，以诗书礼乐教，那《春秋》

和《易经》是不是后来加上去的？就是说汉武帝立六经或五经博士加上去的，孔子有没有把《春秋》交给他们的弟子？

梁立勇： 这个问题跟你刚才说的引诗好像没有什么关系。我的意见是这样，有人怀疑是说孔子没有修《春秋》，其中的一个原因就是说在《论语》里面找不到任何以《春秋》传授弟子的证据。这个当然似乎也是有道理的，但是学术界也有学者反驳说，孔子周游列国回到鲁国以后，晚年开始修《春秋》，著述占据了大量的时间精力，他传授或者讲解的时间就少了，所以关于这方面的记录很少也是可以理解的。《周易》应该和《春秋》的情况不同，《易》并不是孔子时代产生的文献，很早就产生了。但孔子也是晚而好易，文献上少有记录也可能和《春秋》的情况类似，孔子这时候忙于著文，少有时间和弟子讨论《易》。这是我的看法。谢谢。

刘勇：
我补充一下，因为刚才梁立勇老师跟我说，他的老师是清华大学的廖名春教授，研究《周易》是非常厉害的。他在出土文献里面提到一句，孔子占卜了10次，算中了八九次，他的易学是非常好的，我想应该是会教学生的。还有没有其他的问题？

听众： 谢谢三位老师，我提的问题是今天的题目是以《春秋》看儒家文明，我想问一下春秋和儒家的《弟子规》之间的关系是什么？有没有一些什么的关联？

张晓峰： 古时候不像现在有这么细的学科分类，前段时间看历史剧《大秦帝国》里面提到《诗经·黄鸟》里面的故事，史学里面有一种叫口述史，口述里面包括民谣、传说、当事人的采访录等。没有文字时代，你不能否认千百年流传下来的某些传说不是历史，没有文字记载的不一定不是历史。近代台湾"中央研究院"中国近代史专家郭廷以经常去拜访那些当年退出大陆的一些国民党的军政要员，用录音等现代科技手段，记录当事人对历史的回忆。这种就叫口述史，以前我们的民谣、方言片语、大族家谱里隐藏着很多的不被主流历史记录的真相，这些也可作为史料的，通过相互印证这也是考据的常用的方法。刚才说的《弟子规》是清朝时候产生的，因为我今天主要讲的《公羊传》，孔子提倡的东西里面有阴阳两面，《弟子规》更多提倡的是人伦教化，而《春秋》主旨在于预防，两部书之间对于人性两面性一抑一扬均是合理的，对善的是申法褒扬循循善诱，对恶的东西要防治，同样都是教化。一喜一悲合理合度。当然对于人生教育来说，得有先后序位。所以《童蒙养正》以积极引导孩童向上便是这个道理。当育正心强大之时，可坦然面对邪恶的时候，在接受人生另一面的教育便为妥当。错了序位，先教《春秋》，小孩怎能承受生命之重？《弟子规》是一个很正向的东西，当然它也存在一些其他的问题，这里我不多做论及。

听众： 刚才梁立勇老师讲到杜预这些将军都会喜欢《左传》，请问老师这些将军是喜欢《左传》里面的一些什么样的东西？或者说一些什么样的东西吸引着他们？

梁立勇： 我刚才说到《左传》吸引人的地方，《左传》很擅长描写，很重要的一点是描写了很多的战争，比如城濮之战、邲之战、鄢陵之战、崤之战等等。这些重要的、重大的战役描写得非常生动，使得我们身临其境一样。我相信在座的都知道曹刿论战，"一鼓作气"这个典故也是出自于《左传》。刚才说《左传》作者，我还是愿意相信是早一点的人写的，后来人进行修订的。学界很流行的一个说法，认为《左传》的作者是吴起，吴起一个重要的军事家，之所以这样认为，就是因为《左传》里面有太多的军事方面的内容，古人说《左传》是一本相斫书，就是大家你杀我，我杀你的，因为里面记载了很多征战内容。刚才说的将军喜欢读《左传》，很可能跟里面的战争描写有关系。就像清代的努尔哈赤读了一部《三国演义》就用兵如神。我想他们是喜欢里面的军事。

刘勇：

杜预是杜甫的祖宗，他的学识非常丰富，后人对《左传》的解释，有很多东西没有写明白，杜预就把《左传》又重新注解了一遍，把很多的东西都梳理清楚了，把文物和名称等都疏通了一遍，古代的将领不单单是军事上厉害，他们还有很深厚的文学的、史学的修养，他是一个综合性的人才，所以我们读《左传》的时候，也要发展自己的知识结构，把自己锻炼成一种综合型的人才，不能够局限在一方面。今天的南书房夜话到此结束，谢谢大家。